미국주식
스몰캡
2 0 2 1
인사이드

안석훈, 김동식, 강범준, 최아원 지음

머 리 말

지난 2018년 1월 ≪미국주식 투자지도 2018≫을 발간하고, 1년 후인 2019년 3월 ≪미국주식 투자지도 2021≫에 이어, 또다시 1년이 지나 ≪미국주식 스몰캡 인사이드≫로 독자 여러분께 인사드리게 되었다.

3년 전만 해도 해외주식, 특히 미국주식에 대한 서적은 전무하다시피 했지만 지금은 대형 서점마다 재테크 매대의 절반을 차지할 정도로 다양해졌다. 우선 필자들이 출간한 도서만도 4권이 넘는다. 해외 직접 투자를 바라보는 투자자들의 시선 또한 크게 변화했다. 이전에는 국내 주식과 펀드에만 치중되어 있었다면, 미국주식에 대한 관심과 참여가 그야말로 폭증하고 있음을 매일 실감하는 요즘이다. 특히 최근에는 '동학개미운동'이라는 용어가 등장할 정도로 개인 주식 투자자 수가 증가함에 따라, 미국 주식에 눈 뜨기 시작한 투자자 또한 빠른 속도로 늘어나는 중이다. (다만 상당수가 원유 관련 ETF와 ETN으로 큰 수익을 노리는 투기 성향을 보이고 있는 것은 안타까운 사실이다.)

이에 비해 투자자들이 정말 궁금해하는 정보, 요구하는 지식에 대한 갈증은 여전하다. 물론 유튜브를 활용한 동영상 콘텐츠의 증가는 가히 놀라울 정도이며 그밖에도 관련 콘텐츠들이 봇물 터지듯 생산되고 있긴 하다. 그러나 유튜브 콘텐츠는 상대적으로 주관적인 투자 정보에 가까운 경우가 많으며, 해외 IB나 뉴스 등을 단순 번역해서 제공하는 경우도 상당하다. 이러한 경우 개인의 잘못된 판단이 개입되거나, 오·번역으로 인해 원문과 전혀 다른 의미로 전달될 가능성도 존재한다. (그러므로 독자 여러분들은 의심스러운 내용에 대해서는 되도록 해당 기업의 홈페이지 등을 통해 직접 확인하는 습관을 들이기를 권한다.)

사실 미국주식과 관련해서는 여전히 정보의 벽이 높다. 같은 문제의식에서 탄생한 '미국주식 투자지도' 시리즈의 유니버스 101은 미국을 대표하는 대형 우량 기업을 중심으로 구성한 것이었다. 세계적인 기업들이기에 국내에도 많이 알려져 이제는 투자 정보를 확인하는 일이 아주 어렵지는 않다. 반면 새롭게 주목받고 있는 기업들에 대한 정보는 찾아보기 힘들다. 특히 국내에 잘 알려지지 않은 산업 분야나 신생 기업이라면 더욱 그러하다. 이 책은 바로 이 점에 대한 고민으로부터 시작되었다.

스몰캡, 사전적 정의로는 시가총액이 3억 달러에서 20억 달러에 이르는 종목을 뜻한다. 실제로 해당 시가총액의 회사들을 대상으로 눈에 띄는 성장성을 보이는 기업들을 나름대로 찾았으나 관련된 정보를 확인하기가 너무나 어려웠다. 그래서 범위를 조금 확대해 스몰캡보다 조금 큰 규모인 20억 달러 이상의 미드캡 초반 기업들과 상장을 준비 중인 기업들을 대상으로 소개할 종목을 선정했다. 이에 본서에서 의미하는 스몰캡은 사전적 정의에 더해 '미래 성장이 기대되는 상장 예정 기업과 20억 달러 내외의 주식'을 뜻함을 밝혀둔다.

필진들은 지난해 3월 ≪미국주식 투자지도 2021≫을 출간한 직후 이 책을 기획하기 시작해 7월부터 본격적인 논의를 거쳐 9월에 30개의 종목을 선정했다. 몇몇 종목은 상대적으로 시장에 많이 알려져 있었지만 그 외 종목들은 그다지 소개된 내용이 없었고, 특히 국내에는 전혀 알려지지 않은 상태였기 때문에 관련 내용을 확인하고 정리하는 데 긴 시간이 소요되었다. 본디 원고 마감은 2019년 11월이 었지만 보다 정확하고 검증된 정보를 담으려다 보니 마감이 계속 지연되면서 올해 2월로 출간이 연기되었다. 그런데 2월이 되자 코로나 19가 확산되며 팬데믹 사태까지 이르게 되었고, 이에 기존의 30개 종목에 대한 재검토를 진행해 20개의 상장 기업과 4개의 상장 준비 기업 등 총 24개 기업을 최종 확정해 도서에 수록하였다. 또한 객관적인 사실과 데이터에 기반한 분석을 위해 ≪미국주식 투자지도 2021≫과 같이 뉴지랭크US의 종목진단 결과를 적용하였다.

덧붙여, 일관된 기준과 잣대를 바탕으로 '미국주식 투자지도' 시리즈와 '미국주식 인사이드' 시리즈를 계속 펴내려 한다. 투자지도 시리즈는 S&P 500 중심의 대형 우량주를 소개하는 미국주식 편람 또는 전과의 역할을 할 것이며, 인사이드 시리즈는 주목받는 산업과 떠오르는 기업들에 대해 이해하기 쉽게 풀어가는 스토리텔러의 역할로 자리매김할 예정이니 많은 관심과 애정을 보내주기 바란다.

지난 저서를 출간한 후 새로운 책을 기획할 때까지만 해도 어렵지 않게 집필할 수 있을 것이라는 자신감에 가득 차 있었지만, 새로운 것에 대한 도전은 역시 쉬운 일이 아니다. 끝까지 잘 마무리할 수 있도록 물심양면 지원해준 도서출판 예문의 김유진 차장에게 감사드린다. 더불어 이 책이 출간될 수 있도록 응원과 격려를 보내준 저자들의 가족과 동료 여러분에게도 깊은 감사의 뜻을 전한다.

2020년 5월
저자 일동

차 례

PART 1
UNTACT TRENDS & TECH

언택트
트렌드와
정보기술

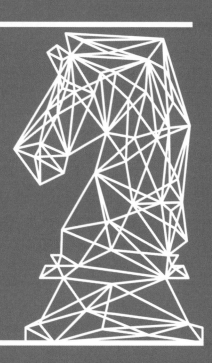

병원 가기가 두려운 시대,

원격 진료 서비스 1위 업체

텔라닥 헬스

Teladoc Health Inc.
SIMBOL(CODE) TDOC
NYSE

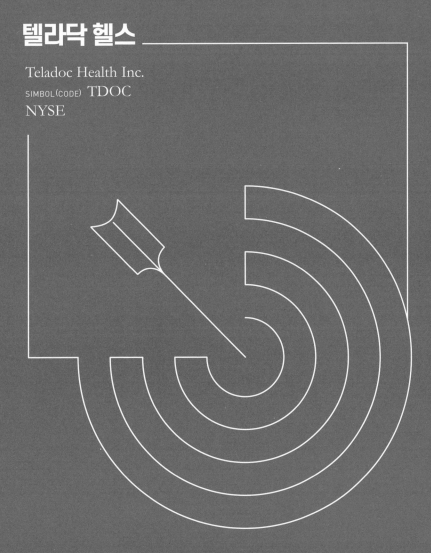

산업　건강관리 기술

섹터　건강관리

직원수　2,400명

PER　N/A

EPS　-1.38달러

배당　N/A

매출액　5억 5천만 달러

1년간 매출 변화　+32.40%

결산월　12월

출처　WSJ (2020. 4)

텔라닥 헬스

기업정보 더보기
유캔스톡

사업내용 인터넷과 모바일 디바이스를
통한 헬스케어 플랫폼 서비스

CEO　제이슨 고레빅

창립　2002년, 텍사스 댈러스

창립자　브라이언 브룩스(의학박사),
마이클 고튼

본사　뉴욕 해리슨 퍼치스

IPO　2015년 7월
　　　─ 공모가 19달러

━━━ 4차 산업혁명이 전 세계적 화두가 된 이후 인공지능AI 다음으로 많이 등장하는 단어가 바로 바이오Bio일 것이다. 당장 우리나라만 봐도 출산율 급락으로 인한 인구절벽과 급속한 고령화가 심각한 문제로 꼽히고 있다. 미국의 고령화 현황도 우리와 크게 다를 바 없다. 미 인구조사국에 따르면 2035년이면 65세 이상 노인의 수가 7,800만 명에 달하여 청소년 인구보다 많아질 것이라 한다.[●] 왜 하필 2035년인가 하면, 모든 베이비 부머가 65세를 넘기는 시점이기 때문이다. 당연한 이야기지만 고령화는 의료 서비스 수요의 증가를 의미한다.

● **미국 사회의 고령화**

미국 인구 조사국이 2018년 3월에 발표한 자료에 따르면, 2016년 전체 미국 인구 중 18세 이하의 비율은 22.8%, 69세 이상 노인의 비율은 15.2%였으며 2034년에는 역전된다고 한다. 나아가 2060년이 되면 미국의 인구 비율은 노인 23.4%, 18세 이하 19.8%가 될 전망이다. 이 자료를 보면 미국의 인구 증가율 또한 감소 중임이 확인된다.

더군다나 미국의 경우 땅덩어리는 넓은 데 반해 의사의 수는 수요 대비 공급이 턱없이 부족한 상황이다. 미국인들의 연간 병원 방문 횟수는 대략 15억 건 이상으로 1차 진료를 담당하는 의사를 보기 위해서는 평균 29일을 대기해야 한다. 한국이라면 상상도 할 수 없는 일이지만 미국에서는 현실이다. 다른 연령층의 환자도 문제지만, 특히 고령 환자 입장에서는 혼자 힘으로 병원까지 찾아가기도 힘든 데다 감염 및 합병증의 위험이 커서 대기 기간 또한 만만치 않은 부담이 된다. 이런 상황에서 하나의 해법으로 떠오른 것이 원격 진료이다. 이유는 크게 3가지이다. 첫째, 오래 대기해야 하는 병원 진료와 달리 원격 진료는 보통 10~30분만 기다리면 인터넷 혹은 전화로 진단 및 처방전을 받을 수 있다. 둘째, 병원이 쉬는 날이라도 언제 어디서든 서비스를 사용할 수 있다. 마지막으로 병원까지 왔다 갔다 하는 데 드는 비용과 시간을 절약할 수 있다.

한편, 최근 코로나 19로 발생한 전 세계적 팬데믹 사태로 인해 원격 진료는 더욱 큰 주목을 받고 있다. 전염병 확산을 막기 위해 집 안에 머무르는 인구가 크게 늘고,

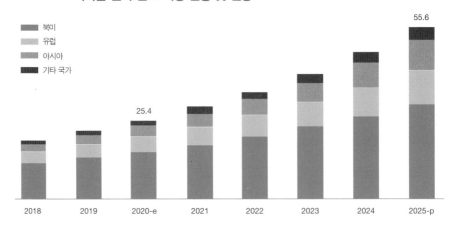

지역별 원격 진료 시장 현황 및 전망 <small>단위 : 백만 달러 / 자료 : 마켓 앤 마켓</small>

- 북미
- 유럽
- 아시아
- 기타 국가

25.4

55.6

2018　2019　2020-e　2021　2022　2023　2024　2025-p

비대면을 선호하게 됨에 따라 원격 진료 수요가 폭증하는 상황이다.

마켓 앤 마켓이 2020년 3월에 발표한 자료에 따르면 원격 의료 시장의 규모는 2020년 254억 달러에서 2025년에는 556억 달러로 커질 것으로 전망되며, 이는 연평균 16% 상승에 달하는 것이다. 이는 특히 이번 코로나 19와 같은 전염병 등의 요소가 고려된 수치이다.

이쯤 해서 우리가 관심을 가져볼 업체가 있다. 원격 진료 업계의 선구자라 할 텔라닥 헬스<small>Teladoc Health,</small> **TDOC**, <small>이하 텔라닥</small>가 바로 그것이다. 텔라닥은 2002년 텍사스 댈러스에서 서비스를 시작해 2005년 미국 전역으로 서비스를 확대, 2007년 말에 이미 약 100만 명에 달하는 유료 회원을 확보했다. 2014년에는 대형 보험사뿐만 아니라 대기업들<small>홈디포, 티모바일 등</small>과 계약하면서 성장했는데, 2015년 뉴욕증권거래소에 상장할 당시 유일한 원격 의료 서비스 업체였다. 당시 공모가는 19달러로 첫날 50% 넘게 상승한 28.50달러로 마감했다.

비대면, 원거리 진료의
선두 주자

텔라닥은 원격 진료, 의학적 소견 상담, 인공지능을 통한 분석 서비스를 제공하는 업체이다. 고객은 전화 또는 비디오 콘퍼런싱 소프트웨어를 사용하거나 자체 앱을 통해서 언제 어디서든 필요한 시간에 서비스를 사용할 수 있다. 현재 텔라닥은 450개의 의료 전문 분야에 5만 5천 명의 전문가 네트워크를 보유하고 있으며 독감, 눈병, 감염, 정신 건강 문제, 피부과와 같은 비응급 상황에 관한 진료 서비스를 제공한다. 2019년 데이터에 따르면 텔라닥은 포춘 500 기업의 40%를 포함하여 1만 2천개의 고객사를 보유하고 있으며, 전 세계 130개 국 30개 언어로 서비스하고 있다.

텔라닥의 비즈니스 모델로는 B2B와 B2C가 있다. B2B는 기업 또는 보험 회사와 계약해서 피고용인 혹은 보험 가입자들이 원격 진료를 이용하도록 하는 것이고, B2C는 일반 소비자들을 대상으로 한다. 가격은 각 서비스와 고용주가 가입한 플랜에 따라서 상이한데, 현재 홈페이지에 소개된 내용은 다음과 같다.

에브리데이 케어 Everyday Care   사용자가 원할 때 진료 또는 상담을 받을 수 있는 원격 진료 서비스로, 간단한 진료에 적합하며 처방전도 받을 수 있다. 가격은 49달러 이하이다.

릴리프 프롬 스킨 이슈 Relief from Skin Issues   피부과 관련 진료를 받을 수 있으며 가격은 79달러 이하이다.

멘탈 헬스 Mental Health   테라피스트 또는 정신과 의사로부터 상담 및 진료를 받을 수 있다. 테라피스트가 방문할 경우 건당 80달러, 정신과 의사가 방문할 경우 첫 방문은 200달러 이하이고 다음번 방문 시 95달러 이하로 책정된다.

경쟁 우위에 선 텔라닥과
시장 현황

텔라닥은 B2B 기업 고객을 대상으로 하는 안정적인 월간 구독료 모델을 기반으로, 수익과 규모의 경제를 확보하는 전략을 활용 중이다. 최근 보험사와의 파트너십까지 확대하며 총 고객 수가 5,600만 명을 넘어섰다. 또한 2017년 해외 진출을 확대하면서 그 해2017년 8%였던 해외 매출 비중이 2019년 20%까지 상승했다.

경쟁하고 있는 주요 업체들

엠디라이브MDLive 원격 진료 서비스 업체로 간단한 비응급 진료뿐 아니라 50개 주 전체에서 긴급 치료 방문 서비스도 함께 제공하고 있다.

아메리칸 웰 American Well 미국 전역에 약 1억 명의 이용자를 보유하고 있는 원격 진료 기업으로 미국 40개 주에 300여 개의 병원을 보유하고 있는 헬스케어 기업 **콘센트라**Concentra와 파트너십을 맺고 있다. 또한 삼성전자와 제휴를 통해 삼성 스마트폰에서 원격 진료 서비스를 제공하고 있다. 다른 경쟁사와 비교했을 때 아메리칸 웰의 특별한 점은 다양한 질병과 관련하여 광범위한 질의응답FAQ이 잘 구축되어 있다는 것이다.

유나이티드헬스 그룹 UnitedHealth Group   유나이티드헬스 그룹UNH은 미국의 건강관리 서비스 전문 기업으로 1977년에 설립되었고 1984년 뉴욕증권거래소에 상장했다. 사업부문은 크게 건강관리 부문과 옵텀 부문으로 나뉜다. 자세한 기업 정보는 《미국주식 투자지도 2018》 참고. 중소기업, 고용주 및 개인을 대상으로 건강 보험을 서비스하며, 메디케어 보험 시장 점유율 1위를 차지하고 있다. 얼마 전부터는 버추얼 비짓Virtual Visits이라는 이름의 원격 진료 서비스를 제공하고 있는데 다른 업체와 마찬가지로 모바일 기기 또는 컴퓨터를 통해서 진료가 가능하며 처방전도 받을 수 있다.

아마존닷컴의 원격 헬스케어 시장 진출 가능성에 관하여

아마존이 20년 전 이미 의약품 시장에 뛰어들었던 것을 아는가? 아마존은 1999년에 일반 의약품을 다루는 쇼핑몰 '드럭스토어'의 지분 40%를 인수하면서 헬스케어 시장 진출을 꾀했으나 사업 부진으로 인해 월그린스 부츠 얼라이언스WBA에 매각하면서 실패를 맛본 바 있다. 그 이후에도 포기하지 않고 2017년 미국 12개 주의 약국 면허를 취득했으며, 2018년 1월에는 버크셔 해서웨이BRK.A / BRK.B와 제이피모간 체이스JPM와 함께 비영리 의료단체 설립 계획을 발표했고, 같은 해 6월 23일에는 온라인 의약품 배송 서비스 업체인 필팩PillPack을 10억 달러라는 거액에 인수했다.

아마존이 이토록 오랜 기간 헬스케어 사업에 공을 들이는 건 왜일까? 미국의 급속한 고령화가 그 이유일 것으로 짐작할 수 있다. 앞서 언급했듯15페이지 참고 2035년이면 미국은 청소년과 고령자 인구의 비율이 역전된다. 게다가 미국인은 혼자 사는 것을 선호하기 때문에 고령화로 인한 의약품 및 서비스 수요가 다른 국가에 비해 더 늘어날 가능성이 높다. 이처럼 헬스케어 산업의 전망이 밝은 가운데, 향후 아마존은 필팩과 인공지능 스피커인 알렉사를 통해 얻은 방대한 데이터 및 이를 분석할 수 있는 아마존 웹서비스AWS를 이용, 원격 진료 서비스 및 전자 의무기록 관련 분야에 진출할 것으로 예상된다.

텔라닥TDOC은 건강관리Health Care 섹터 중 건강관리 기술Health Care Technology 산업에 속해 있다.

12월이 결산월인 텔라닥은 2019년 1월부터 12월까지 2019 회계연도 기준으로 매출이 전년 대비 32% 이상 증가한 5억 5천만 달러, 영업이익은 13% 이상 악화된 -8,044만 달러, 순이익은 2% 가까이 악화된 9,886만 달러 그리고 EPS는 6% 이상 개선된 -1.38달러를 기록했다. 사업부문별 매출 비중은 구독 수수료Subscription Access Fees가 전체의 84%, 방문 수수료Visit Fees가 16%를 차지하고 있으며 사업지역별 매출 비중은 미국이 80%, 해외가 20%로 나타났다.

최근 분기별 실적을 살펴보면, 매출의 경우 전년동기 대비 30% 그리고 전기 대비 7% 이상의 증가세를 나타내고 있고 4분기에 가장 강한 모습이다. EPS는 최근 들어 조금씩 개선되는 모양새이다. 오는 2020년 4월 29일에 2020 회계연도 1분기 실적을 발표할 예정인데 시장에서는 매출이 전년동기 대비 40% 증가하고, EPS는

분기별 실적과 전망　12월 결산 및 GAAP EPS 기준, (단위) 매출 : 백만 달러, EPS : 달러

구분	FY18				FY19			
	Q1	Q2	Q3	Q4	Q1	Q2	Q3	Q4
매출	90	95	111	123	129	130	138	156
EPS	-0.36	-0.37*	-0.34	-0.33	-0.43	-0.41	-0.28	-0.23
전망치	상회	하회*	상회	상회	상회	상회	상회	상회

19% 가까이 개선될 것으로 전망하고 있다.

텔라닥의 주가는 2020년 4월 17일 기준으로 173.27달러, 시가총액은 126억 5천만 달러이다. 최근 12개월간 주가는 107.0% 상승했으며 최고가는 174.25달러, 최저가는 51.60달러이다. 텔라닥과 경쟁하고 있는 기업 중 상장회사인 **유나이티드헬스 그룹**UNH의 주가는 290.56달러, 시가총액은 2,756억 1천만 달러이고 최근 12개월간 주가는 31.0% 상승했으며 최고가는 304.00달러, 최저가는 194.86달러이다.

텔라닥은 현재 배당금을 지급하지 않는다.

최근 3개월간 발표된 텔라닥에 대한 21건의 월스트리트 투자의견을 종합하면 "매수"이고, 향후 12개월간 목표주가는 최고 193달러, 최저 84달러, 평균 147.30달러로 현재가 대비 14.99% 낮은 상황이다.

뉴지랭크US종목진단 결과

[종합점수]

78

텔라닥에 대한 뉴지랭크US의 종목진단 결과, 종합점수는 78점으로 높다. 모멘텀 점수는 76점으로, 유니버스 그룹 내 종목들에 비해 상대적으로 수급과 거래량이 좋은 상태이고, 펀더멘탈 점수는 80점으로, 상대적으로 안정적인 재무구조를 보이고 있다.

베타 지수는 1.85로 시장 변화에 매우 큰 영향을 받아 상승장에 유리하고, 시즈널 지수의 경우 연중 최저점이 3월 말, 연중 최고점이 9월 중순이며 그 차이가 70을 넘어 연간 주가 상승률이 매우 높은 편이다. 롱텀 지수 상 '머리'에 위치하고 있는 텔라닥의 현재 주가는, 엔벨 지수 상 중심선을 강하게 상회하고 있어 단기적으로 조정 가능성이 있다.

최신 결과 보기
뉴지랭크US

모멘텀점수	펀더멘탈점수	베타		롱텀	엔벨
76	80	1.85		머리	중심선 강하게 상회

미국판 배달의민족,

시장의 판을 바꾸다

그럽허브

GrubHub Inc.
SIMBOL(CODE) GRUB
NYSE

STOCK DATA

산업	자유소비재
섹터	인터넷 및 다이렉트 마케팅 소매
직원수	2,714명
PER	N/A
EPS	-0.20달러
배당	N/A
매출액	13억 1천만 달러
1년간 매출 변화	+30.27%
결산월	12월

출처 WSJ (2020. 4)

그럽허브

기업정보 더보기
유캔스톡

사업내용	온라인& 모바일 음식 배달
CEO	맷 말로니
창립자	맷 말로니, 마이크 에반스
창립	2004년, 일리노이 시카고
IPO	2014년 4월 7일 - 공모가 26달러

COMPANY DATA

━━━ 어느 비 오는 날 오후. 늦은 점심을 때우기 위해 수화기를 들고 익숙한 번호를 돌린다. "여기 ○○동 ○번지인데 짜장면 한 그릇이요." 그리고 10여 분 후 초인종이 울린다. "배달이요!" 짜장면 한 그릇은 이렇게 번개같이 찾아온다. 영화나 드라마 속 한 장면이 아니다. 우리가 매일 마주하는 일상 속 과거와 현재의 모습이다. 짜장면 한 그릇도 무료로 배달해주는 대한민국은, '우리가 어떤 민족이냐'며 목소리를 높이던 **우아한형제들**배달의민족의 광고가 등장하기 전부터 그야말로 배달 서비스의 천국이었다.

단, 배달의민족이 보편화되기 전과 후 사이에는 큰 차이가 하나 있다. 바로 배달 서비스를 공짜로 인식하느냐 아니냐가 그것이다. 여전히 전화로 음식을 주문하는 소비자들 대부분은 배달 서비스를 무료라고 생각하는 데 반해, 배달 애플리케이션을 통해 음식을 주문하는 소비자들은 배달 서비스에 대해 당연하게 요금을 지불하고 있다. 그리고 후자의 문화가 일반화되면서 배달 서비스 시장은 폭발적으로 성장해 하나의 산업으로 자리매김했다.

서두가 좀 길었다. 그럼 미국은 어떨까?

사실 미국의 음식 배달 문화는 미천했다. 2000년대 초반까지 미국에서의 음식 배달은 피자와 중국 음식, 치킨 윙 등에 한정되어 있었고 그나마도 레스토랑에서 직접 배달하는 정도에 머물렀다. 넓은 땅 그리고 서비스에 따른 높은 비용 때문이었다. 미국에서 배달 서비스를 편리하게 이용하는 것은 요원하게만 보였다.

하지만 2004년, 이 회사가 등장하면서 적어도 미국의 소비자들에게는 세상이 변했다. 바로 **그럽허브**Grubhub, **GRUB**이다.

잇단 배달 스타트업 인수로
미국 딜리버리 시장을 접수하다

그럽허브는 고객과 지역 식당을 연결하는 음식 배달 서비스를 온라인과 모바일로 제공하는 기업이다. 제목에서 표현한 것처럼 미국판 '배달의민족'이다.

2004년 시카고에서 종이 메뉴의 대안을 찾던 마이크 에반스Mike Evans와 맷 말로니Matt Maloney가 설립한 그럽허브는 기숙사에서 생활하는 대학생을 대상으로 한 참신한 SNS 판촉 활동 등을 통해 사업을 확대, 2007년부터 벤처 캐피탈의 투자를 받아 샌프란시스코와 뉴욕으로 시장을 확대해 나갔다. 이어서 2013년 뉴욕과 런던을 기반으로 1999년부터 동일한 사업을 영위해 온 심리스Seamless North America를 인수하면서 미국 내 음식 배달 시장 점유율을 확고히 했고, 2014년 IPO를 통해 뉴욕증권거래소에 상장했다. 2015년 배달 가능 지역을 미국 내 50개 이상의 도시로 확대했고, 2017년 잇24Eat24를 옐프YELP로부터 인수했다. 또한 2018년 모바일 주문 및 결제 회사인 레벨업LevelUp과 대학 캠퍼스를 위한 모바일 음식 배달 서비스인 태핑고Tapingo를 인수했고, 구글 플레이와 애플 스토어에서 기프트 카드를 출시하기도 했다.

그럽허브가 인수합병을 통해 확보한 음식 배달 브랜드로는 심리스Seamless, 올메뉴스AllMenus, 메뉴페이지스MenuPages, 레스토랑 온 더 런Restaurants on the Run, 다이닝인DiningIn, 딜리버드 디시Delivered Dish, 엘에이바이트LAbite, 잇24Eat24 , 태핑고Tapingo등이 있으며 다양한 음식 주문을 하나의 온라인 계정을 통해서 처리하고 있다. 더불어 레스토랑을 위한 기술 지원과 웹사이트 디자인 및 호스팅 서비스도 제공한다.

2019년 현재 2,200만 명의 활동 고객을 기반으로 하루 50만 건 이상의 주문을

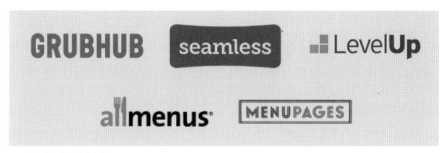

▶ 그럽허브의 주요 브랜드

처리하고 있는 그럽허브는 지역 경쟁사들이 늘어나 경쟁이 치열해지고 있는 상황에서도 여전히 미국 내 시장 점유율 1~2위를 다투는 중이다.

시장의 판을 바꾸다 미국의 전통적인 레스토랑들은 대체로 애피타이저와 메인 요리 그리고 디저트를 제공하는 문화를 가지고 있기에 배달 서비스를 고려하기가 매우 어렵다. 더욱이 워낙 땅이 넓다 보니 일부 대도시를 제외하고는 배달을 한다는 생각 자체가 어불성설로 받아들여졌을 것이다. 과거에는 말이다.

대신 미국 대부분의 레스토랑에서는 포장 주문이 가능하다. 레스토랑 입장에서 보면 원래부터 고객이 남은 음식을 가져갈 수 있도록 포장 용기를 준비해뒀기 때문에, 추가적인 포장 주문이 발생하는 것은 문제가 되지 않는다. 이에 외식 시장의 확장과 함께 포장to go 시장 또한 성장해왔다.

이 같은 상황에서 그럽허브의 등장은 시장의 판세가 음식 포장 서비스에서 음식 배달 서비스로 전환되는 계기가 되었다. 그렇다면 판 자체가 바뀌게 된 근본적인 원인이 그럽허브일까? 아니다. 지금 당장 배가 고픈 소비자가 변화의 첫 번째 원인이다. 집이나 사무실에서 이동하지 않은 채로 식사를 해결하고 싶은 소비자의 입장에서는 늘 꿈꿔왔던 서비스가 바로 음식 배달이다. 피자나 중국 음식이 아닌, 레스토랑에 방문해야만 맛볼 수 있는 다양한 음식을 내 방과 내 사무실에서 편안하게 먹고 싶은 강렬한 욕구가 있는 것이다.

여기에 더해 두 번째 원인은 바로 IT의 눈부신 발전인데, 특히 스마트폰의 보급과 대중화가 음식 포장 위주에서 음식 배달 위주로 시장의 판이 바뀌는 바탕이 되었다. 그리고 이러한 소비자의 욕구와 IT 발전을 제대로 활용해 사업화한 것이 그럽허브이다.

비즈니스 모델의 변화　서비스 초기, 그럽허브는 주문한 고객에게 배달 수수료를 받지 않았다. 대신 레스토랑으로부터 15% 내외의 판매 수수료를 받았다. 하지만 지속된 경쟁사의 등장과 레스토랑 측의 수수료 불만이 더해지면서 고객에게도 일정 부분 수수료를 부과하게 되었다.

반면, 소비자들의 거부감은 크지 않았는데 이는 미국의 독특한 팁 문화 덕분으로 해석된다. 미국에서는 보통 레스토랑에서 팁으로 지불하는 비용이 전체 음식값의 15~20%에 이른다. 게다가 레스토랑까지 이동하는 기름값과 시간 등을 감안하면 배달 수수료가 비싸지 않다고 판단하는 것이다. 참고로 주문하는 레스토랑마다 다르지만 업체들이 고객에게 부과하는 배달 수수료는 음식 가격의 13~15% 정도로 알려져 있다.

글로벌 대세가 된 음식 배달 앱 시장과
심화되는 경쟁

인터넷과 스마트폰의 보급이 확대됨에 따라 세계적으로 배달 문화도 함께 발달하고 있다. 그럽허브를 비롯해 도어대시Doordash와 우버 잇츠Uber Eats, 독일의 딜리버리 히어로Delivery Hero, 한국의 배달의민족과 요기요, 중국의 메이투완美团과 와이마이外賣, 인도의 스위기Swiggy와 조마토Zomato 등 스마트폰을 보편적으로 사용하는 나라에서는 배달 앱이 이미 소비자들의 생활 속에 정착했다. 글로벌 음식 배달 시장 규모는 매년 증가할 것으로 전망되고 있는 가운데, 앱을 이용하여 합리적인 가격에 빠르고 쉽게 접근할 수 있다는 강점이 성장을 주도하고 있다. 미국 시장조사 기관인 그랜드뷰 리서치Grand View Research는 2019년 10월 보고서에서 음식 배달 시장의 규모가 2018년 235억 달러를 기록한 가운데 매년 15.4%씩 성장해 오는 2025년에는 635억 달러로 성장하리라 전망했다.

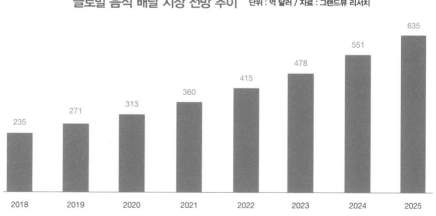

글로벌 음식 배달 시장 전망 추이 단위 : 억 달러 / 자료 : 그랜드뷰 리서치

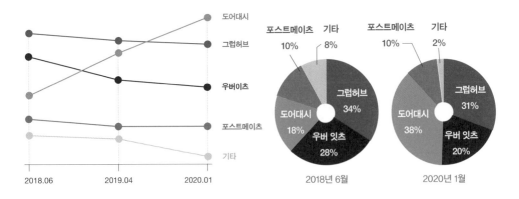

미국 음식 배달 서비스 시장의 점유율 추이   자료 : Secondmeasure

도어대시
그럽허브
우버이츠
포스트메이츠
기타

2018.06   2019.04   2020.01

포스트메이츠 10%   기타 8%
그럽허브 34%
도어대시 18%
우버 잇츠 28%
2018년 6월

포스트메이츠 10%   기타 2%
그럽허브 31%
도어대시 38%
우버 잇츠 20%
2020년 1월

경쟁하고 있는 주요 업체들

도어대시DoorDash   2013년 스탠포드 대학교 학생이었던 앤디 팡Andy Fang 등이 샌프란시스코에서 시작한 주문형 음식 배달 서비스이다. 미국과 캐나다에 위치한 4천 개 이상의 도시에서 배달 서비스를 제공하고 있다. 월 구독 서비스를 출시해 월간 9.99달러를 받고 15달러 이상 주문 시 배달료를 받지 않는다. 1위 업체인 그럽허브를 빠르게 추격 중이며 2019년 12월에는 매출 기준으로 그럽허브를 상회했다.

자세한 내용은 286~288페이지를 참고.

우버 잇츠 Uber Eats   2014년 샌프란시스코에서 우버 테크놀로지스Uber Tech-nologies, **UBER**가 시작한 음식 배달 앱 서비스로, 미국뿐만 아니라 세계 51개 국에서 사업을 벌이고 있는 글로벌 서비스이다. 스타벅스**SBUX**도 2019년부터 우버 잇츠를 통해 배달이 가능해졌는데 2020년에는 미국 전역의 스타벅스와 제휴를 맺고 서비스를 확대할 것으로 알려졌다. 한국에서는 2017년 8월에 론칭했다가 치열한 경쟁을 이기지 못하고 2년 만에 철수했다.

포스트메이츠Postmates　2011년 샌프란시스코에서 시작한 배달 서비스로, 음식 배달뿐만 아니라 지역 상점에서 판매하는 개인용품과 상비약 등 주문자가 필요로 하는 물건을 1시간 이내에 구매해 배달해주는 서비스이다. 여타 서비스와 다른 점으로 술alcohol 배달이 가능하다는 사실이다. 포스트메이츠 역시 월간·연간 구독 서비스를 운영하고 있는데 구독 서비스 이용자는 15달러 이상 주문할 경우 배달료를 지불하지 않는다. 자세한 내용은 284~286페이지를 참고.

그 외　조리가 완료된 음식 배달 서비스 외에 반조리 식품 배달 서비스와 식료품 배달 서비스가 있다. 반조리 식품 배달 서비스에 해당하는 밀키트 서비스 업체로는 블루 에이프런Blue Apron, **APRN**이 있고, 식료품 배달 서비스 업체로는 인스타카트 Instacart와 아마존닷컴Amazon.com, **AMZN** 그리고 월마트Walmart, **WMT** 등이 있다.

딜리버리 시장의 왕관은
누구에게?

경쟁 업체가 하나둘씩 늘어나면서 조금씩 시장을 잃어온 그럽허브. 2020년 들어 미국 내 시장 점유율 1위 자리에서 결국 내려와야 했다. 이제는 살아남기 위한 방법을 모색해야 하는 상황까지 이른 것이다. 설립 후 최근까지 공격적인 인수합병을 통해 외형을 키운 후 수익성을 확보하는 전략에서 다시 확장 전략으로 전환하거나 새로운 인수합병 전략을 추진해야 하는 상황이다.

　월스트리트 저널Wall Street Journal은 "배달 앱은 각각의 특성과 브랜드 이미지는 다르지만, 기본적으로 제공하는 서비스가 비슷하기 때문에 고객 유치를 위해 지나

업체별 주요 레스토랑 파트너십 현황

자료 : Hedgeye Risk Management

친 할인·광고·마케팅 경쟁을 벌이는 상황에 빠진다"라고 분석하기도 했다.

2019년 들어 그럽허브는 도어대시, 포스트메이츠와 비교해 상대적으로 열세였던 주요 패스트푸드 브랜드와의 파트너십을 대폭 확대하는 등 가맹점 확보에 총력을 기울였다. 실제로 2019년 4분기에만 30만 개에 이르는 가맹점을 확보했고, 2020년에는 40만 개를 확보할 계획이다. 급격한 가맹점 확보로 매출 성장에 대한 우려는 그만큼 덜어낸 반면, 이로 인한 비용 증가는 수익성 악화에 많은 영향을 미칠 것으로 보인다. 도어대시가 시장 점유율 1위에 올라섰지만 여전히 수익을 내지 못하고 있는 상황에서 그럽허브의 가맹점 확대는 업종 내 수익성 악화 요인으로 작용할 가능성이 있다. 만약 2020년에 그동안의 노력이 실적으로 연결되지 않을 경우 매각 가능성까지 염두하고 있으며, 2020년 상장을 준비 중인 포스트메이츠와 도어대시 그리고 우버 잇츠가 그럽허브에 관심을 가지고 있을 것으로 추정된다.

그럽허브GRUB는 자유소비재Consumer Discretionary 섹터 중 인터넷 및 다이렉트 마케팅 소매Internet & Direct Marketing Retail 산업에 속해 있다.

12월이 결산월인 그럽허브는 2019년 1월부터 12월까지 2019 회계연도 기준으로 매출이 전년 대비 30% 이상 증가한 13억 1천만 달러, 영업이익과 순이익이 각각 적자 전환한 -628만 달러와 -1,857만 달러 그리고 EPS가 적자 전환한 -0.20달러를 기록했다.

최근 분기별 실적을 살펴보면, 매출의 경우 전년동기 대비 30% 이상 증가하는 모습을 보인 반면에 EPS는 전년동기 대비 40% 이상 감소하는 추세를 나타내고 있다. 음식 배달 시장의 경쟁이 심화됨에 따라 매출 성장세는 주춤해지고, 마케팅 비용 등의 증가에 따른 수익 감소세는 커지는 모양새이다. 그리고 코로나 19 확산으로 인한 배달 수요 급증으로 인해 오는 2020년 5월 6일에 발표하는 2020 회계연도 1분기 실적에서 매출은 전년동기 대비 10% 이상 증가하고, EPS는 적자 전환할

분기별 실적과 전망   12월 결산 및 Non-GAAP EPS 기준, (단위) 매출 : 백만 달러, EPS : 달러

구분	FY18				FY19			
	Q1	Q2	Q3	Q4	Q1	Q2	Q3	Q4
매출	233	240	247	288*	324	325	322*	341
EPS	0.52	0.5	0.45	0.19*	0.3	0.27*	0.27*	-0.05*
전망치	상회	상회	상회	하회*	상회	하회*	하회*	하회*

것으로 시장은 전망하고 있다.

그럽허브의 주가는 2020년 4월 17일 기준으로 42.50달러, 시가총액은 39억 달러이다. 최근 12개월간 주가는 12.6% 하락했으며 최고가는 79.78달러, 최저가는 30.13달러이다. 그리고 그럽허브와 경쟁하고 있는 우버UBER의 주가는 28.00달러, 시가총액은 483억 6천만 달러이고 지난 5월 상장 이후 주가는 39.6% 하락했으며 최고가는 46.38달러, 최저가는 14.82달러이다.

그럽허브는 현재 배당금을 지급하지 않는다.

최근 3개월간 발표된 그럽허브에 대한 20건의 월스트리트 투자의견을 종합하면 "보유"이고, 향후 12개월간 목표주가는 최고 65달러, 최저 32달러, 평균 50.5달러로 현재가 대비 18.82% 높은 상황이다.

뉴지랭크US종목진단 결과

[종합점수] 그럽허브에 대한 뉴지랭크US의 종목진단 결과, 종합점수는 49점으로 양호하다. 모멘텀 점수는 88점으로 유니버스 그룹 내 종목들에 비해 상대적으로 수급과 거래량이 매우 좋은 상태이지만 펀더멘탈 점수는 11점으로 상대적으로 매우 부진한 재무구조를 보이고 있다.

베타 지수는 0.77로 시장 변화에 크게 영향을 받지 않고, 시즈널 지수의 경우 연중 최저점이 1월 중순, 연중 최고점이 9월 중순이며 그 차이가 50을 넘어 연간 주가 상승률이 높은 편이다. 롱텀 지수 상 '바닥'에 위치하고 있는 그럽허브의 현재 주가는, 엔벨 지수 상 중심선을 상회하고 있어 단기적으로 추가 상승할 가능성이 있다.

49

최신 결과 보기
뉴지랭크US

모멘텀점수 88
펀더멘탈점수 11
베타 0.77
롱텀 바닥
엔벨 중심선 상회

언택트 시대에 주목받는

비디오 콘퍼런싱의 신흥 강자

줌 비디오 커뮤니케이션즈

Zoom Video Communications Inc.

SIMBOL(CODE) ZM

Nasdaq

산업	애플리케이션
	소프트웨어
섹터	정보기술
직원수	2,532명
PER	1,971.82
EPS	0.09달러
배당	N/A
매출액	6억 2천만 달러
1년간 매출 변화	+88.39%
결산월	1월

출처 WSJ (2020. 4)

줌 비디오
커뮤니케이션즈

기업정보 더보기
유캔스톡

사업내용	화상 커뮤니케이션 플랫폼
CEO / 창립자	에릭 유안
창립	2011년,
	캘리포니아 산호세
IPO	2019년 4월 18일
	- 공모가 36달러

COMPANY DATA

영화나 드라마를 보면 멀리 떨어져 있는 다수의 사람들이 동시에 화상으로 회의를 하는 모습을 자주 볼 수 있는데 이를 비디오 콘퍼런싱Video Conferencing이라고 한다.

코로나 19 사태로 수요가 폭증하기 전까지 우리나라에서 비디오 콘퍼런싱은 비교적 생소한 서비스였다. 그러나 땅덩어리가 큰 미국의 경우, 특히 기업에서 비디오 콘퍼런싱은 매우 환영받는 커뮤니케이션 도구로 진작부터 조명되고 있었다. 이유는 명확하다. 바로 출장 감소, 시간 절약, 비용 절감이 가능하기 때문이다.

> **● 대중화를 가로막는 문제들**
>
> 그런데도 미국에서조차 비디오 콘퍼런싱이 대중화되지 못한 데는 이유가 있었다. 비디오 콘퍼런싱을 진행할 장비와 장소가 부족하고, 통신이 끊기거나 시스템에 오류가 발생함에 따라 회의 진행이 매끄럽지 않기 때문이었다.

승차 공유 업체인 리프트LYFT에 이어 2019년 IPO 시장에서 실리콘 밸리의 '테크 빅2'로 꼽힌 핀터레스트Pinterest, PINS와 줌 비디오 커뮤니케이션즈Zoom Video Communications, ZM, 이하 줌. 이들 모두 2019년 4월 18일 시장에 데뷔했다. 공모가 19달러로 뉴욕증권거래소에서 데뷔한 핀터레스트는 28% 상승한 24.40달러로 마감했고, 공모가 36달러로 나스닥에 상장한 줌은 72% 폭등한 65달러로 마감했다.

아니, 비디오 콘퍼런싱이 도대체 무엇이길래 그리고 줌은 도대체 어떤 회사이길래 상장 첫날부터 주가가 2배 가까이 올랐을까?

단순한 화상회의 서비스를 넘어 콘퍼런싱 플랫폼 생태계를 꿈꾼다

줌은 클라우드를 기반으로 하여 비디오 콘퍼런싱 솔루션을 제공하는 기업이다. 씨스코 시스템즈Cisco Systems, CSCO의 자회사 중 하나로 영상회의 소프트웨어 전문

▶ 줌 앱 마켓 플레이스

● 코로나 19 확산 여파와 줌

2019년 12월부터 시작된 신종코로나 바이러스(SARS-CoV-2)의 빠른 감염 확산으로 인해 많은 회사가 재택근무를 적용하기 시작했고, 이로 인해 화상 회의 솔루션의 필요성이 대두됨에 따라 줌의 주가 또한 큰 폭의 상승을 보였다. 신종코로나바이러스의 영향이 전 세계적으로 퍼져서 종료되는 시점까지는 이러한 수요가 계속 증가할 것으로 예상된다.

회사인 웹엑스WebEx에서 선임 엔지니어로 근무하던 중국계 미국인인 에릭 유안Eric Yuan이 2011년에 설립했다. 2013년에는 2억 회의 미팅을 지원했으며, 2015년에 직원 100명의 회사로 성장했고, 모바일 화면 공유와 미팅 세션을 분리할 수 있는 기능을 추가하면서 슬랙WORK과 세일즈포스CRM와의 파트너십을 체결했다. 다음 해인 2016년에는 경쟁사인 스카이프Skype와의 제휴를 통해 비디오 콘퍼런싱 제품인 줌 룸Zoom Room에 터치 및 3D 화면 지원을 도입했고, 60억 회의 미팅을 지원했다. 2017년 개발자들이 줌의 기능을 사용할 수 있는 줌 디벨로퍼 플랫폼Zoom Developer Platform을 발표했고, 호주와 영국에 사무실을 개설했다. 2018년에는 마켓 플레이스인 줌 앱 마켓플레이스 Zoom App Marketplace를 론칭했으며, 2019년에는 매월 평균 50억 회의 미팅을 지원했다.

필자가 처음 이 서비스에 대해 이야기를 들었던 것은 2018년 초였다. 그 당시에는 그냥 스카이프와 비슷한 서비스라고 생각하고 대수롭지 않게 넘겼다. 그러다가 2019년 초 주변 지인들로부터 서비스에 대한 찬사를 들으며 줌에 관심을 가지게 되었다. 그런 와중 2020년 초 발생한 코로나 19 사태의 확산 여파*로 국내는 물론 전 세계적으로 사용자가 급격히 증가하며 이제는 특히 젊은 세대라면 모르는 사람이 없는 서비스가 되었다.

직원은 물론 그 가족까지 케어한다 : 줌의 기업 문화

줌 역시 잘나가는 IT 기업들이 그렇듯, 고유의 기업 문화를 가지고 있다. 줌의 기업 문화를 한마디로 표현하자면 '케어Care'이다. 2천 명이 넘는 직원들을 가족처럼 잘 보살피자는 것이다. 이를 위해서 '행복 전담팀'까지 운영하는데 이들의 업무는 직원들이 즐겁게 직장 생활을 할 수 있도록 돕는 역할이라고 한다.

예를 들어, 가족을 초청하는 행사를 통해 부모님이 자녀가 일하는 회사를 둘러보고 팀원들과 이야기 나눌 수 있는 자리를 마련하기도 하며, 설문을 이용해 새로운 복지 제도의 도입도 추진한다. 또한 직원들의 성장을 위해서 직원들이 업무와 상관없이 공부를 하겠다고 하면 장소와 비용을 지원하고, 강의할 연사를 초대하기도 하며, 직원뿐만 아니라 그 가족이 구입하는 책에 대해서도 무제한으로 비용을 지불한다.

이렇게 할 수 있는 것은 CEO인 에릭 유안의 '직원들이 성장하는 만큼 회사도 성장한다'는 철학 덕분이다. 이로 인해 고용 리뷰 웹사이트인 글래스도어Glassdoor가 선정한 '2019년 일하기 좋은 기업' 2위에 올랐는데, 일하기 좋은 곳으로 자주 꼽히는 페이스북은 같은 발표에서 7위를 차지했다.

현재 줌은 서비스의 근간이 되는 비디오 콘퍼런싱 제품인 줌 미팅즈Zoom Meetings를 통해 모바일 기기, 데스크톱, 랩톱 등에서 영상, 음성, 채팅, 콘텐츠 공유 등을 제공한다. 앞서 언급한 줌 룸은 회사 미팅에 특화된 제품이다. 자체 하드웨어 기기를 제공하며, 기존에 사용하던 기기라 해도 줌에서 요구하는 스펙을 충족한다면 쓸 수 있다.

그 외에 주목할 만한 사항은 다른 플랫폼과 같이 앱 마켓 플레이스를 가지고 있다는 점이다. 이는 생태계 구축을 위한 포석이라고 볼 수 있으며 다양한 카테고리의 앱들과 연동할 수 있는 앱들이 존재한다.

언택트 시대에 주목받는
화상회의 솔루션 시장의 현황

인터넷 기술의 발달과 화상회의 솔루션의 발전으로 인해 사람들이 만나고 일하는 방식이 엄청나게 바뀌고 있다. 장소에 구애받지 않고 다양한 기술을 이용하여 업무를 수행하는 디지털 유목민Digital Nomad 또한 증가 추세다. 그리고 이러한 기술의 핵심에는 화상회의가 포함돼 있다.

전 세계 화상회의 시장 규모는 2017년 34억 달러였으며, 2018~2025년까지 연평균 9.2% 증가할 것으로 예상된다. 그렇다면 화상회의란 무엇인가? '통신 기술을 사용하여 회의를 진행하는 프로세스'를 말하며, 오디오 및 비디오 콘텐츠 전송 등이 수반된다. 이러한 의사소통 방법은 기업의 의사 결정 속도를 높이고 출장 시간과 관련 비용을 줄이며, 운영 및 관리 비용을 줄여 생산성을 향상시킨다.

근래에는 비즈니스의 세계화 그리고 지리적으로 분산된 비즈니스 운영 및 원격 인력 관리로 인해 비디오 통신에 대한 수요가 급격히 증가하고 있는 것이 화상회의 시장의 주요 원동력이다. 원격 의료 및 온라인 교육과 같은 특정 분야가 아시아 태평양 지역의 신흥 시장에서 점점 더 대중화되면서 다양한 응용 분야에서 이러한 솔루션에 대한 수요가 크게 증가할 것으로 예상된다. 2019년 12월에 발간된 포춘 비즈니스 인사이츠Fortune Business Insights의 보고서에 따르면, 아시아 지역 국가 중 호주와 인도가 거대한 온라인 사용자 기반으로 인해 화상회의 솔루션을 가장 많이 채택했다고 한다. 가장 유명한 화상회의 솔루션으로는 줌, 스카이프, 씨스코 웹엑스, 구글 듀오 등이 있다. 한편, 보고서는 화상회의의 미래에 대해서도 언급하고 있는데 통합 솔루션의 방향으로 진행되며, B2C 통신용 비디오 시장에 대한 요구가 더 많아질 것으로 예상했다. 증강 현실AR과의 결합으로 사용자 경험이 향상되리란 흥미로운 전망도 있다.

경쟁하고 있는 주요 업체들

마이크로소프트Microsoft 　 마이크로소프트**MSFT**의 스카이프Skype는 2003년 스카이프 테크놀로지사가 만들었고, 2005년에 이베이eBay가 인수했다가 2011년 마이크로소프트가 인수하여 현재까지 서비스하고 있다. 크레딧으로 유료 전화를 걸 수 있어 국제 전화 대용으로 많이 사용되기도 한다.

씨스코 시스템즈 Cisco Systems 　 씨스코 시스템즈**CSCO**는 네트워크에 필요한 장비 및 소프트웨어를 생산하여 제공하는 업체이다. 제품군 중에 하나로 온라인 미팅, 웹 콘퍼런스, 화상 통화를 제공하는 씨스코 웹엑스Cisco WebEx가 있다. 전 세계적으로 매달 7,100만 명이 사용하고 있으며, 매달 30억 분의 비디오 회의 및 화면 공유를 제공하고 있다고 한다.

구글Google 　 구글**GOOGL** 듀오Duo는 2016년 개발자 콘퍼런스에서 발표한 영상통화 서비스이다. 초기에는 영상 통화만을 지원하다가 2017년 3월에 음성만으로 통화가 가능하도록 기능이 추가되었고, 이후 30초의 짧은 영상 메시지를 남기는 기능이 더해졌다. 안드로이드와 iOS에서 모두 사용이 가능하며 최대 8명까지 그룹 화상 통화가 가능하다.

프리(Free)미엄을 택하다
− 줌의 전략

현재 줌이 취하고 있는 전략은 프리미엄Freemium 전략[*]이다. 이는 기본 서비스는 무료Free로 제공하고 부가 서비스에 관해서는 유료화Premium하는 전략으로, 프리Free와 프리미엄Premium을 결합한 것이다. 현재 많은 서비스가 차용하고 있는 이 전략의 효과는 크게 3가지로 볼 수 있다.

첫째, 이용자를 단기간에 확보할 수 있는 지름길을 제공한다. '무료인데 시험 삼아 한번 써볼까'라는 이용자들을 다수 확보하기가 용이하기 때문이다.

둘째, 브랜드 가치가 상승한다. 무료 사용자들로부터 직접적으로 받는 금액은 없더라도 그 사용자로부터 광고 매출과 같은 것을 발생시킬 수 있으며, 입소문 효과를 노릴 수 있다.

셋째, 유료 가입에 대한 거부감을 완화시킬 수 있다.

줌이 제공하는 서비스는 개인 사용자라면 무료free 플랜으로 1대1 대화는 무제한 사용할 수 있으며, 그룹 대화는 40분까지 무료 사용이 가능하다. 유료 플랜을 이용하면 스케줄링 기능과 유저를 관리할 수 있는 기능 등을 추가할 수 있다.

줌ZM은 정보기술Information Technology 섹터 중 애플리케이션 소프트웨어 Application Software 산업에 속해 있다.

1월이 결산월인 줌은 2019년 2월부터 2020년 1월까지 2020 회계연도 기준으로 매출이 전년 대비 88% 넘게 증가한 6억 2천만 달러, 영업이익이 100% 이상 증가한 1,270만 달러, 순이익이 200% 이상 증가한 2,531만 달러 그리고 EPS가 0.09달러를 기록했다.

줌의 사업지역별 매출 비중은 미주가 80%, 유럽·중동·아프리카가 11%, 아시아 태평양이 8%로 나타났다.

최근 분기별 실적을 살펴보면, 매출은 2019 회계연도에 분기당 20% 이상 증가하고, 2020 회계연도 들어서도 분기당 16% 이상 증가하면서 시장 전망치를 상회하는 모습이다. 오는 2020년 6월 4일에 발표하는 2021 회계연도 1분기 실적의 경우 코로나 19의 확산에 따른 재택근무와 온라인 강의 등 서비스 수요 급증으로 인해

분기별 실적과 전망 1월 결산 및 Non-GAAP EPS 기준, (단위) 매출 : 백만 달러, EPS : 달러

구분	FY19				FY20			
	Q1	Q2	Q3	Q4	Q1	Q2	Q3	Q4
매출	60	75	90	106	122	146	167	188
EPS	-	-	-	-	0.03	0.08	0.09	0.15
전망치	-	-	-	-	상회	상회	상회	상회

매출은 전년동기 대비 64% 가까이 증가한 2억 달러, EPS는 200% 증가한 0.09달러로 시장은 전망하고 있다.

2020년 4월 17일 기준으로 주가는 150.06달러, 시가총액은 191억 달러이다. 2019년 4월 상장 이후 주가는 316.8% 상승했으며 최고가는 102.77달러, 최저가는 62.00달러이다. 그리고 줌과 경쟁하고 있는 마이크로소프트MSFT의 주가는 178.60달러, 시가총액은 1조 3,584억 4천만 달러이고 최근 12개월간 주가는 44.8% 상승했으며 최고가는 188.19달러, 최저가는 118.71달러이다.

최근 3개월간 발표된 줌에 대한 22건의 월스트리트 투자의견을 종합하면 "매수"이고, 향후 12개월간 목표주가는 최고 165달러, 최저 80달러, 평균 118.44달러로 현재가 대비 21.07% 낮은 상황이다.

줌은 배당금을 지급하지 않는다.

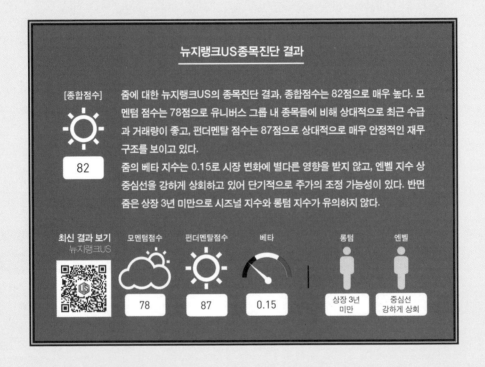

뉴지랭크US종목진단 결과

[종합점수]

82

줌에 대한 뉴지랭크US의 종목진단 결과, 종합점수는 82점으로 매우 높다. 모멘텀 점수는 78점으로 유니버스 그룹 내 종목들에 비해 상대적으로 최근 수급과 거래량이 좋고, 펀더멘탈 점수는 87점으로 상대적으로 매우 안정적인 재무구조를 보이고 있다.
줌의 베타 지수는 0.15로 시장 변화에 별다른 영향을 받지 않고, 엔벨 지수 상 중심선을 강하게 상회하고 있어 단기적으로 주가의 조정 가능성이 있다. 반면 줌은 상장 3년 미만으로 시즈널 지수와 롱텀 지수가 유의하지 않다.

최신 결과 보기
뉴지랭크US

모멘텀점수
78

펀더멘탈점수
87

베타
0.15

롱텀
상장 3년 미만

엔벨
중심선 강하게 상회

US STOCK SMALL CAP INSIDE

04

발 빠른 기업들의 **새로운 트렌드**, **협업 메신저**의 끝판왕

슬랙 테크놀로지스

Slack Technologies, Inc.
SIMBOL(CODE) WORK
NYSE

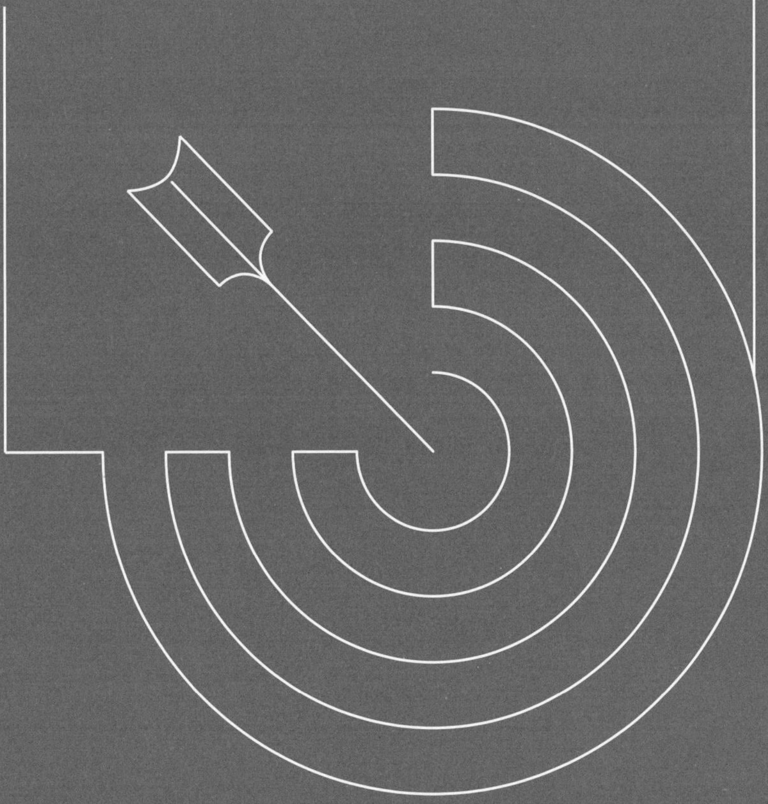

STOCK DATA

슬랙 테크놀로지스

산업	애플리케이션 소프트웨어
섹터	정보기술
직원수	2,045명
PER	N/A
EPS	-1.43달러
배당	N/A
매출액	6억 3천만 달러
1년간 매출 변화	+57.39%
결산월	1월

출처 WSJ (2020. 4)

기업정보 더보기
유캔스톡

사업내용	실시간 협업 툴 및 플랫폼 제공
CEO	스튜어트 버터필드
창립	2009년, 캐나다 밴쿠버
IPO	2019년 6월 20일 - 공모가 26달러

COMPANY DATA

━━━ 대부분의 사람들은 직장에서 하루의 많은 시간을 보낸다. 컴퓨터가 없던 시절에는 종이 서류를 만들고 결재를 받고 수정했는데, 컴퓨터와 인터넷이 보급되면서 서류로 왔다 갔다 하던 많은 부분이 온라인으로 옮겨갔다. 여기에 더해 재택근무가 활성화됨에 따라 꼭 사무실에서 업무를 보는 것이 아니라 장소의 제약 없이 일하는 문화가 퍼져나가고 있다. 즉, 회사의 직원들이 여러 장소에 흩어져 있는 형태가 보편화되고 있는 것이다. 코로나 19의 확산은 이를 더욱 가속화시키고 있고, 이는 온라인에서의 협업을 위한 도구의 필요성과 온라인 협업 툴 시장의 성장을 의미한다.

발 빠른 기업들은 이미 온라인 협업 툴과 협업 문화에 많은 관심을 기울이고 있다. 협업의 핵심은 결국 정보와 아이디어를 효과적으로 공유하는 데 있다. 과거에는 이메일이 주요 수단이었으나, 지금은 메신저와 화상회의, 파일 공유 등 다양한 방법이 동원된다. 최근 트렌드는 흩어져 있는 수단들을 통합하는 방향으로 진행되고 있다. 처음에는 메신저로 시작했던 슬랙Slack 또한 트렌드에 발맞춰 온라인 화상 기능, 파일 공유 등 협업에 필요한 기능들을 추가하는 추세이다.

여기서 IT 업계에 몸담고 있는 필자의 예를 들어보겠다. 필자는 업무를 볼 때 '슬랙'과 아틀라시안Atlassian이 만든 소프트웨어 개발 온라인 협업 툴인 '지라'를 가장 많이 사용한다. 슬랙으로는 주로 다른 동료들과 의사소통을 하는데, 여러 지역에 떨어져 있는 동료와 슬랙 화상회의를 통해서 서로 의견을 주고받고 회의를 진행하며 담소도 나눈다. 지라는 개발에 필요한 내용을 생성하고 관리하며 기록하는 데 사용한다. 아틀라시안은 지라뿐만 아니라 문서화를 위한 도구인 '컨플루언스'와 소스 코드 저장소인 '비트버킷' 등 소프트웨어 개발에 필요한 협업 도구들을 다양하게 제공하고 있다. 자세한 내용은 다음 챕터에서 바로 확인할 수 있다.

게임 개발을 위해 만들었던
메신저로 시작

우리가 알고 있는 슬랙 테크놀로지스Slack Technologies, **WORK**는 '슬랙'이라는 클라우드 기반 협업 메신저를 개발하고 서비스하는 기업이다.

사실 슬랙은 '글리치Glitch'라는 대규모 다중 접속 온라인 게임Massively Multiplayer Online Game을 만들던 중, 팀 내 원활한 커뮤니케이션을 위해 개발한 사내용 메신저였다. 2011년 9월 27일 공식 출시한 글리치는 2개월 뒤 접근성 등에 문제점이 발견되어 베타 버전으로 변경되었고, 1년 뒤인 2012년 12월에 폐쇄되었다. 서비스도 제대로 하지 못하고 망한 것이다. 그 대신 게임 개발을 위해 만들었던 협업 도구에 집중했고, 2013년 8월에 '슬랙'이라는 이름으로 시장에 선보였다. 슬랙은 하루 이용자 5백만 명과 유료 계정 150만 개를 확보했고, 회사는 2019년 6월에 뉴욕증권거래소에 상장하기에 이른다. 그리고 최근에는 한글화 버전 출시도 밝힌 바 있다.

앞서 언급한 망한 게임 회사의 이름은 타이니 스펙Tiny Speck이었다. 타이니 스펙을 설립한 사람은 스튜어트 버터필드Stewart Butterfield로 이전에 온라인 사진 공유 커뮤니티 사이트인 플리커Flickr를 만들어서 2005년 야후에 매각했던 전적이 있다. 공동 창업자이자 현 CEO인 스튜어트의 제품 철학은 "최대한 사용자 입장에서 우리의 서비스를 이해하려고 노력하여 사용자 경험User Experience을 개선하는 데서 기회를 찾는다"이다. 슬랙을 써본 경험이 있다면 간결하면서도 깔끔한 사용자 인터페이스User Interface, 즉 UI가 가장 먼저 눈에 들어왔을 것이다. 스튜어트의 철학이 잘 녹아 있는 UI 디자인이 초기에 입소문을 타는 데 많은 작용을 했다고 필자는 생각한다.

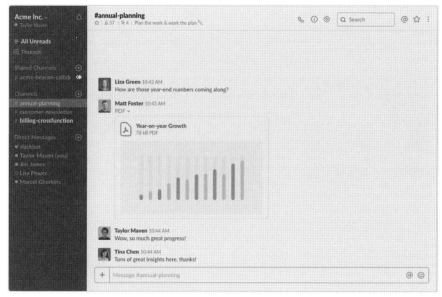

▶ 슬랙 스크린샷(출처 : 공식 데모 사이트)

업무 효율을 높이는 직관성과 편리성
– 왜 슬랙인가

필자가 2014년 미국에서 소프트웨어 엔지니어로 근무할 당시 처음 슬랙을 접하고 인상 깊었던 것 2가지가 있다.

첫째, 직관성이다. 슬랙은 잘 만들어진 소프트웨어들의 대체적인 특징인 빠른 반응성과 사용성 부분을 정확하게 충족시켜 준다. 특히 네트워크를 통해 회사 외부의 사용자와 채팅을 하고 있는데도 느림이나 끊김 없이 매우 매끄럽게 동작하는 모습에 감명받았다. 많은 뉴스와 사용기에서 언급되는 슬랙의 장점, 직관적인 UI 또한 사용성을 높이는 데 큰 역할을 한다. 깔끔한 UI는 앞서 설명했듯 CEO인 스튜어트의 철학이 반영된 결과로, 따로 툴을 익히기 위한 노력이 필요하지 않아 어느

▶ 슬랙 마켓 플레이스

누구든 즉각 사용할 수 있다. 이는 기업 입장에서 새로운 툴의 도입을 고려할 때 중요한 판단 기준 중 하나로, 이것이 일당백을 해내야 하는 스타트업들이 슬랙을 선호하는 이유라고 생각한다.

둘째, 편리성이다. 각종 외부 서비스와의 기가 막힌 연동성에 깊은 인상을 받았다. 협업을 하다 보면 다양한 외부 서비스를 사용하게 되는데, 슬랙은 기본적으로 외부 서비스와의 연동이 잘 이루어지도록 제공하고 있다. 자체 개설한 마켓 플레이스를 통해 대중적으로 이용되는 거의 모든 외부 서비스와의 연동 플러그인을 제공하며, 무료로 사용할 경우에도 10개의 외부 서비스와 연동할 수 있다. 사용자 입장에서 보면, 외부 서비스에 일일이 접속해 확인하지 않아도 슬랙 하나로 여러 업무를 볼 수 있으므로 그만큼 업무 효율성을 높일 수 있다는 이야기이다. 일례로, 슬랙 메신저 안에서 구글 애널리틱스 Google Analytics의 정보를 가져와서 볼 수 있고, 지메일Gmail도 슬랙 메신저를 통해 확인할 수 있다. 각종 매출 정보를 모두 슬랙에서 처리하여 정리된 리포트로 보여주고 월 사용료를 받는 플러그인 등 단순 연동 플러그인 외에도 마켓 플레이스에 유용한 유·무료 앱들이 존재한다.

직관성과 편리성, 바로 이 2가지가 초기 개발자 및 실리콘 밸리의 많은 IT 기업이 슬랙에 열광한 이유일 것이다.

한편, 업무에 사용되는 메신저이다 보니 보안에 신경 쓰지 않을 수 없다. 슬랙은 2015년 해커들에 의해 사용자 정보가 탈취당하는 사고가 발생, 이를 보완하기 위해 해당 사용자 계정의 비밀번호를 초기화하는 작업을 진행했다. 2017년 3월에는 사이버보안 업체인 **디렉티파이**Directify의 연구원이 슬랙 메신저의 취약점을 찾아 보고하자, 이를 즉시 인정하고 5시간 만에 보안 취약점을 제거하기도 했다. 이처럼 슬랙은 보안에 대해서도 각별히 신경 쓰고 있다.

비즈니스 모델과
경쟁현황

슬랙의 비즈니스 모델은 요금제를 통해 수익을 내는 것으로 프리Free, 스탠더드 Standard, 플러스Plus, 엔터프라이즈 그리드Enterprise Grid 등 4가지가 존재한다. 프리 의 경우 최근 1만 개의 메시지만 검색할 수 있으며, 최대 10개의 앱을 연동할 수 있 다. 대부분의 기업은 스탠더드 정도만 사용해도 업무용으로 충분하다. 여담이지만 필자가 다니는 회사는 처음 슬랙을 도입하고 한참 동안 프리 플랜을 사용하다 직 원이 늘어난 후에야 스탠더드 플랜으로 업그레이드를 했다. 그만큼 프리 플랜으로 도 무리 없이 업무를 수행할 수 있다는 뜻이다.

경쟁하고 있는 주요 업체들

마이크로소프트Microsoft   마이크로소프트 팀즈Microsoft Teams는 2017년 5월 기 존의 마이크로소프트 클래스룸Microsoft Classroom을 대체하기 위해 내놓은 서비 스로, 자사 제품인 오피스 365와 긴밀하게 통합되어 동작하는 협업용 메신저이다. 출시 2주년 기사에 따르면 포춘 100대 기업 중 91곳을 포함해 50만 개가 넘는 기업

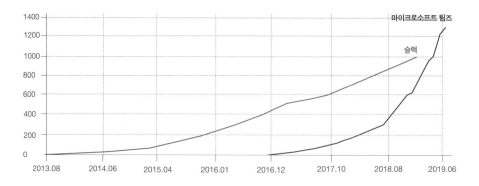

슬랙과 마이크로소프트 팀즈의 일일 활성 사용자 추이 단위 : 만 명 / 자료 : www.theverge.com

과 조직에서 이를 사용하고 있다고 한다.

페이스북Facebook   페이스북**FB**의 페이스북 포 워크플레이스Facebook for Work-
place는 2015년 1월에 출시된 업무용 커뮤니케이션 서비스이다. 알고리즘으로 선별
된 회사 관련 공지사항을 보여주는 뉴스피드 기능을 가지고 있는데, 이는 다른 협
업 메신저에는 없는 차별화된 부분이다.

잔디JANDI   한국을 대표하는 서비스로는 잔디가 있다. 잔디는 국내 협업과 업무
커뮤니케이션에 특화된 업무용 메신저로써 유료 회원사가 1천 개가 넘는다. 잔디를
개발한 **토스랩**에 따르면 매주 평균 50~60건가량의 신규 도입 문의가 접수되고 있
다고 한다. 슬랙은 2020년 1월 한국에 지사를 설립하고 한국 시장 공략을 본격화
하는 중이므로, 향후 잔디와 슬랙 간 선의의 경쟁을 기대해봐도 좋을 듯하다.

  주요 경쟁 업체 중에는 마이크로소프트의 상승세가 심상치 않다. 지난 2019년 7

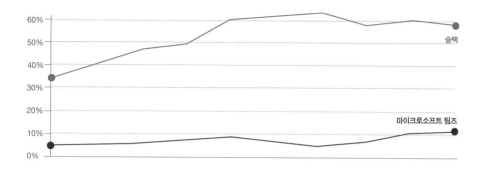

스타트업이 사용하는 협업 메신저의 비중 추이   자료 : www.vox.com

월에 마이크로소프트가 공개한 자료에 따르면 마이크로소프트 팀즈는 일일 활성 사용자가 1,300만 명에 이른다. 이는 같은 해 슬랙이 공개한 자료보다 많은 것이다. 그렇다고 슬랙을 얕봐서는 안 된다. 여전히 60% 이상의 스타트업은 비용을 지불하면서 슬랙을 사용하고 있으며 이는 사용자들의 입소문을 통한 결과이기 때문이다.

슬랙**WORK**은 정보기술Information Technology 섹터 중 애플리케이션 소프트웨어 Application Software 산업에 속해 있다.

1월이 결산월인 슬랙은 2019년 2월부터 2020년 1월까지 2020 회계연도 기준으로 매출이 전년 대비 57% 이상 증가한 6억 3천만 달러, 영업이익과 순이익이 각각 300% 내외 악화된 -5억 8천만 달러와 -5억 7천만 달러 그리고 EPS가 23% 이상 악화된 -1.43달러를 기록했다.

슬랙의 사업지역별 매출 비중은 미국이 63%, 해외가 37%로 나타나고 있다.

최근 분기별 실적을 살펴보면, 매출은 전년동기 대비 60% 내외 그리고 매분기 13% 가까이 성장하고 있고, EPS는 상장 이래 시장 전망치를 꾸준히 상회하고 있다. 2021 회계연도 1분기 실적은 오는 6월 3일에 발표할 예정인데 시장은 매출을 전년동기 대비 40% 이상 증가한 1억 9천만 달러, EPS를 전년동기와 동일한 -0.06달러로 예상하고 있다.

분기별 실적과 전망   1월 결산 및 Non-GAAP EPS 기준, (단위) 매출 : 백만 달러, EPS : 달러

구분	FY19				FY20			
	Q1	Q2	Q3	Q4	Q1	Q2	Q3	Q4
매출	60	75	90	106	134	144	168	181
EPS	-	-	-	-	-0.06	-0.14	-0.02	-0.04
전망치	-	-	-	-	상회	상회	상회	상회

2020년 4월 17일 기준으로 주가는 28.10달러, 시가총액은 81억 8천만 달러이다. 2019년 6월 공모가 대비 주가는 7.7% 상승했으며 최고가는 38.45달러, 최저가는 17.04달러이다. 그리고 슬랙과 경쟁하고 있는 **마이크로소프트**MSFT의 주가는 178.60달러, 시가총액은 1조 3,584억 4천만 달러이고 최근 12개월간 주가는 44.8% 상승했으며 최고가는 188.19달러, 최저가는 118.71달러이다.

최근 3개월간 발표된 슬랙에 대한 15건의 월스트리트 투자의견을 종합하면 "매수"이고, 향후 12개월간 목표주가는 최고 32달러, 최저 14달러, 평균 26.54달러로 현재가 대비 5.55% 낮은 상황이다.

슬랙은 현재 배당금을 지급하지 않는다.

업무의 완성도를 높여주는

협업 도구의 명가

아틀라시안

Atlassian Corp. Plc
SIMBOL(CODE) TEAM
Nasdaq

STOCK DATA

산업	애플리케이션 소프트웨어
섹터	정보기술
직원수	3,616명
PER	N/A
EPS	-2.67달러
배당	N/A
매출액	12억 1천만 달러
1년간 매출 변화	+38.47%
결산월	6월

출처 WSJ (2020. 4)

아틀라시안

기업정보 더보기
유캔스톡

사업내용	소프트웨어 디자인, 개발, 라이선스 및 유지 서비스
CEO/ 창립자	스콧 파쿠하, 마이크 캐논 브룩스
창립	2002년, 호주 시드니
IPO	2015년 12월 10일 - 공모가 21달러

COMPANY DATA

━━━ 일반인들에게는 생소한 회사일지 모르지만, IT 개발자 사이에서는 이 회사의 이름을 모르는 사람이 없다 해도 과언이 아닐 것이다. 바로 **아틀라시안**Atlassian, **TEAM**이다. 아틀라시안은 소프트웨어 개발 및 협업에 필요한 비즈니스 엔터프라이즈 소프트웨어를 만들어 제공하는 기업이다. 뉴사우스웨일스 대학교의 동갑내기 대학생 마이크 캐논 브룩스Mike Cannon-Brookes와 스콧 파쿠하Scott Farquhar가 의기투합하여 2002년에 회사를 설립했고, 첫 번째 제품인 지라 1.0Jira 1.0을 출시했다. 본사는 호주 시드니에 위치하고 있다.

무엇이 아틀라시안을
특별하게 만드는가?

대체 어떤 회사이길래 개발자들에게는 두말할 필요가 없는 회사라는 걸까? 이 회사의 정체를 알려면 그들이 서비스하는 제품을 살펴보는 것이 가장 확실하다. 아틀라시안은 현재 10개 이상의 제품을 서비스하고 있는데, 그중에 가장 유명한 제품 4가지에 대해서 알아보도록 하자.

지라Jira   소프트웨어 개발에 꼭 필요한 이슈와 버그 추적 시스템을 제공하는 제품이다. 아무리 작은 기업이라도 소프트웨어를 개발하다 보면 제품 내에 버그가 생기기 마련이고, 그것을 기록하고 수정 후 추적하기 위한 시스템이 절대적으로 필요하다. 이러한 경우 지라는 완벽한 옵션이며 10명까지는 무료로 사용할 수 있다. 지라의 기능이 너무 많고 방대하여 어렵다고 하는 경우도 있지만 세세한 컨트롤까지 가능하므로 제대로 사용한다면 거의 모든 것을 기록하고 관리할 수 있는 아주 강

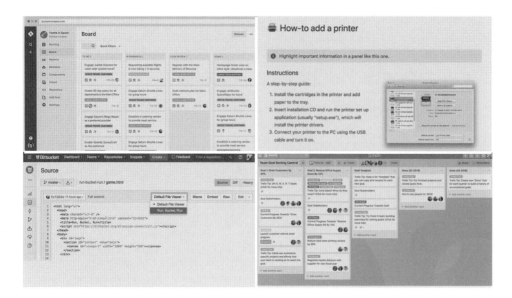

▶ 지라(좌 상단), 컨플루언스(우 상단), 비트버킷(좌 하단), 트렐로(우 하단) 사용 화면

력한 툴이다.

컨플루언스Confluence　　웹에서 문서를 작성하고 버전을 관리할 수 있는 도구로써 앞서 설명한 지라와 긴밀하게 연동한다. 일반적으로 어떤 일을 진행할 경우 그 일을 설명하는 문서가 있고 그에 따른 일감 목록을 생성한다. 이때 일을 설명하는 문서를 컨플루언스에 작성하고, 일감은 지라에 생성하여 서로 연결한 후 작업자가 컨플루언스 문서를 살펴보면서 작업을 진행한다. 이러한 이유로 지라를 사용하는 많은 회사가 컨플루언스도 함께 쓰며, 필자의 회사도 지라와 컨플루언스를 같이 사용하고 있다.

비트버킷BitBucket　　소프트웨어 개발에서 나오는 소스코드를 저장하고 버전을 관리하는 소프트웨어 형상 관리 제품이다. 가장 유명한 서비스로는 마이크로소프트가 인수한 깃헙GitHub이 있으며 그다음으로 비트버킷이 있다. 역시 지라, 컨플루언스와 긴밀하게 연동된다.

트렐로Trello   웹으로 간단하게 할 일 목록을 생성하고 관리할 수 있는 기능을 제공하는 서비스이다. 일종의 경량화된 버전의 지라라고 볼 수 있는데, 트렐로는 원래 **포그 크릭 소프트웨어**Fog Creek Software가 개발한 것을 2017년에 아틀라시안이 인수하면서 아틀라시안 제품군 안으로 들어왔다. 아틀라시안에 인수되기 전부터 트렐로는 간편한 사용법과 UI 덕분에 일반 사용자들도 많이 썼던 상품이다. 필자도 간단한 프로젝트의 경우 트렐로를 사용하여 업무를 진행하기도 했다.

이처럼 아틀라시안은 자체 개발한 지라를 주축으로 소프트웨어 개발과 협업에 필요한 서비스를 꾸준히 인수하여 제품군에 추가하고 있다. 2017년 트렐로 인수를 시작으로 2018년 9월에 서비스 장애 상황에서 알림을 보내주는 서비스인 옵스지니OpsGenie를 인수하여 제품군에 포함시켰으며, 2019년 3월 소프트웨어 개발을 빠르게 진행하는 데 도움을 주는 제품을 보유한 애자일크래프트AgileCraft를 인수해 또한 제품군에 추가했다.

마케팅 없이 유니콘으로 성장하다
─ 아틀라시안의 전략

다음으로 필자가 언급하고 싶은 것은 아틀라시안 역시 아마존과 마찬가지로 플라이휠 전략®을 사용한다는 것이다. 아틀라시안은 다른 회사와 달리 영업 조직 없이 자산 가치가 10조 달러를 돌파한 유니콘 기업이 되었다. 마케팅 대신 R&D에 수익 중 무려 40% 정도를 투자한다. 이러한 비중은 타 기업보다 매우 높은 것으로, 이는 좋은 제품을 만드는 데 쓰이고 더 좋은 제품이 소비자에게 전달되어 입소문을 타고 퍼지도록 하는 전략이다. 입소문 전략과 더불어 정기적으로 피드백을 수집하고 분석하여 제품을 개선하고 있다.

이 외에도 자유로운 기업 문화로 '호주에서 일하고 싶은 기업'에 늘 선정되고 있으며, 2006년부터 아틀라시안 파운데이션을 만들고 현재까지 꾸준히 기부 활동을 하고 있는 점도 눈여겨볼 만하다.

아틀라시안의 수익 모델은 줌ZM과 마찬가지로 프리Free미엄42페이지 참고이다. 주요 제품인 지라의 경우 최대 10명까지 무료로 사용할 수 있고, 비트버킷 역시 무료로 사용이 가능하다. 대부분의 제품을 무료로 쓸 수 있으며, 고급 기능이 필요한 경우 각 제품의 플랜에 따라서 비용을 지불하면 된다.

경쟁하고 있는 주요 업체들

슬랙 테크놀로지스 Slack Technologies 협업 메신저인 슬랙을 만드는 기업이다. 참고로 아틀라시안에도 협업에 사용하는 메신저 서비스인 스트라이드Stride가 존재했는데, 2018년 7월에 이를 슬랙 테크놀로지에 매각하고 현재는 파트너 관계를 유지하고 있다.

자이브 소프트웨어 Jive Software　　회사 내부에서 업무를 위해서 사용하는 인트라넷Intranet을 통해 흩어져 있는 업무 관련 소프트웨어들슬랙, 지라, 오피스365 등을 모두 연동하는 올인원 솔루션을 제공하는 기업이다. 2001년 설립되었는데 2017년 2월에 다양한 소프트웨어 라이브러리를 묶어서 구독제 상품으로 제공하는 아우레아Aurea 그룹에 인수되었다.

　아틀라시안은 지라 소프트웨어를 필두로 많은 제품군을 보유하고 있고, 각 제품들을 긴밀하게 통합하고 있다. 개별 제품에 대해서는 경쟁자가 존재하나 전체적으로 아우러진 서비스를 제공하는 이렇다 할 경쟁자가 없는 상황이라 꾸준한 성장이 예상된다.

아틀라시안TEAM은 정보기술Information Technology 섹터 중 애플리케이션 소프트웨어Application Software 산업에 속해 있다.

6월이 결산월인 아틀라시안은 2018년 7월부터 2019년 6월까지 2019 회계연도 기준으로 매출이 전년 대비 37% 넘게 증가한 12억 1천만 달러, 영업이익이 38% 가까이 감소한 -6천만 달러, 순이익과 EPS가 각각 400% 이상 감소한 -6억 3천만 달러와 -2.67달러를 기록했다. 사업부문별 매출 비중은 구독 부문이 52%, 유지관리 부문이 33%, 기타 부문이 15%이고, 사업지역별 매출 비중은 미주가 50%, 유럽이 39%, 아시아 태평양이 11%로 나타났다.

최근 분기별 실적을 살펴보면, 매출은 전년동기 대비 37% 이상 그리고 매분기 8% 내외 성장하고 있고, EPS는 전년동기 대비 70% 이상 그리고 매분기 20% 넘게 증가하면서 시장 전망치를 상회하고 있다. 2020 회계연도 3분기 실적은 오는 4월 30일 발표할 예정인데, 매출은 전년동기 대비 28% 이상 증가한 3억 9천만 달러,

분기별 실적과 전망　6월 결산 및 Non-GAAP EPS 기준, (단위) 매출 : 백만 달러, EPS : 달러

구분	FY18	FY19				FY20		
	Q4	Q1	Q2	Q3	Q4	Q1	Q2	Q3(E)
매출	244	267	299	309	335	363	408	397
EPS	0.13	0.2	0.25	0.21	0.2	0.28	0.37	0.21
전망치	상회	상회	상회	상회	상회	상회	상회	-

EPS는 전년동기와 같은 0.21달러로 시장은 전망하고 있다.

아틀라시안의 주가는 2020년 4월 17일 기준으로 152.25달러, 시가총액은 144억 달러이다. 최근 12개월간 주가는 26.5% 상승했으며 최고가는 154.42달러, 최저가는 101.94달러이다. 그리고 아틀라시안에 관련 서비스를 넘기고 협력 관계에 있는 슬랙WORK의 주가는 28.10달러, 2019년 6월 상장 이후 주가는 27.2% 하락했으며 최고가는 38.45달러, 최저가는 17.04달러이다.

아틀라시안은 현재 배당금을 지급하지 않고 있다.

최근 3개월간 발표된 아틀라시안에 대한 13건의 월스트리트 투자의견을 종합하면 "매수"이고, 향후 12개월간 목표주가는 최고 180달러, 최저 130달러, 평균 159.82달러로 현재가 대비 4.97%의 상승 여력이 있다.

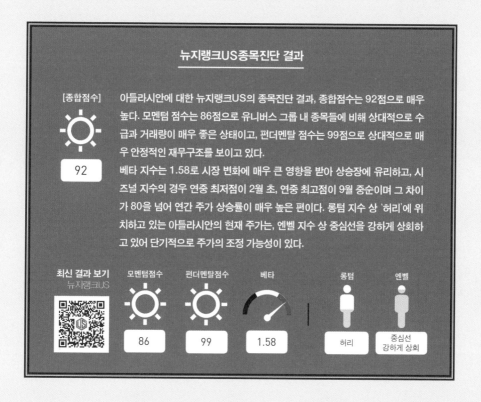

뉴지랭크US종목진단 결과

[종합점수]

92

아틀라시안에 대한 뉴지랭크US의 종목진단 결과, 종합점수는 92점으로 매우 높다. 모멘텀 점수는 86점으로 유니버스 그룹 내 종목들에 비해 상대적으로 수급과 거래량이 매우 좋은 상태이고, 펀더멘탈 점수는 99점으로 상대적으로 매우 안정적인 재무구조를 보이고 있다.

베타 지수는 1.58로 시장 변화에 매우 큰 영향을 받아 상승장에 유리하고, 시즈널 지수의 경우 연중 최저점이 2월 초, 연중 최고점이 9월 중순이며 그 차이가 80을 넘어 연간 주가 상승률이 매우 높은 편이다. 롱텀 지수 상 '허리'에 위치하고 있는 아틀라시안의 현재 주가는, 엔벨 지수 상 중심선을 강하게 상회하고 있어 단기적으로 주가의 조정 가능성이 있다.

최신 결과 보기
뉴지랭크US

모멘텀점수	펀더멘탈점수	베타	롱텀	엔벨
86	99	1.58	허리	중심선 강하게 상회

클라우드와 인공지능을 기반으로 한

보안 업계의 다크호스

크라우드스트라이크 홀딩스

CrowdStrike Holdings Inc.
SIMBOL(CODE) CRWD
Nasdaq

산업	시스템 소프트웨어
섹터	정보기술
직원수	2,309명
PER	N/A
EPS	-0.96달러
배당	N/A
매출액	4억 8천만 달러
1년간 매출 변화	+92.7%
결산월	1월

출처 WSJ (2020. 4)

크라우드스트라이크
홀딩스

기업정보 더보기
유캔스톡

사업내용	클라우드 기반 사이버 보안
CEO / 창립자	조지 커츠
창립	2011년,
	캘리포니아 서니베일
IPO	2019년 6월 12일
	- 공모가 34달러

━━━ 이제는 대세가 된 클라우드 컴퓨팅이란 인터넷을 통해 가상화된 컴퓨터의 자원을 사용자가 원하는 시점에 제공하는 것을 의미한다. 클라우드 컴퓨팅이라는 개념이 없을 당시에는 기업들이 자체적으로 서버를 구입하여 데이터 센터를 운영하고 관리했다. 이는 고정 비용과 인력이 들어가며, 갑자기 증가하는 트래픽에 대한 민첩한 대응이 불가능한 구조라고 할 수 있다. 그러나 클라우드 컴퓨팅 업체가 등장하면서 기업은 원하는 시점에 자신의 요구에 따라 더 많은 서버 자원을 사용하기도 하고 줄이기도 하면서 시장 상황에 민첩하게 대응할 수 있게 되었다. 더불어 고정 인프라에 대한 투자 비용을 절약하여 본연의 서비스에 더 집중할 수 있게 되었다.

하지만 클라우드 컴퓨팅 개념이 실현되고 여러 기업들이 이를 받아들이기까지는 많은 우여곡절이 있었다. 특히 가장 많은 우려를 낳았던 부문은 바로 보안이다.

여기서의 보안은 기술적인 보안Security과 기밀Confidential Information에 대한 보안을 포괄한다고 볼 수 있다. 기존처럼 자체적으로 데이터 센터를 가지고 있으면 모든 컨트롤 권한이 자사에 있으나, 클라우드 컴퓨팅의 경우 회사의 기밀이나 주요 정보가 모두 회사 외부에 있다는 것이 초기 도입에 가장 큰 걸림돌로 작용했다. 실제 이러한 부분은 많은 회사가 클라우드 컴퓨팅을 실제로 도입해본 후 사라졌다. 클라우드 컴퓨팅 업체가 보안 취약점에 노출되면 그곳에 위탁한 기업의 모든 정보가 위험에 놓이므로, 이와 관련된 우려와 위험성을 해소하기 위해 클라우드 컴퓨팅 업체는 막대한 비용과 엄청난 시간을 투자하며 안전에 많은 노력을 기울인다. 그럼에도 불구하고 보안 위협은 여전히 증가하는 추세를 보이고 있다.

2010년대 실제 발생했던 사건들을 떠올려보자. 2014년 소니 픽처스 해킹 사건, 2016년 미국 민주당 전국위원회DNC 이메일 유출 사건, 2018년 평창 동계 올림픽 개막식 중 사이버 공격 사건을 기억하는가? 우리와 직접적으로 큰 상관은 없어 대

▶ 크라우드스트라이크 나스닥 상장 모습 (출처 : 크라우드스트라이크 홈페이지)

부분의 독자들은 '그런 일이 있었나' 할지 모르겠다. 하지만 이러한 사건은 일상생활에서도 얼마든지 발생할 수 있다.

혹시 위의 사건들을 유심히 지켜봤던 독자가 있다면, 매번 영어로 아주 긴 이름, '크라우드스트라이크'가 언급되었던 것을 기억할 수도 있겠다. 지금부터 살펴볼 크라우드스트라이크 홀딩스CrowdStrike Holdings, **CRWD**, 이하 크라우드스트라이크가 바로 그 회사이다.

세계적으로 크고 작은 사이버 보안 사건이 이어지는 가운데 큰 주목을 받고 있는 크라우드스트라이크는 2019년 6월 나스닥에 상장했다. 당해 상장한 업체 중 기대주로 꼽혔으며, 거래 첫날 한때 100% 가까이 상승했다가 70.6% 상승한 주당 58달러, 시가총액 114억 달러를 기록했다.

기존 보안 소프트웨어의
단점으로부터 시작하다

크라우드스트라이크는 2011년 설립된 사이버 보안 전문 기업이다. 1987년 설립된 전통 있는 사이버 보안 업체인 맥아피McAfee에서 함께 근무했던 조지 커츠George Kurtz와 디미트리 알퍼로비치Dmitri Alperovitch 그리고 그레그 마스톤Gregg Marston 등 3명이 공동으로 창업했고, 2012년에 미 연방수사국FBI의 형사 및 사이버 부서를 이끌었던 숀 헨리Shawn Henry를 영입했다.

크라우드스트라이크는 기존의 보안 소프트웨어가 택하고 있던 종단 보호 서비스의 단점에 집중했다. 종단 보호endpoint security 서비스란, 간단하게 설명하면 회사에서 지급받은 컴퓨터에 백신 프로그램을 깔아 사용하는 것을 말한다. 회사는 직원에게 지급한 컴퓨터에 대해 보안 프로그램을 깔아 혹시 발생할지 모르는 보안 사고를 대비한다. 그리고 이러한 시스템을 운영하기 위해서 회사는 중앙 서버를 운영하고 관리해야 한다. 더욱이 직원이 많아져 기기가 늘어나면 이러한 종단 보호를 제공하기 위한 서버의 증설이 요구된다. 따라서 보안 프로그램을 설치하고 유지 및 보수하는 데 많은 시간과 비용이 지속적으로 소요된다.

이처럼 기존 종단 보호 서비스의 단점을 보완하고, 해킹 등의 위협에 보다 기민하게 대응하기 위해 크라우드스트라이크는 클라우드 기반의 종단 보호 서비스를 제공한다. 간단히 직원의 데스크톱, 랩톱 등에 자체 제작한 에이전트 소프트웨어의 설치만으로 즉시 종단 보호 서비스가 적용되도록 하고 있다. 이때 에이전트 소프트웨어는 경량화된 프로그램으로, 기존에 PC에 설치해야 했던 바이러스 탐지 시스템보다 훨씬 적은 메모리와 낮은 CPU 사용률을 보인다. 필자는 이를 굉장히 중요한 점이라고 생각한다.

**클라우드 기반이라는
강점을 가진 선두 주자**

많은 사람들이 PC와 노트북에서 바이러스 탐지 시스템을 잘 사용하지 않으려 한다. 이유는? 여러분도 경험한 바와 같이 바이러스 탐지 시스템을 켜놓으면 컴퓨터가 많이 느려지기 때문이다. 그러나 크라우드스트라이크가 내놓은 경량화된 에이전트 소프트웨어는 컴퓨터 내에서 일어나는 각종 이벤트 상황을 클라우드 서버로 보내고, 클라우드 서버는 자체 인공지능과 머신러닝을 통하여 해당 컴퓨터 내에서 발생할 가능성이 있는 위협을 감지하고, 사전에 공격을 차단하는 기능을 제공한다. 이렇듯 경량화된 소프트웨어만으로도 기존과 동일한 종단 보호 서비스가 가능하게 되었다. 또한 소프트웨어가 가볍기 때문에 배포에 드는 시간과 비용도 크게 절감할 수 있다. 크라우드스트라이크는 2013년 6월 첫 서비스로 크라우드스트라이크 팔콘CrowdStrike Falcon을 출시했고, 이를 '다음 세대의 바이러스 보안 솔루션'이라고 부르고 있다.

참고로 미국의 IT 리서치 기업인 가트너Gartner가 발표한 자료에 따르면 2019년 8월 기준으로 종단 보호 플랫폼의 최선두 그룹 5개 기업 중 크라우드스트라이크가 포함되었다. 오른쪽 그림을 보자. X축은 비전 완성도Completeness of Vision로, 시장에 대한 이해도 및 제품 전략이 포함된 핵심 지표이다. 공급 업체가 현재 및 미래 고객 요구 사항을 이해하고 기능을 제공하기 위한 적절한 로드맵을 갖추고 있는지, 다른 제품과의 차별화 전략을 보유하고 있는지를 중요하게 판단한다. Y축은 실행 능력Ability to Execute으로 주로 공급 업체를 평가하는데 사용되는 제품 또는 서비스, 전체적인 생존 가능성 및 시장 대응, 이력 등을 포함한 내용이다. 쉽게 말해 얼마나 빠르게 변화하는 시장에 대응하고 적응해 나갈 수 있는지를 나타내는 지표이다. 따라서 X축과 Y축의 값이 증가할수록 좋은 평가를 받은 것이라고 할 수 있다.

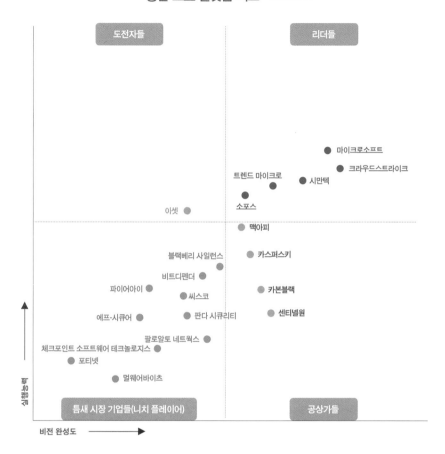

종단 보호 플랫폼 비교   자료 : 가트너

도전자들

리더들

마이크로소프트

크라우드스트라이크

트렌드 마이크로   시만텍

이셋   소포스

맥아피

블랙베리 사일런스   카스퍼스키

비트디펜더

파이어아이   씨스코   카본블랙

에프-시큐어   판다 시큐리티   센티넬원

팔로알토 네트웍스

체크포인트 소프트웨어 테크놀로지스

포티넷

멀웨어바이츠

틈새 시장 기업들(니치 플레이어)

공상가들

실행 능력

비전 완성도

다양한 보안솔루션을 제공

크라우드스트라이크는 종단 보호 솔루션 이외에도 자동으로 보안 위협을 감지하는 플랫폼인 팔콘 엑스Falcon X 등 여러 제품군을 보유하고 있다.

아무리 인공지능과 머신러닝으로 보안 위협을 감지한다고 해도 전통적인 방식의 보안 위협 탐지는 필요하다. 전통적인 방식이란 사람이 직접 위협을 분석하고 해당 공격 패턴을 정리해 해결책을 마련하는 것인데, 이를 위해 크라우드스트라이크는 전문가들이 연중무휴로 이러한 보안 위협을 감시하고 대응하는 팀을 별도로 운영하며 팔콘 오버워치Falcon OverWatch라는 이름으로 서비스를 제공하고 있다.

더불어 클라우드 컴퓨팅 1위 업체인 **아마존 웹 서비시스**Amazon Web Services, AWS와 기술 파트너십을 맺어 팔콘 포 에이더블유에스Falcon For AWS를 서비스하고 있다. 이 서비스는 아마존 클라우드에서 바로 사용할 수 있는 서버 이미지를 제공하며, 아래 그림과 같이 크라우드스트라이크 대시보드를 통해서 AWS 서버의 상태와 보안 관련 사항 등을 상시 감시할 수 있다.

클라우드와 더불어 요즘 가장 중요한 디바이스를 꼽으라면 바로 모바일 기기일 것이다. 우리가 일상생활에서 항상 사용하는 만큼 보안에 각별히 신경을 써야 한다. 이러한 요구에 발맞춰 크라우드스트라이크는 팔콘 포 모바일Falcon For Mobile이라는 솔루션을 제공하고 있다. 하나의 대시보드를 통해 모바일 보안, 관리, 감시 등의 기능을 사용할 수 있으며 서로 다른 운영체제인 안드로이드와 iOS 모두 관리가 가능하다.

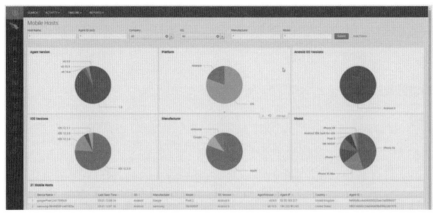

▶ 팔콘 포 모바일 스크린샷(출처 : 크라우드 스트라이크 공식 블로그)

이 외에도 멀웨어Malware®를 검색해서 볼 수 있는 팔 콘 서치 엔진Falcon Search Engine, USB 장비 보안을 위한 팔콘 디바이스 컨트롤Falcon Device Control 등의 서비스도 함께 제공하고 있다.

구독 기반의 크라우드스트라이크의 비즈니스 모델
비즈니스 모델 은 구독 기반 서비스이다. 기본 패키지
는 팔콘 프로Falcon Pro로 기본적인 안티
바이러스 제품을 포함하고, 다음으로 팔콘 엔터프라이즈Falcon Enterprise에는 추가 적으로 기기를 컨트롤하는 팔콘 디바이스 컨트롤Falcon Device Control, 연중무휴 모 니터링 서비스인 팔콘 오버워치Falcon OverWatch 등이 포함된다. 더 비싼 패키지로는 팔콘 프리미엄Falcon Premium이 있고, 고객 맞춤형 패키지를 원하는 사용자를 위해 서 팔콘 컴플리트Falcon Complete 패키지를 제공하기도 한다.

다양한 프로모션을 통해
시장 확대를 꾀하는 중

모바일 기기에 대한 보안 요구가 커지는 만큼 크라우드스트라이크는 2018년에 모 바일 기기에서의 보안 서비스를 출시했고, 지난 2019년 10월에는 가상 방화벽을 관리할 수 있는 서비스를 출시하는 등 변화하는 보안 환경에 대응하고 새로운 시 장으로의 확대를 위해 지속적으로 노력하고 있다. 또한 전통적인 기존 보안 시장

에서의 경쟁을 위해서도 다양한 프로모션을 시행하고 있는데 최근에는 시만텍 서비스 이용자가 자사 서비스로 전환하는 경우 혜택을 제공하는 이벤트도 진행했다. 참고로 현재 크라우드스트라이크의 매출은 시만텍의 5% 수준이므로 앞으로 성장 가능성이 무궁무진할 것으로 예상된다.

경쟁하고 있는 주요 업체들

시만텍Symantec　노턴 안티 바이러스Norton AntiVirus로 많이 알려진 보안 소프트웨어 기업인 시만텍은 미국 기업으로, 1982년에 설립되었으며 가장 오래된 보안 소프트웨어 기업 중에 하나이다. 2019년 8월에는 기업 보안 부문을 **브로드컴**Broadcom, **AVGO**에 매각한 후 회사명을 **노턴라이프락**NortonLifeLock, **NLOK**으로 변경했다. 2019년 11월 기준으로 악성 소프트웨어 방지 소프트웨어 부문에서 전 세계 시장 점유율 13.52%로 1위를 유지하고 있다.

지스케일러Zscaler　지스케일러**ZS**는 2008년에 설립된 클라우드 기반의 보안 서비스 업체로, 2018년 3월에 나스닥에 상장했다. 지스케일러도 크라우드스트라이크와 마찬가지로 클라우드 기반의 보안 업체이지만, 두 회사는 집중하는 사업부문이 다르다. 기존의 기업들은 회사 외부에 서비스를 제공하는 서버와 회사 내부에 사용하는 서버 간 네트워크가 복잡하게 설정된 경우가 많은데 지스케일러는 이러한 내·외부 네트워크 간 연계로 인해 발생하는 보안 취약점을 찾아 보호하고 개선해주는 서비스를 제공한다.

안랩AhnLab　국내 기업으로는 안랩이 있다. 안랩은 1998년 국내 최초의 보안 프

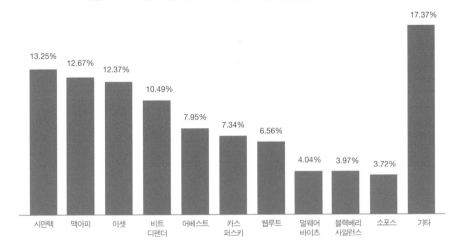

악성 소프트웨어 방지 소프트웨어 시장 점유율 자료 : 스태티스타

구분	점유율
시만텍	13.25%
맥아피	12.67%
이셋	12.37%
비트디펜더	10.49%
어베스트	7.95%
카스퍼스키	7.34%
웹루트	6.56%
멀웨어바이츠	4.04%
블랙베리사일런스	3.97%
소포스	3.72%
기타	17.37%

로그램인 'V3'를 개발하고 운영하는 기업이다. 국내 시장 점유율 50% 이상을 차지하며 연매출 1천5백억 원을 기록하고 있다. 전 세계 시장의 대부분을 미국 보안 업체들이 장악하고 있는 것을 감안할 때 안랩은 대단한 위치를 점하고 있다 하겠다.

크라우드스트라이크CRWD는 정보기술Information Technology 섹터 중 시스템 소프트웨어Systems Software 산업에 속해 있다.

　1월이 결산월인 크라우드스트라이크는 2019년 2월부터 2020년 1월까지 2020 회계연도 기준으로 매출이 전년 대비 93% 가까이 증가한 4억 8천만 달러, 영업이익이 6.7% 악화된 -1억 4천만 달러, 순이익이 1.2% 악화된 -1억 4천만 달러 그리고 EPS는 20% 악화된 -0.96달러를 기록했다. 사업부문별 매출 비중은 구독 서비스 부문이 전체의 91%를 차지한 가운데 전문가 서비스 부문이 나머지 9%를 차지하고 있고, 사업지역별 매출 비중의 경우는 미국이 74%, 유럽·중동·아프리카가 14%, 아시아 태평양 및 그외 국가가 12%로 나타났다.

　최근 분기별 실적을 살펴보면, 매출은 전년동기 대비 90% 이상 그리고 매분기 17% 넘게 성장 중이고, EPS는 상장 이래 지속적으로 개선되며 시장 전망치를 상회하고 있다. 오는 6월 4일에 발표 예정인 2021 회계연도 1분기 실적의 경우 매출은

분기별 실적과 전망　1월 결산 및 Non-GAAP EPS 기준, (단위) 매출 : 백만 달러, EPS : 달러

구분	FY19				FY20			
	Q1	Q2	Q3	Q4	Q1	Q2	Q3	Q4
매출	47	56	66	80	96	108	125	152
EPS	-	-	-	-	-0.47	-0.18	-0.07	-0.02
전망치	-	-	-	-	상회	상회	상회	상회

전년동기 대비 67% 가까이 증가한 1억 6천만 달러, EPS는 87% 이상 개선된 -0.06 달러를 기록할 것으로 시장은 예상하고 있다. 그리고 크라우드스트라이크는 배당을 하지 않는다.

2020년 4월 17일 기준으로 주가는 64.74달러, 시가총액은 74억 4천만 달러이다. 2019년 6월 상장 이후 주가는 29.8% 상승했으며 최고가는 99.65달러, 최저가는 33.01달러이다. 그리고 크라우드스트라이크와 경쟁하고 있는 **노턴라이프락**NLOK 의 주가는 20.12달러, 시가총액은 120억 7천만 달러이고 2019년 3월 18일 재상장 이후 주가는 17.5% 하락했으며 최고가는 28.25달러, 최저가는 16.58달러이다.

최근 3개월간 발표된 크라우드스트라이크에 대한 15건의 월스트리트 투자의견을 종합하면 "매수"이고, 향후 12개월간 목표주가는 최고 92달러, 최저 52달러, 평균 69.60달러로 현재가 대비 7.51%의 상승 여력이 있다.

뉴지랭크US종목진단 결과

[종합점수]

크라우드스트라이크에 대한 뉴지랭크US의 종목진단 결과, 종합점수는 73점으로 높다. 모멘텀 점수는 82점으로 유니버스 그룹 내 종목들에 비해 상대적으로 최근 수급과 거래량이 매우 좋고, 펀더멘탈 점수는 64점으로 상대적으로 안정적인 재무구조를 보이고 있다.

73

크라우드스트라이크의 베타 지수는 -0.03으로 시장 변화에 거의 영향을 받지 않고 시장과 반대 방향으로 움직인다. 그리고 엔벨 지수 상 중심선을 강하게 상회하고 있어 단기적으로 주가 조정 가능성이 있다. 그리고 크라우드스트라이크는 슬랙과 같이 상장 3년 미만으로 시즈널 지수와 롱텀 지수가 유의하지 않다.

최신 결과 보기
뉴지랭크US

모멘텀점수	펀더멘탈점수	베타		롱텀	엔벨
82	64	-0.03		상장 3년 미만	중심선 강하게 상회

스트리밍 시대,

놓쳐서는 안 될 **보안 업계 기대주**

클라우드플레어

Cloudflare Inc.
SIMBOL(CODE) NET
NYSE

클라우드플레어

산업	시스템 소프트웨어
섹터	정보기술
직원수	1,270명
PER	N/A
EPS	-0.72달러
배당	N/A
매출액	2억 8천만 달러
1년간 매출 변화	48.97%
결산월	12월

출처 WSJ (2020. 4)

기업정보 더보기
유캔스톡

사업내용	클라우드 기반의 웹사이트 보안 서비스
CEO	매튜 프린스
창립	2009년 7월, 캘리포니아 샌프란시스코
IPO	2019년 9월 13일
	— 공모가 15달러

COMPANY DATA

━━ 요즘은 운동 경기도 스트리밍으로 보는 시대다. 그런데 월드컵 한일전처럼 전 국민이 모두 같은 경기를 같은 시간에 스트리밍으로 본다면 어떻게 될까? 사용자가 갑자기 급증해도 과연 원활하게 서비스가 될까? 같은 경기를 동시에 보지만, 어느 집에서는 골인 장면이 먼저 나오고 어느 집에는 조금 늦게 보여지는 상황이 생기지는 않을까?

한편 5G 시대가 되며 스트리밍 게임이 대세로 떠오르고 있다. 전 세계 이용자가 동시 접속해서 수행하는 실시간 게임에서는 단 몇 밀리세컨드1000분의 1초 차이도 용납되기 어렵다. 세계 곳곳에서 수십만~수백만 명이 동시 접속해서 활동하는 고화질 게임, 이 같은 속도가 어떻게 가능한 것일까?

위와 같은 궁금증을 가져본 사람이라면 CDN이라는 기술에 대해 들어보았을지 모른다. CDN은 콘텐츠 딜리버리 네트워크Contents Delivery Network의 줄임말로, 지리적으로 떨어져 있는 사용자에게 용량이 큰 영상 및 이미지 데이터를 효율적으로 전송하는 기술이다. 용량이 큰 데이터를 한 번에 보내려고 하면 전송이 느려질 것이다. 그래서 서버와 이용자 사이에 데이터 센터를 놓고 그곳에서 데이터를 분산함으로써 최종 이용자들에게 빠르게 전송하는 기술이 바로 CDN이다. 특히 코로나

▶ CDN의 개념 : 서버의 데이터를 분산하여 다양한 지역의 최종 이용자에게 빠르게 전송한다

19 이후 재택근무, 온라인 영상 시청 등에 대한 수요가 폭증하면서 트래픽이 크게 증가하고 있는 상황에서 CDN은 과도한 트래픽접속 통신량을 막아주고, 콘텐츠 제공의 안정성을 높여준다. 또한 접속 지연을 줄이며, 기업의 인터넷 회선 비용을 절감하고, 보안성을 개선하는 효과 또한 있다. 클라우드와 스트리밍의 시대, CDN은 한마디로 없어서는 안 될 기술인 것이다. 그리고 그 중심에 서 있는 회사가 지금부터 소개할 클라우드플레어Cloudflare, **NET**이다.

데이터 분산에서 디도스 방어까지
트래픽 문제에 관한 모든 것

클라우드플레어는 CDN 서비스와, 도메인주소를 IP주소로 변환하는 도메인 네임 시스템Domain Name System, 이하 DNS을 포함, 웹사이트의 성능·속도·보안 관련 서비스를 다양하게 제공하는 기업이다. 서비스 최적화를 통해 로컬 및 글로벌의 트래픽 부하를 절감시키고, 서비스의 지연이나 중단을 방지하며, 리소스를 보호하고, 데이터를 빠르게 최종 사용자에 배포한다.

　2004년 매튜 프린스Matthew Prince와 리 홀로웨이Lee Holloway는 하버드 경영대학원의 프로젝트로, 이메일 스팸 발송자가 이메일 주소를 수집하는 방법을 추적하는 작업을 진행했다. 미셸 재틀린Michelle Zatlyn은 이를 이용, 인터넷 위협을 추적 및 보호하는 서비스를 생각해냈고, 그렇게 세 사람이 2009년 창업한 회사가 클라우드플레어이다. 4년간 연평균 성장률 50%를 기록했으며, 현재 90개 이상의 국가 8,500개 이상의 서버에서 서비스되고 있다. 전 세계적으로 가장 큰 네트워크를 보유한 회사 중 하나로 2천만 개 이상의 인터넷 단말이 연결되어 있으며, 지금도 그

▶ 클라우드플레어가 서비스하고 있는 국가들

숫자는 매일 수만 개씩 증가하는 중이다. 포춘 1,000 기업 중 약 10%의 인터넷 요청이 클라우드플레어를 통해 처리된다고 한다.

클라우드플레어는 2019년 9월 13일 상장 첫날 공모가 15달러에서 20% 오른 18달러로 마감한 이래 별다른 주가 변화를 보이지 않다가, 코로나 19 확산이 본격화된 2월 이후 26달러까지 상승하였다.

클라우드플레어는 무엇이 달랐는가

2000년대 신문과 방송 기사에서 종종 화제가 되었던 '디도스 공격'이라는 말을 기억하는가? 인터넷 사이트가 처리할 수 없을 정도의 대량 접속 시도를 통해 서비스 체계를 마비시킴으로써 '서비스 거부Denial of Service'를 일으키는 해킹 수법이다. 그 결과 정상적인 다른 사용자들은 해당 서비스를 사용하지 못하게 된다. 속된 말로 표현하자면 '집단 구타'라고 할 수 있는데 이것이 바로 디도스Distributed Denial of Service, DDoS이다.

클라우드플레어는 DNS 및 디도스 방어를 포함한 다양한 부가 서비스를 구독제로 제공한다. 비즈니스 모델만 보면 여타 다른 서비스들과 큰 차이가 느껴지지 않는데 필자는 처음 클라우드플레어의 서비스를 접하고 놀란 기억이 있다. 이유는 다음과 같다.

첫째, 처음부터 DNS뿐 아니라 보안에도 관심을 기울였다. 당시에도 DNS 서비스를 제공하는 기업들은 많았고 현재도 전문으로 하는 많은 기업이 존재하지만, 클라우드플레어처럼 DNS는 물론 보안 및 성능 개선에 도움이 되는 기능들을 함께 제공한 곳은 없었다. 보통은 DNS면 DNS, 보안이면 보안, 이런 식으로 하나에만 초점을 맞추는 데 비해 클라우드플레어의 서비스는 복합 솔루션처럼 느껴졌으며 심지어 초기 설정 또한 간편했다. 둘째, 작은 비용으로 DNS와 디도스 방어를 모두 해결할 수 있었다. DNS 서비스만 해도 비용이 저렴하지 않은데 디도스 방어까지 무료로 함께 제공한다니, 소기업이나 스타트업 입장에는 굉장한 메리트를 가진 서비스가 아닐 수 없었다. 작은 기업들은 디도스에 대비하기가 어렵고, 그러다 공격을 받기라도 하면 금전적으로 엄청난 피해를 받을 수 있는데정도가 심하면 사업의 존폐가 걸린 문제가 될 수도 있다. 그런 면에서 클라우드플레어의 서비스는 차별점이 확실했다.

여기서 잠깐, 클라우드플레어의 구독 상품들을 살펴보자. 프리Free, 프로Pro, 비즈니스Business, 엔터프라이즈Enterprise 등 4가지 플랜이 존재하는데 주목할 점은 프리 플랜에도 디도스에 대한 방어 기능이 들어가 있다는 점이다. 여기에 추가적으로 비용을 내는 플랜을 선택하면 글로벌 CDN 서비스, 공유 SSL인증서 서비스까지 제공된다. 개인 사용자라면 쓰지 않을 이유가 없다. 실제로 필자의 지인 중에는 클라우드플레어를 사용하는 사람이 많으며, 책을 읽는 독자 분들도 알게 모르게 한 번쯤 클라우드플레어의 CDN에서 데이터를 받아봤을 것이다. 그만큼 클라우드플레어를 사용하는 사이트들이 많다.

필자가 근무하는 기업도 초창기 시절 디도스까지는 아니어도 다양한 공격을 꾸준히 받았다. 그리고 그런 공격들이 실제 서비스에 영향을 주어 서비스가 다운되거나 지연되는 등의 문제가 발생하곤 했다. 이를 막기 위해 필자 또한 늦게까지 야근하며 시간을 많이 썼었다. 그러던 중 클라우드플레어를 접하고 이를 적용하자 공격들이 자동으로 차단되는 것을 확인할 수 있었다. 도입 초기에는 비용이 너무 저렴하다는 이유로 오히려 의심의 눈초리를 보내기도 했으나 지금은 만족하며 잘 사용하고 있다.

필수가 된 CDN,
시장 현황과 전망

일반 업무는 물론 고객에 제공하는 서비스까지 모두 클라우드로 처리하는 시대에 CDN 그리고 트래픽 보안은 이미 핵심적인 기술이다. 2019년 가트너의 전망에 따르면 사물인터넷, 기업용 애플리케이션, 미디어, 금융 서비스 분야의 60% 이상 기업들이 이미 CDN 서비스를 사용 중이며, 여기에 더해 약 30%의 기업들이 2020년 내로 CDN 서비스를 사용할 계획이다.

최근에는 코로나 19의 영향으로 온라인 영상 및 게임 스트리밍, 화상 강의 및 회의, 재택근무 등의 수요가 급증하며 인터넷 트래픽이 급격히 늘어났다. 아카마이 Akamai Technologies, **AKAM**에 따르면 2020년 1월 6테라바이트이던 DNS 트래픽 추이는 코로나 19가 전 세계로 확산된 3월에 이르러 7테라바이트로 17% 증가했다. 이 같은 상황에서 CDN 서비스 업체들에 대한 수요는 계속 늘어날 전망이다.

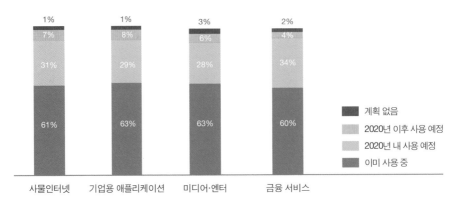

산업별 CDN 사용 계획　자료 : 가트너

	사물인터넷	기업용 애플리케이션	미디어·엔터	금융 서비스
계획 없음	1%	1%	3%	2%
2020년 이후 사용 예정	7%	8%	6%	4%
2020년 내 사용 예정	31%	29%	28%	34%
이미 사용 중	61%	63%	63%	60%

경쟁하고 있는 주요 업체들

아카마이 테크놀로지스 Akamai Technologies　아카마이**AKAM**는 CDN 1위 기업으로 전체 웹 트래픽의 15~30% 정도를 담당하고 있다. CDN 서비스뿐만 아니라 웹 보안 및 디도스 방어 관련 서비스들도 함께 제공한다.

아마존 웹 서비시스 Amazon Web Services, AWS　디도스 방어와 관련해서 AWS는 실드Shield라는 제품을 갖추고 있으며, CDN 서비스로는 클라우드프론트CloudFront라는 제품이 있다. AWS는 클라우드 관련 선두 업체로, 자사 제품들 간의 쉬운 연결성 덕분에 타 서비스에 비해 쉬운 접근성을 가지고 있는 것이 장점이다.

주요 지표 및 진단 결과

기준 2020년 4월

클라우드플레어**NET**는 정보기술Information Technology 섹터 중 시스템 소프트웨어 Systems Software 산업에 속해 있다.

12월이 결산월인 클라우드플레어는 2019년 1월부터 12월까지 2019 회계연도 기준으로 매출이 전년 대비 49% 증가한 2억 8천만 달러, 영업이익과 순이익이 각각 20% 이상 악화된 -1억 달러 그리고 EPS는 33% 이상 개선된 -0.72달러를 기록했다. 클라우드플레어의 사업지역별 매출 비중은 미국이 50%, 해외가 50%로 나타났다.

최근 분기별 실적을 살펴보면, 매출은 전년동기 대비 48% 이상 그리고 매분기 10% 내외 성장하고 있다. 오는 5월 7일에 발표 예정인 2020 회계연도 1분기 실적에 대해 시장은 매출이 전년동기 대비 44% 증가한 7천만 달러, EPS는 -0.07달러를 기록할 것으로 전망하고 있다.

2020년 4월 17일 기준으로 주가는 24.83달러, 시가총액은 23억 4천만 달러이다.

분기별 실적과 전망　12월 결산 및 Non-GAAP EPS 기준, (단위) 매출 : 백만 달러, EPS : 달러

구분	FY18				FY19			
	Q1	Q2	Q3	Q4	Q1	Q2	Q3	Q4
매출	42	45	50	55	62	67	74	84
EPS	-	-	-	-	-	-	-0.16*	-0.06
전망치	-	-	-	-	-	-	하회*	상회

2019년 9월 상장 이후 주가는 45.5% 상승했으며 최고가는 25.42달러, 최저가는 14.62달러이다. 그리고 클라우드플레어와 경쟁하고 있는 아카마이AKAM의 주가는 105.35달러, 시가총액은 171억 1천만 달러이고 최근 12개월간 주가는 39.8% 상승했으며 최고가는 105.84달러, 최저가는 73.66달러이다.

현재 클라우드플레어는 배당금을 지급하지 않는다.

최근 3개월간 발표된 클라우드플레어에 대한 10건의 월스트리트 투자의견을 종합하면 "매수"이고, 향후 12개월간 목표주가는 최고 26달러, 최저 20달러, 평균 23.00달러로 현재가 대비 7.37% 낮은 상황이다.

PART 2

SHARING ECONOMY & LIFE

대세가 된 공유 경제와 라이프

글로벌 모빌리티 플랫폼 시장의

절대적 1위

우버 테크놀로지스

Uber Technologies Inc.
SIMBOL(CODE) UBER
NYSE

산업　산업재

섹터　육상 운송

직원수　26,900명

PER　N/A

EPS　-6.81달러

배당　N/A

매출액　141억 4천만 달러

1년간 매출 변화　+25.53%

결산월　12월

출처　WSJ (2020. 4)

우버 테크놀로지스

기업정보 더보기
유캔스톡

사업내용 승차 공유 서비스

CEO　다라 코스로샤히

창립자　트래비스 캘러닉, 개릿 캠프

창립　2009년 3월,
　　　　캘리포니아 샌프란시스코

IPO　2019년 5월 9일

　　　 - 공모가 45달러

차를 가진 사람과 이동하길 원하는 사람을 스마트폰 애플리케이션으로 연결하는 서비스를 모빌리티 플랫폼 서비스*라고 부른다. 이 서비스를 구현한 스타트업으로써 세계적인 기업으로 성장 중인 회사가 바로 우버 테크놀로지스Uber Technologies, UBER, 이하 우버이다.

한때 1천2백억 달러의 기업가치를 가진 것으로 평가받으며 지난 2019년 5월 10일 미국 뉴욕증권거래소에 상장한 우버. 하지만 상장 첫날 공모가 대비 7.62% 하락하며 지난 24년간 최악의 기업공개 TOP 5 중 하나로 이름을 올렸고, 주가는 여전히 공모가인 45달러에 미치지 못하고 있다. 그런 한편, 여전히 69개 나라 900개 도시에서 서비스를 운영 중이며, 총예약*은 계속해서 증가하는 추세이다.

투자자의 관점에서 우리는 우버를 어떻게 봐야 할까? 적자 회사로 치부하고 잊어야 할까, 아니면 미래 성장성을 보고 포트폴리오에 담아야 할까? 이에 대한 답을 얻기 위해 지금부터 우버에 대해 자세히 짚어보자.

● **모빌리티 플랫폼 서비스**

모빌리티 플랫폼 서비스가 제공하는 라이드 쉐어링(승차 공유, ride sharing)은 자동차 쉐어링(car sharing) 혹은 라이드 헤일링(ride hailing) 등 여러 용어로 혼용되고 있다. 차량을 호출해서 다른 사람과 차량뿐만 아니라 가는 길도 공유한다는 면에서 용어들 모두 같은 의미라고 보면 되겠다. 본서에서는 가장 널리 많이 쓰이는 단어인 라이드 쉐어링을 사용했다.

● **총예약 Gross booking**

일반 기업의 총매출의 개념과 같다. 고객이 우버가 제공하는 서비스를 이용하고 지출한 탑승 비용, 세금, 그리고 톨게이트 비용과 함께 우버 잇츠(Eats), 우버 프레이트(Freight) 등을 모두 포함한 총금액이다. 단, 운전자에게 지급하는 팁은 포함되지 않는다.

더불어 조정 순매출에 대해서도 잠깐 짚고 가자. 조정 순매출(adjusted net revenue)은 매출에서 운전자에게 지급하는 보조장려금(incentives)과 신규 드라이버 소개(referrals) 같은 추가 지급금액을 제외한 매출을 의미한다.

불편함으로부터 시작된 서비스

우버를 한 마디로 표현하면 글로벌 모빌리티 플랫폼 회사 그리고 글로벌 라이드 쉐어링 선도 회사라고 할 수 있다. 2009년 불편한 택시 서비스에 염증을 느낀 트래비스 캘러닉Travis Kalanick과 개릿 캠프Garrett Camp가 택시 호출 앱을 만든 것을 시작으로, 2010년 미국 샌프란시스코에서 공식 출시되었고, 스마트폰이 대중화된 2012년 이후부터 폭발적으로 성장해왔다.

2019년 현재 우버는 전 세계 60여 개 국가와 700여 개 도시에서 1억 1천만 명 이상이 이용하고 있는 것으로 추정된다. 누적 탑승 횟수는 100억 회에 이르고, 미국 내 승차 공유 서비스 시장의 70%, 전 세계 시장의 50% 이상을 점유하고 있다.

급속히 성장 중인 글로벌 모빌리티 플랫폼 시장과 확대되는 경쟁

시장조사 업체인 모도 인텔리전스Mordor intelligence에 따르면, 2019년 글로벌 라이드 쉐어링 시장은 약 730억 7천만 달러 규모로 추정된다. 2020년부터 2025년까지 연평균 성장률Compound Annual Growth Rate, CAGR은 19.2%로, 2025년에는 약 2천96억 달러 규모가 될 것으로 예상된다.

현재 글로벌 모빌리티 플랫폼 시장을 대표하는 3대 라이드 쉐어링 회사로는 우버, 디디 추싱, 그랩이 있다. 디디 추싱DiDi Chuxing은 중국에서 5억 5천만 명의 이용자와 하루 3천만 회 이상의 승차 횟수를 기록하고 있는 업체로, 기업가치는 약 576억 달러로 추정된다. 또한 중국 내 시장 점유율 약 90%를 차지하고 있다. 2016년 8월 우버의 중국 사업부문을 인수했다. 그랩Grab은 '동남아의 우버'로 불리며 동남아 8개 국 217개 도시에서 서비스를 제공하고 있는 업체로, 2019년 3월 우버의 동남아시아 사업부문을 인수했다. 재미있는 것은 이들이 모두 우버의 현지 사업부문을 인수하면서 급속히 성장했다는 사실이다.

동종업계와의 경쟁 : 파트너십을 선택 그렇다면 우버는 디디 추싱 그리고 그랩과의 지역 경쟁에서 밀려 중국 및 동남아에서의 사업을 접은 것일까? 언뜻 보면 그렇다. 하지만 내용을 들여다보면 전혀 다른 그림이다.

먼저 2016년 8월, 우버는 중국 사업부문을 디디 추싱에 넘기는 대신 지분 20%를 획득해 디디 추싱의 최대주주가 되었다. 디디 추싱은 우버의 중국 사업부문 인수와 함께 우버에 10억 달러를 추가로 투자했다. 당시 우버의 중국 사업부문 가치가 70억 달러였고, 디디 추싱의 기업가치는 280억 달러였다. 결론적으로 우버와 디디 추싱은 가격 경쟁에 따른 출혈을 멈추고, 서로에게 전략적인 파트너가 되는 지혜로운 선택을 한 것이다.

우버의 디디 추싱 지분 인수에 관하여

2016년 8월에 우버가 획득한 디디 추싱의 지분 20% 중 17.7%의결권 5.89%는 우버 본사, 2.3%는 바이두Baidu, BIDU를 포함한 우버의 중국 사업부문 투자자들의 몫이었다. 2019년 초 우버가 제출한 IPO 서류를 보면 우버는 디디 추싱의 지분 15.4%를 보유하고 있는데 이는 디디 추싱이 2016년 8월 이후 추가 투자를 받아 지분율이 낮아졌기 때문이다. 우버가 보유한 디디 추싱의 지분 가치는 2018년 기준 79억 5천만 달러이다. 3년 전 디디 추싱이 인수한 우버의 중국 사업부문은 아직 중국 규제 당국의 승인을 받은 상태가 아니므로, 우버에 투자를 고려 중이라면 이후 관련 소식을 챙겨야 할 것이다. 또한 위에 언급된 기업가치는 측정 방법에 따라 약간의 차이가 발생할 수 있다. 참고로 디디 추싱은 동종 업체인 리프트Lyft, LYFT, 올라Ola, 그랩의 지분을 보유 중이다. 그리고 일본 라쿠텐Rakuten, RKUNY의 투자를 받은 리프트를 제외하고는 모두 소프트뱅크Softbank, SFTBY의 투자를 받았으므로, 라이드 쉐어링 산업에 투자를 고려 중이라면 소프트뱅크에 대해서 반드시 알아볼 필요가 있다. 소프트뱅크에 대한 자세한 내용은 ≪4차 산업혁명, 무엇을 알고 어디에 투자할 것인가≫도서출판 예문를 참고하기 바란다.

다음으로 2019년 3월, 우버는 동남아시아 8개국에서 사업 중인 동남아시아 사업부문을 그랩에 넘기고, 그랩의 지분 27.5%를 받았다. 지난 5년간 우버가 투자한 금액이 7억 달러, 당시 우버의 동남아시아 사업부문의 가치가 60억 달러, 그랩의 가치가 60억 달러였으니 양측 모두 손해 보는 거래는 결코 아니었다. 더욱이 당시 동남아시아 지역에서 우버와 그랩 말고도 **구글**Google, **GOOGL**과 **텐센트**Tencet, **TCEHY**의 투자를 받은 **고-젝**Go-Jeck이 사업을 활발히 펼치고 있었기 때문에 이들의 움직임은 동맹의 성격이 강했다고 볼 수 있다.

유사 업계와의 경쟁 :　그런데 우버는 동종 업체와의 경쟁뿐만 아니라 각 지역의

택시, 렌터카, 배달　　택시 업계 및 렌터카 업계와의 갈등도 심각하다.

　　　　　　　　　　택시 업계와의 갈등은 우리나라에서 직접 일어났기 때문에 대부분의 독자들도 알고 있는 상황이다. 최근 우버는 우리나라에서 택시 호출 서비스를 재개하는 등 사업 재개를 위한 물밑 작업을 진행 중인 것으로 보인다. 한편, 러시아에서 사업을 벌이던 우버는 2017년 7월 '러시아의 구글'로 알려진 러시아 최대 검색엔진 회사 **얀덱스**Yandex, **YNDX**의 자회사인 **얀덱스 택시**Yandex Taxi와 총 38억 달러에 이르는 조인트 벤처joint venture를 설립했다. 우버는 조인트 벤처에 2억 2천5백만 달러를 투자하여 36.6%의 지분14억 달러 가치을 보유하게 되었고, 얀덱스는 1억 달러를 투자하여 59.3%의 지분을 확보했다. 이 또한 사업을 확장한 개념으로 볼 수 있는데, 이를 통해 기존에 서비스를 제공하던 21개 도시와 더불어 카자흐스탄, 아제르바이잔, 아르메니아, 벨로루시, 조지아 등 러시아 주변국을 포함한 130여 개 도시에서 사업을 영위하게 되었기 때문이다. 이쪽 지역에 대한 투자금 1억 7천 달러와 추가 투자 2억 2천5백 달러를 고려해보면 좋은 조건임을 알 수 있다.

▶ 개인차량을 우버와 리프트 기사에게 빌려주도록 연결해주는 플랫폼인 하이어카. 하이어카는 나스닥에 상장되어 있는 회사이기도 하다. 심볼은 HYRE.

렌터카 업계와의 마찰 또한 작지 않은데 미국의 경우도 다르지 않다. 대부분의 렌터카 업체들이 생존에 큰 위협을 느끼고 있는 상황이다. 이에 미국 2위 렌터카 업체인 허츠Hertz, HRI는 우버와 리프트의 운전자에게 렌터카를 빌려주는 프로그램을 운영하며 변화를 모색하고 있다. 또한 한국의 쏘카와 같은 사업을 하는 미국의 집카Zipcar도 우버 운전자에게 차량을 빌려준다. 이러한 변화 움직임은 관련 업종에서도 감지되고 있는데, 예를 들면 개인이 소유하고 있는 차량을 우버나 리프트 운전자에게 빌려주는 다양한 플랫폼들도 생겨나고 있다. 아직은 멀게 느껴지는 자율주행 기술이 상용화될 경우 우버 같은 라이드 쉐어링 회사들은 인건비 절감을 통해 보다 낮은 가격으로 서비스를 제공함으로써 경쟁력이 더욱 커질 전망이다.

이어서 음식 배달 업계를 보자. 2020년 1월 20일에 우버는 2017년부터 사업을 시작한 인도의 음식 배달 사업부를 경쟁 업체인 조마토Zomato에 매각하고, 조마토의 지분 9.99%를 인수했다. 하지만 라이드 사업부는 유지하고 있다. 인도 음식 배달 사업부는 우버의 전체 음식 배달 매출에서 3%를 차지하지만, 손실의 비중은

25%로 수익이 많이 악화되고 있는 상황이었다. 따라서 최근 투자자들이 요구하는 우버의 수익 창출에 대한 전략으로 판단된다.

최근 글로벌 음식 배달 시장은 한창 진행되었던 치킨게임이 진정국면에 접어드는 모습이다. 예를 들면, 영국의 음식 배달 업체인 저스트 잇Just Eat은 테이크어웨이 Takeaway.com와 합병했고, 독일의 딜리버리 히어로Delivery Hero는 한국의 배달의민족을 인수 중이다. 어떠한 산업이든, 여러 기업들이 경쟁하다가 결국 강한 승자들만 살아남게 된다. 능동적인 투자자라면 반드시 어떤 회사가 살아남는 DNA를 보유했는지에 대해서 고민해봐야 할 것이다.

우버는 선두 자리를
유지할 수 있을까

우버는 시장을 선도하는 업체로 지금까지 1등이지만, 시장 점유율이 90%에 달했던 2015년 1월과 비교해보면 그 자리를 많이 빼앗긴 상황이다. 치열한 경쟁에서 우위를 점하고 다양한 사용자의 요구에 대응하기 위해 우버는 여러 서비스를 운용하고 있다. 대표적인 것으로 일반적인 승차 공유 서비스인 우버 엑스UBER X, 전문 기사와 고급 차량 서비스인 우버 블랙UBER BLACK, 현재 우리나라에서 제공 중인 서비스, 카풀처럼 동일한 목적지를 기준으로 다수의 개별 탑승객이 비용을 분담하는 우버 풀UBER POOL 등이 있다.

그리고 이러한 승차 공유 사업 모델을 기반으로 음식 배달 서비스인 우버 잇츠, 자전거와 전기 스쿠터를 이용하는 라스트 마일 모빌리티, 화물 운송을 중개하는 우버 프레이트 서비스를 제공한다.

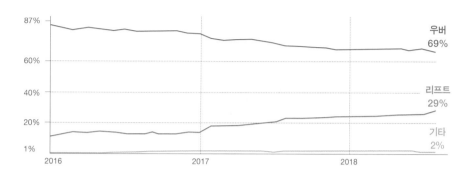

우버의 미국 내 시장 점유율 자료 : CNBC

우버
69%

리프트
29%

기타
2%

2016　　　2017　　　2018

음식 배달의 경우 플로리다주 마이애미시에서 48%의 시장 점유율을 기록하는 등 몇몇 도시에서 미국 1위 음식 배달 서비스 업체인 **그럽허브**GRUB 보다 높은 시장 점유율을 보이고 있다. 이는 경쟁 업체들보다 많은 물류 데이터와 운전자 덕분이다. 최근 **스타벅스**SBUX와 파트너십을 체결한 것도 주목할 만하다.

마이크로 모빌리티 분야에서는 2018년 전기 자전거 및 스쿠터 공유 스타트업인 **점프**Jump 인수, 2019년 3월 전기 스쿠터 사업 계획 발표, 2019년 7월 전기 스쿠터 공유 스타트업인 **라임**Lime과의 파트너십 체결 등을 통해 사업을 확장하는 중이다. 우버 앱으로 다양한 이동 및 운송 모델을 제공함으로써 고객들이 원하는 목적지에 알맞은 이동수단들을 선택할 수 있는 진정한 모빌리티 플랫폼 공유 업체로 거듭나고 있다.

▶ 우버의 자회사인 점프는 2011년 소셜 자전거(Social Bicycles)라는 이름으로 설립된 스타트업이다. '도크 없는(dock-less)' 시스템을 표방, 지정된 장소로 자전거를 반납하지 않고 가로등, 벤치, 전봇대, 가로수, 자전거 주차시설 등 기존 구조물에 자전거에 달려 있는 U자 모양의 자물쇠를 이용해 거치함으로써 손쉽게 반납하는 시스템을 구축했다. 사진은 저자가 직접 촬영한 촬영한 점프 전기 스쿠터의 모습.

경쟁하고 있는 주요 업체들

리프트Lyft　　우버와 함께 라이드 쉐어링 시장을 독과점하고 있는 회사로, 우버에게는 눈엣가시 같은 존재이다. 시장 점유율 2위 업체라는 특성을 활용해 공격적인 가격 할인 프로모션을 지속하고 있어 우버와 리프트, 둘 다 수익을 내기 어려운 실정이다. 보다 자세한 내용은 이어지는 챕터를 참고하라. 하지만 최근 두 회사 모두 투자자들로부터 수익에 대한 의구심을 받는 중이라 손실폭을 줄이기 위해 많은 노력을 하고 있다.

지난 2017년 뉴욕주의 택시 파업을 시작으로, 우버와 관련된 크고 작은 사건사고의 반작용 덕분에 당시 약 15%였던 리프트의 시장 점유율은 현재 2배 가까이 상승했다. 특히 서부와 중서부 지역을 중심으로 보다 친숙한 기업 이미지를 구축한 결과, 캘리포니아주 샌프란시스코에서는 약 40%의 시장 점유율을 기록하고 있다.

> ● **라스트 마일**
>
> 상대적으로 짧은 구간에 적용되는 소비자와의 최종 접점 구간을 이르는 말이다. 원래는 사형수가 사형집행대로 걸어가는 길을 의미하는 말이었다.

리프트는 사업 다각화를 위해 라스트 마일* 이동수단인 전기 자전거 및 스쿠터 업체들과의 파트너십 체결 및 인수합병을 활발하게 추진하고 있다. 실제로 2018년 9월 콜로라도주 덴버시에서 전기 스쿠터 사업을 시작했고, 2018년 6월 시장 점유율 80%에 달하는 북미 최대 자전거 공유 스타트업인 **모티베이트**Motivate를 인수했다.

비아Via　　미국 라이드 쉐어링 시장의 약 25%를 차지하고 있는 뉴욕시를 비롯해 대도시인 시카고시, 워싱턴 디씨 등에서 작은 규모이지만 우버와 경쟁하고 있는 회사이다. 일반적인 승차 공유 서비스와 같이 이용자가 차량을 호출해 이용하는 방식이 아니라, 이용자의 위치로부터 가까운 교차로에서 승차하고 목적지 근처의 교차로에서 하차하는 방식을 취하고 있다. 따라서 우버나 리프트보다 차량 탑승 시간이 짧으며 가격이 저렴한 점이 특징이다. 참고로 우버도 이와 유사한 서비스를 우버

익스프레스UberExpress라는 이름으로 제공하고 있다.

주노Juno '안티 우버Anti-Uber' 이미지를 구축함으로써 성장한 회사이다. 운전자들에게 타사 대비 30~40% 낮은 수수료를 책정하는 대신 회사의 이익을 배분하는 프로그램을 운영해왔는데, 2017년 이스라엘의 라이드 쉐어링 회사인 겟Gett에인수된 이후 해당 프로그램은 종료되었다.

그리고 2019년 11월, 리프트와 전략적 파트너십을 체결하면서 사업을 종료했다. 이렇게 라이드 쉐어링 산업도 인수합병을 통해 대형 회사인 우버와 리프트만 존재하게 될 가능성이 점점 높아지고 있는 실정이다.

이외에 미국의 대표적인 자동차 회사인 **GM**GM은 지난 4년간 메이븐Maven이란자동차 공유 서비스를 운영해왔으나 2020년 4월 21일 사업 중단을 발표했다. 포드F 또한 시장 진입을 준비 중이지만 녹록지 않은 상황이다.

기대와 우려가 뒤섞이는
성장과 수익성 전망

공모가 45달러로 상장한 지 1년이 채 되지 않은 우버. 그동안 공모가 이상으로 마감한 날은 겨우 이틀뿐, 상장 이래 주가는 힘을 못 쓰고 있다. 이유는 단순하다. 우버가 수익을 창출할 수 있을지에 대한 우려 때문이다. 그렇다면 그동안의 실적을 확인해보자.

2019년 5월 30일 상장 후 처음으로 공개한 2019년 1분기 실적에서 우버는 총예

● EBITDA

Earnings Before Interest, Taxes, and Amortization의 줄임말이다. 말 그대로 이자, 세금 법인세, 감가상각비 차감 전 영업 이익이라고 보면 된다.

약 146억 4천9백만 달러, 매출 30억 9천9백만 달러, 조정 순매출 27억 6천1백만 달러, 순손실 10억 1천2백만 달러, 그리고 조정 EBITA Adjusted EBITDA● 8억 6천9백만 달러를 기록했다. 이는 시장 전망치에 부합하는 수준이었지만 전년동기 대비 매출 성장률이 10%대로 떨어졌고, 순매출이 감소 추세였으며 여전히 손실이 발생했다. 다행스럽게도 상장 전 투자자들이 가장 걱정했던 총예약은 증가했다. 또한 우버 잇츠의 매출이 큰 폭으로 증가하면서 성장 가능성에 초점이 맞춰졌다. 이에 당시 우버의 주가는 IPO 시점 수준으로 잠시나마 회복했다.

하지만 2019년 2분기 실적 발표에서 전년동기 대비 총예약 157억 5천6백만 달러, 매출 31억 6천6백만 달러, 조정 순매출 28억 7천3백만 달러와 순손실 52억 3천6백만 달러, 조정 EBITA 6억 5천6백만 달러를 기록했다. 총예약이 31%, 순매출이 12% 증가한 것으로 나타나 우버의 성장성에 대한 물음표는 어느 정도 해소되었지만 총매출은 기대에 미치지 못했다. 더군다나 큰 폭의 순손실은 주가의 추가 폭락을 불러왔다.

이어진 2019년 3분기 실적 발표에서 총예약 164억 6천5백만 달러, 매출 38억 1천3백만 달러, 조정 순매출 35억 3천3백만 달러, 순손실 11억 6천2백만 달러, 그리고 조정 EBITA 5억 8천5백만 달러를 기록하며 성장성에 대해 더 이상 의문의 여지가 없음을 증명했다. 하지만 주식은 미래의 꿈을 먹고 자라는 존재이다 보니 지속되는 순손실에 대해 언론의 집중 조명을 받았다. CEO인 다라 코스로샤히Dara Khosrowshahi는 2021년엔 수익을 낼 수 있으리라 예상한다고 밝혔지만, 그에 대한 투자자들의 실제 반응은 주식 매도였다.

사실 우버의 성장성에 대한 의구심은 많이 줄어든 상태이다. 이제 투자자들의 관

우버의 실적 현황   자료 : 우버, 2020년 2월 6일 실적 발표

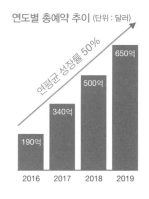

연도별 총예약 추이 (단위 : 달러)

연평균 성장률 50%

650억
500억
340억
190억

2016 2017 2018 2019

2019 회계연도 4분기 주요 지표

총예약	운행	월간 활성 이용자 수	등록 운전자
650억 달러	70억 회	1.11억 명	500만 명
전년 동기 대비 150억 달러 증가 (+35%)	전년 동기 대비 17억 회 증가 (+32%)	전년 동기 대비 2천만 명 증가 (+22%)	

우버의 보유현금과 지분 상황   자료 : 우버, 2020년 2월 6일 실적 발표

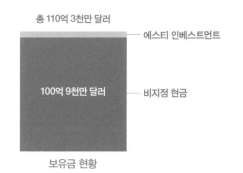

총 110억 3천만 달러

에스티 인베스트먼트

100억 9천만 달러 ---- 비지정 현금

보유금 현황

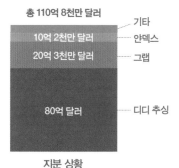

총 110억 8천만 달러

10억 2천만 달러 ---- 기타

20억 3천만 달러 ---- 안덱스

---- 그랩

80억 달러 ---- 디디 추싱

지분 상황

심은 '그렇다면 과연 언제 수익을 낼 수 있을 것인가'에 쏠려있다. 그렇다. 처음에는 성장성에 대한 의구심, 이제는 수익에 대한 의구심을 잠재워줄 그런 실적이 필요한 시점이다. 2020년 2월 6일 4분기 실적 발표에서 우버는 그 의구심들에 대해 크게 한마디 했다. "예상보다 빠르게, 2020년 안에 수익을 낼 수 있다"라고 말이다. 그 내용을 조금 살펴보자. 총예약 181억 3천1백만 달러, 매출 40억 6천9백만 달러, 조정 순매출 37억 3천만 달러, 순손실 10억 9천6백만 달러, 그리고 조정 EBITA 6억 1천5백만 달러를 기록하며 2018년 4분기의 8억 1천7백만 달러보다 감소했다. 또 애널

리스트들의 컨센서스였던 7억 5백만 달러보다 낮은 손실을 발표했다. 이 같은 매출의 상승과 손실 감소는 최근 주가 상승의 주요 원인이 되었다. 또한 2020년 2월, 브라질 법원은 우버의 운전자들이 회사의 정직원이 아니라고 판결 내림으로써 우버에 좋은 소식을 전해주었다.

법정 판결이 차후 사업에 미칠 영향

브라질 법원 외에도 관련 소식으로는 2020년 1월부터 적용되는 캘리포니아주의 AB5Assembly Bill No.5가 있었다. 이는 우버의 운전자들을 개인사업자가 아닌 정직원으로 봐야 한다는 법안이다. 정직원들에게는 휴가와 최소임금 등의 복지를 제공해야 하므로 우버의 수익을 악화시킬 것이라는 의견이 대다수였다. 이에 관하여 우버는 이용자들에게 예상 탑승비용을 알려주지 않고, 운전자들이 자율적으로 탑승비를 경매하는 방식으로 변경하여 대응하고 있다. 또한 운전자들이 승차 거부를 하면 부과되었던 불이익도 캘리포니아주에서는 적용하지 않는다. 따라서 예전보다 이용자들이 지불하는 비용이 상승되는 결과를 만들었다. 이렇게 법으로 노동자들의 권익을 위하는 것이 결론적으로는 이용자들의 비용 상승이란 결과를 만들 확률이 높다는 것을 확인할 수 있었는데, 필자는 이런 부분은 다시 한번 곱씹어볼 필요가 있다고 생각한다.

또 다른 소식은 영국의 런던에서 승인받지 않은 운전자들이 이용자를 태울 가능성이 있어 안전상의 이유로 운영 허가를 박탈당한 것이다. 아직은 항소가 진행 중이라 영업이 가능하지만, 우버에 대한 투자를 고려하고 있다면 관련 소식들이 주가에 영향을 미칠 수 있음을 인지해야 한다.

▶ 캘리포니아 우버 앱 스크린샷. 예전과 달리 지불할 정확한 금액을 알려주지 않는다.

CEO의 예상과 마찬가지로 우버가 2020년 손실에서 벗어날 수 있을지는 그 누구도 모른다. 특히 코로나 19 확산으로 인해 가능성은 상당히 낮아진 상태이다. 하지만 중요한 점은 우버가 이미 미국인들의 생활 속에 없어서는 안 될 만큼 깊이 자리 잡은 플랫폼이란 사실이다.

가까워진 미래를 위한 준비

누가 뭐라 해도 우버는 업계를 선도하는 글로벌 모빌리티 플랫폼이다. 지난 10년간 쌓아온 실적으로 사업 모델에 대한 검증은 끝났다. 우버의 성장이 더욱 기대되는 건 그들이 준비하고 있는 가까운 미래 때문이다. 하지만 많은 투자자가 우버가 과연 수익으로 돌아설 수 있을지, 그리고 자율주행 시대가 과연 실현될지에 대한 의구심 사이에 있는 것으로 보인다. 이와 관련해 주식은 걱정의 벽을 타고 오른다는 점과 미래의 꿈을 먹고 자라나는 나무와 같다는 점, 이 2가지를 항상 염두에 두길 바란다.

우버는 전기 자율주행차를 연구하고 있다. 2018년 3월 미국 애리조나주에서 보행자 사망사고가 발생하면서 자율주행차 연구가 잠시 중단되기도 했지만, 2019년 4월 10억 달러의 자금을 유치하면서 자율주행차 연구를 본격화하고 있다[•]. 우버는 자율주행 기술을 통해 차량 운행 중 승객과 보행자의 안전을 확보하고, 운전자 대체를 통해 비용을 획기적으로 줄이고자 한다. 이와 관련해 어느 정도 눈에 보이는 성과가 나온다면 주가가 상승할 확률은 상당히 높아 보인다.

그리고 한발 더 나아가 우버는 하늘을 이용한 서비스

> **● 우버의 자율주행 파트너십**
> 우버의 어드밴스트 테크놀로지 그룹(Advanced Technology Group), 즉 우버 ATG는 주로 자율주행을 연구하는 신기술 연구 사업부이다. 2019년 ATG는 73억 달러의 가치를 인정받아 새롭게 유니콘의 지위를 획득했으며 소프트뱅크, 볼보, 덴소, 토요타 등의 투자를 유치했다.

▶ 우버의 항공 택시 사업인 우버 엘리베이트

인 우버 에어 프로젝트를 추진하고 있다. 이 프로젝트는 자율주행 기술을 탑재한 수직 이착륙기를 이용해 서비스를 제공하는 것으로, 2020년 시험 서비스를 시작해 2023년 상용 서비스를 제공할 계획이다. 이와는 별개로 우버는 미국 뉴욕 맨해튼과 JFK 공항 간 헬기 셔틀 서비스를 시작했다. 일반 대중교통으로 1시간 이상 걸리는 거리를 헬리콥터를 이용해 단 8분 만에 이동할 수 있게 되었다. 우버가 준비하고 있는 미래, 모두 2~3년 안에 우리 앞에 펼쳐질 일들이다. 잠시 주춤한 지금, 여러분도 미래를 위한 투자의 시작으로 다름 아닌 우버를 선택하는 건 어떨까?

팬데믹으로 공유 경제 기업의 옥석이 가려진다?!

코로나 19 확산으로 인해 미국과 유럽에서도 사회적 거리두기가 본격화되고, 일부 지역 및 국가에서는 락다운까지 선언된 가운데 '타인의 자산을 공유하는' 공유 경제 업체들의 전망은 밝지 않다. 2020년 4월 16일 우버는 이례적으로 "올해 연매출을 예측할 수 없다"고 밝혔다. 아예 실적 전망치를 내놓지 못한 것이다. 실제로 2020년 3월 우버의 탑승 횟수는 83% 줄었으며, 세계 대도시에서 우버의 이용 횟수가 70~80% 가량 감소했다는 분석도 나왔다. 우버뿐 아니라 리프트, 에어비앤비, 위워크 등도 대형 전염병 사태가 곤혹스럽기는 마찬가지. 특히 에어비앤비는 여행 제한 조치가 잇따르고 있어 악재가 겹쳤다. 일단 약 1백억 달러의 현금을 보유한 우버는 자신감을 보이고 있으며, 에어비앤비도 20억 달러를 차입한 상황이다. 코로나 19를 거치며 이들 기업들이 비상사태에 대한 면역력을 갖추고 더 강한 기업이 될지 혹은 생존의 기로에서 역사의 뒤안길로 사라질지 관심을 가지고 지켜볼 일이다.

우버UBER는 산업재Industrials 섹터 중 육상 운송Trucking 산업에 속해 있다.

12월이 결산월인 우버는 2019년 1월부터 12월까지 2019 회계연도 기준으로 매출이 전년 대비 25% 이상 증가한 141억 4천만 달러, 영업이익이 183% 이상 악화된 -85억 9천만 달러, 순이익은 953% 이상 악화된 -85억 달러 그리고 EPS는 440% 이상 악화된 -6.81달러를 기록했다. 사업부문별 매출 비중은 승차 공유 부문이 전체의 75%를 차지하고 있고, 음식 배달이 18%, 화물 운송이 5%, 기타 투자 부문이 2% 등을 차지하고 있다. 사업지역별 매출 비중의 경우 미국이 전체의 58%, 브라질이 6%, 그 외 지역이 35%를 나타내고 있다.

최근 분기별 실적을 살펴보면, 매출은 전년동기 대비 20% 내외 그리고 매분기 5% 내외의 증가세를 보이고 있고, EPS는 지속적으로 개선되는 모양새이다. 2020 회계연도 1분기 실적은 오는 5월 7일 발표할 예정인데 코로나 19 확산에 따른 불확실성으로 기존에 제시한 2020 회계연도 가이던스를 철회했다. 코로나 19 영향을

분기별 실적과 전망   12월 결산 및 GAAP EPS 기준, (단위) 매출 : 백만 달러, EPS : 달러

구분	FY18				FY19			
	Q1	Q2	Q3	Q4	Q1	Q2	Q3	Q4
매출	2,584	2,768	2,944	2,974	3,099	3,166*	3,813	4,069
EPS	-	-	-	-	-2.23	-4.72	-0.68	-0.64
전망치	-	-	-	-	상회	하회*	상회	상회

감안하지 않은 1분기 실적으로, 매출은 전년동기 대비 17.5% 증가한 36억 4천만 달러, EPS는 77.6% 개선된 -0.50달러를 기록할 것으로 시장은 전망했다.

우버의 주가는 2020년 4월 17일 기준으로 28.00달러, 시가총액은 483억 6천만 달러이다. 2019년 5월 상장 이후 주가는 39.6% 하락했으며 최고가는 46.38달러, 최저가는 14.82달러이다. 그리고 우버와 경쟁하고 있는 **리프트**LYFT의 주가는 29.07달러, 시가총액은 86억 1천만 달러이고 2019년 3월 상장 이후 주가는 56.9% 하락했으며 최고가는 67.45달러, 최저가는 16.05달러이다.

우버는 현재 배당금을 지급하지 않고 있다.

최근 3개월간 발표된 우버에 대한 28건의 월스트리트 투자의견을 종합하면 "강력매수"이고, 향후 12개월간 목표주가는 최고 60달러, 최저 30달러, 평균 43.11달러로 현재가 대비 53.96%의 상승 여력이 있다.

뉴지랭크US종목진단 결과

[종합점수] 우버에 대한 뉴지랭크US의 종목진단 결과, 종합점수는 60점으로 양호하다. 모멘텀 점수는 82점으로 유니버스 그룹 내 종목들에 비해 상대적으로 최근 수급과 거래량이 매우 좋지만, 펀더멘탈 점수는 38점으로 상대적으로 부진한 재무구조를 보이고 있다.
우버의 베타 지수는 0.01로 시장 변화에 거의 영향을 받지 않고, 엔벨 지수 상중심선을 상회하고 있어 단기적으로 추가 상승할 가능성이 있다. 반면 우버는 상장 3년 미만으로 시즈널 지수와 롱텀 지수가 유의하지 않다.

60

최신 결과 보기
뉴지랭크US

모멘텀점수	펀더멘탈점수	베타	롱텀	엔벨
82	38	0.01	상장 3년 미만	중심선 상회

우버를 위협하는

미국 라이드 쉐어링 업계 2인자

리프트

Lyft, Inc.
SIMBOL(CODE) LYFT
Nasdaq

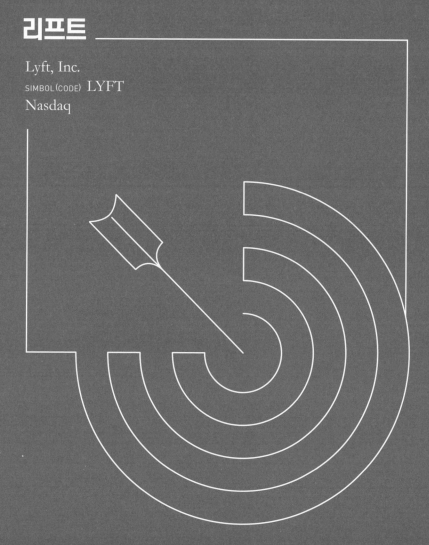

산업	산업재
섹터	육상 운송
직원수	5,683명
PER	N/A
EPS	-11.44달러
배당	N/A
매출액	36억 1천만 달러
1년간 매출 변화	+67.7%
결산월	12월

출처 WSJ (2020. 4)

리프트

기업정보 더보기
유캔스톡

사업내용	승차 공유 서비스
CEO	로건 그린
창립자	로건 그린, 존 짐머
창립	2012년 6월, 캘리포니아 샌프란시스코
IPO	2019년 3월 29일 - 공모가 72달러

━━━ **리프트**Lyft, **LYFT**는 우버와 함께 미국 라이드 쉐어링 시장을 양분하고 있는 회사이다. 미국을 중심으로 북미 지역 600여 개 도시에서 하루에 100만 건 이상의 서비스를 제공하고 있는 리프트는 2인자라는 특성을 활용해 공격적인 가격 할인 프로모션을 지속했고, 그 결과 미국 라이드 쉐어링 시장에서의 점유율을 2017년 22%에서 2018년 39%까지 끌어올리며 2인자의 위치를 확고히 하고 있다.

또한 리프트는 글로벌 1위 업체인 **우버**를 제치고 2019년 3월 29일 나스닥에 먼저 상장했다. 공모가인 72달러 대비 8.7% 상승한 78.29달러를 기록하며 첫날 거래를 마감했다. TaaSTransport as a Service, 서비스로서의 운송 시대의 본격화라는 화려한 수식어와 함께 주식시장에 화려하게 데뷔한 리프트. 하지만 상장 이후 현재까지 주가는 맥을 추지 못하고 있다. 왜일까? 이유는 간단하다. 우버와 마찬가지로 수익을 내지 못하고 있기 때문이다.

그렇다면 원인은 무엇일까? 라이드 쉐어링 산업 자체의 문제인가, 아니면 모빌리티 플랫폼 서비스의 태생적 한계인가? 이를 명확히 이해하기 위해서는 우버에 이어 리프트에 대해서도 알아볼 필요가 있다. 참고로 라이드 쉐어링 및 모빌리티 플랫폼

▶ 리프트 앱을 이용한 서비스 요청 사례

서비스의 개념에 대해서는 앞선 우버 편을 통해 확인하기 바란다.

불안한 후발 주자,
리프트의 비즈니스 모델은?

리프트는 2012년 6월 컴퓨터 프로그래머였던 로건 그린Logan Green과 존 짐머John Zimmer가 장거리 시외 카풀 서비스 회사인 **짐라이드**Zimride를 설립하면서 시작되었다. 그린은 그가 재학중이던 캘리포니아 대학교 산타 바바라 캠퍼스에서 여자친구가 있는 LA로 가기 위해 이용하던 카풀 서비스에서 비즈니스 영감을 얻었다. 당시에 그린은 우리나라의 벼룩시장과 같은 미국의 지역 생활정보 웹사이트인 크레이그리스트Craigslist의 승차 공유rideshare 게시판을 이용해 이동할 차량을 검색하곤 했는데, 차량에 타기 전까지는 운전자나 동승자에 대해 알 수 없어 이용자로서는 불안한 점이 있었다. 바로 이 점에서 착안한 그린은 짐라이드를 페이스북이 제공하는 APIApplication Programming Interface와 연동시켜서 서비스를 이용하는 학생 운전자와 동승자에게 페이스북 프로필 정보를 제공했다. 서로를 확인할 수 있도록 해 서비스 이용에 대한 불안감을 감소시킨 것이다.

짐라이드는 코넬 대학교에서 처음 출시한 이래 6개월 만에 전교생의 20% 이상이 이용하게 되었고, 그 결과 각 지역 대학 캠퍼스를 기반으로 미국에서 가장 큰 카풀 서비스로 성장했다.

이후 2013년 5월 지금의 회사명으로 변경했고, 6월에 짐라이드 카풀 서비스 부문을 **엔터프라이즈 렌터카**Enterprise Rent-A-Car에 매각했다. 그리고 본격적으로 라이드 쉐어링 서비스 개발에 집중, 2014년 4월 미국 내 24개 도시에서 서비스를 출

▶ 크레이그리스트의 승차 공유 게시판

시행고, 2017년 1월에 미국 내 300개 도시, 2017년 12월에 캐나다로 사업지역을 확대했다.

라이드 쉐어링의 정체성이 확실한 사업 모델

자동차가 주차장에 서 있는 시간을 줄이고, 운전자들의 자동차 소유를 줄이는 것을 비전으로 하는 리프트의 비즈니스 모델은 라이드 쉐어링이다. 탑승자가 앱을 통해 현재 위치와 목적지 그리고 탑승 형태를 선택하면 앱은 실시간 수요 탄력성과 교통 상황을 반영해 책정한 예상 요금을 제시하고, 이를 탑승자가 확인하고 결제한 후 서비스를 이용하게 된다.

리프트 역시 우버처럼 다양한 탑승 형태를 제공하고 있는데 총 7가지로 구분할 수 있다.

먼저 쉐어드Shared는 같은 목적지를 기준으로 여러 개별 탑승자가 비용을 나누어 지불하는 형태이다. 우버 풀과 같은 개념으로 탑승자 1~2인을 기준으로 가격은 기본 10달러 미만이며 일부 도시에서 제한적으로 제공하고 있다. 쉐어드에는 쉐어드와 쉐어드 세이버가 있는데 쉐어드 세이버Shared Saver는 쉐어드와 달리 탑승자가 픽업 장소를 지정할 수 없다. 지정된 픽업 장소로 이동해서 차량에 탑승하고, 다른 탑승자의 목적지에 따라 최단거리가 아닌 원거리로 돌아갈 수 있으며, 목적지 인근 장소에서 하차해 최종 목적지까지 별도로 이동해야 한다.

리프트Lyft는 기본적인 라이드 쉐어링으로, 일반 세단형 승용차를 탑승자 본인을 포함한 일행 기준으로 최대 4명까지 이용할 수 있는 형태이다. 리프트에는 리프트와 리프트 엑스엘이 있는데 리프트 엑스엘Lyft XL은 중대형 차량을 기준으로 최대 6명까지 이용할 수 있다. 2가지 모두 미 전역에서 제공하고 있다.

다음으로 럭스Lux는 고급 세단형 차량으로 비즈니스 여행이나 야간 이동 시 안전한 이동을 지원한다. 럭스와 함께 럭스 블랙과 럭스 블랙 엑스엘이 있는데 럭스 블랙Lux Black은 최고 수준의 운전자와 함께 검은 색상의 최고급 세단형 차량을 제공하고, 럭스 블랙 엑스엘Lux Black XL은 최대 6명까지 이용할 수 있는 최고급 SUV와 최고 수준의 운전자를 제공한다.

또한 2018년 10월부터는 구독형 서비스인 올 액세스 플랜All-Access Plan을 출시해 한 달에 299달러를 지불하면 1회당 15달러 기준으로 최대 30회까지 이용할 수 있다. 그리고 라이드 쉐어링에 덧붙여 리프트는 자전거 및 스쿠터 공유, 대중교통 길 안내, 자율주행 플랫폼 등으로 사업부문을 확장하고 있다.

사실상 독과점 상태인
미국의 라이드 쉐어링 시장

우버 편에서는 글로벌 라이드 쉐어링 시장에 대해 살펴봤으니 이번에는 미국 시장에 국한해 살펴보고자 한다. 미국의 라이드 쉐어링 시장은 우버와 리프트가 독과점하고 있는 상황이다. 실제 2018년을 기준으로 우버와 리프트 두 회사를 모두 사용하는 사람들은 한 곳만 이용하는 사람보다 더 많이 차량 호출 서비스를 이용했으며 이 경우 우버에 457달러, 리프트에 300달러를 지불해 우버를 더 많이 이용한 것으로 나타났다.

이러한 결과는 리프트가 우버를 제치고 1등 위치를 차지하기에는 많은 시간과 노력이 필요하다는 것을 의미한다. 그런데 다른 관점에서 보면, 시장이 성장함에 따라 새로운 업체의 등장도 가능하다는 계산이 선다. 그만큼 미국 시장은 넓고 방대하기 때문이다. 이러한 사실은 비아와 주노 같은 소형업체들이 꾸준히 도전하고 성장해온 결과를 통해서도 확인할 수 있다. 물론 독과점 시장인 상황에서 성장성의 한계는 존재하지만 말이다.

시장이 성장하면서 크고 작은 문제와 부작용도 나타나고 있다. 우버는 운전자들의 시급, 운임 등 처우에 대해 지속적으로 불만이 생겨나 우버 삭제 캠페인#DeleteUber이 벌어지기까지 했고, 뉴욕 택시 기사들의 생계를 어렵게 한다는 여론도 발생하고 있어 제도권에서 조사를 진행하고 있는 상황이다. 하지만 역사적으로 볼 때 새로운 것에 대한 반감과 저항은 언제나 있었고, 새로운 것에 익숙해지면 그때부터는 우리 삶의 일부 중 하나로 당연하게 받아들이게 될 것이다. 그럼 미국 라이드 쉐어링 시장에서 리프트와 경쟁하고 있는 주요 업체 중 우버에 대해 간단히 알아보자. 비아와 주노, 기타 업체에 관한 내용은 104~105페이지를 참고하라.

경쟁하고 있는 주요 업체

우버 테크놀로지스 Uber Technologies   우버UBER는 명실공히 글로벌 라이드 쉐어링 1위 업체로, 미국 시장의 60% 이상을 차지하고 있다. 그런 우버에게 가격 할인을 무기로 공성전을 펼치는 리프트는 눈엣가시 같은 존재일지도 모를 일이다. 그러나 두 회사 모두 상장 후 투자자들로부터 수익에 대한 의구심을 받는 중이라 손실 폭을 줄이기 위해 공격적인 프로모션을 줄이는 등 다양한 노력을 기울이고 있다.

상장 이후의 충격,
역전이 가능할까?

곧 상장 1주년이 되는 리프트. 공모가 72달러보다 높은 78달러로 화려한 나스닥 데뷔식을 치른 상장 이틀째, 리프트의 주가는 12% 급락하면서 공모가 밑으로 주저앉았다. 그리고 상장 한 달 후 공모가 대비 20% 하락했고, 상장 7개월 만에 공모가 대비 50% 가까이 하락했다. 이러한 리프트의 주가 하락이 이어진 우버의 상장 및 주가에도 영향을 미친 것은 물론이다.

주가 하락의 이유는 앞서 밝혔듯 수익성이다. 스타트업 수준에서는 수익성에 대한 우려를 성장성으로 상쇄해왔지만 상장사에게 있어 성장에 대한 기대로 손실이 발생하는 상황을 이겨내기란 녹록지 않다. 그렇다면 리프트의 수익성과 성장성은 어떤 상태일까? 실적으로 확인해보자. 참고로 리프트의 주요 경영 지표에는 활성 이용자 수Active Riders●와 활성 이용자 1인당 평균 매출 revenue per active rider이 포함된다.

> **● 활성 이용자**
>
> 활성 이용자는 실제로 애플리케이션을 사용하는 이용자를 뜻하는 것으로, 앱이 설치된 디바이스에 아이디를 부여하여 중복 없이 실사용자 수를 측정한 결과이다.

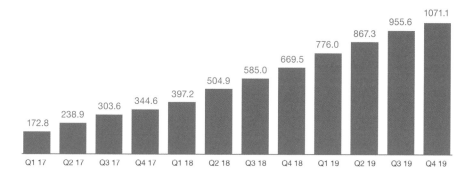

리프트의 분기별 매출 추이 단위 : 백만 달러 / 자료 : 리프트 2019 연간 보고서

Q1 17	Q2 17	Q3 17	Q4 17	Q1 18	Q2 18	Q3 18	Q4 18	Q1 19	Q2 19	Q3 19	Q4 19
172.8	238.9	303.6	344.6	397.2	504.9	585.0	669.5	776.0	867.3	955.6	1071.1

개선되고 있는 지표들

상장 약 40여 일 후 첫 공개한 2019년 1분기 실적에서 리프트의 매출은 전년동기 대비 95% 증가한 7억 7천만 달러, 영업손실은 11억 5천만 달러, 순손실은 11억 3천만 달러를 기록하며 시장 전망치를 하회했다. 매출이 100% 가까이 증가했지만 매출이 급증한 만큼 비용 증가 또한 수반되었다. 특히 주식 보상 비용과 IPO 관련 비용으로 8억 9천만 달러가 발생했는데 이를 제외하면 영업손실은 2억 1천만 달러로 전년동기 대비 2천만 달러 개선된 수치를 보였다.

활성 이용자 수는 2,050만 명으로 전년동기 대비 46% 증가했고, 활성 이용자 1인당 평균 매출은 37.9달러로 34% 증가했다. 성장성은 증명했지만 규모의 경제 효과를 보여주지 못하면서 수익성에 대한 우려를 낳으며 주가는 공모가 대비 26.5% 하락한 52.91달러를 기록했다.

2019년 8월 발표한 리프트의 2분기 매출은 전년동기 대비 72% 증가한 8억 7천만 달러, 영업손실은 6억 7천만 달러, 순손실은 6억 4천만 달러를 기록하며 예상치를 상회했다. 주식 보상과 보험 부채 변동 관련 비용으로 4억 4천만 달러가 반영되면서 적자 폭이 확대되었지만, 마케팅 비용이 감소하면서 전체 영업비용은 전년동

활성 이용자 수와 1인당 평균 매출　자료 : 리프트 2019 연간 보고서

구분	FY19 Q1	FY19 Q2	FY19 Q3	FY19 Q4
활성 이용자 수	2,050명	2,180명	2,230명	2,290명
1인당 평균 매출	37.9달러	39.8달러	42.9달러	44.4달러

기 대비 8% 개선되었다. 활성 이용자 수는 전년동기 대비 41% 증가한 2,180만 명, 활성 이용자 1인당 평균 매출은 22% 증가한 39.8달러로 나타났다.

매출 증가율이 우버보다 높게 나타났고, 연간 매출 가이던스도 상향 조정하면서 성장성에 대한 기대를 이어갔다. 주가는 1분기 실적발표 때보다 17% 상승한 62.10달러를 기록했다. 반면 우버는 2분기 실적발표 결과 매출과 예약이 예상치를 하회하며 3분기 실적발표 때까지 공모가 대비 최대 44%까지 하락하는 모습을 보였다.

2019년 10월 말, 3분기 리프트의 매출은 전년동기 대비 63% 증가한 9억 6천만 달러, 영업손실은 4억 9천만 달러, 순손실은 4억 6천만 달러를 기록하며 가이던스와 컨센서스를 모두 상회했다. 활성 이용자 수는 2,230만 명, 활성 이용자 1인당 평균 매출은 42.9달러로 전년동기 대비 28% 이상 증가해 역시 컨센서스를 상회했다. 매출증가율은 다소 하락했지만 여전히 높은 수준이고, 이용자 지표가 꾸준히 증가하면서 손실 규모 역시 지속적 개선되어 리프트의 수익성에 대한 시장의 우려도 적잖이 수그러들었다. 3분기 들어 시장 자체에 대한 우려가 더해지면서 하락하던 주가는 3분기 실적 발표와 함께 강보합세로 돌아섰다.

그리고 2020년 2월, 4분기 리프트의 매출은 전년동기 대비 52% 증가한 10억 달러, 영업손실은 3억 8천만 달러, 순손실은 3억 6천만 달러를 기록하며 예상치를 상회했다. 활성 이용자 수와 활성 이용자 1인당 매출은 전년동기 대비 각각 23% 증가한 2,290만 명과 44.4달러를 기록해 준수한 모습을 보였다. 특히 분기 매출이 처음으로 10억 달러를 돌파했고, 매출 증가율 역시 우버를 크게 상회했다. 리프트는 연간 매출 증가율 50% 이상, 활성 이용자 수와 1인당 매출 증가율 20% 이상을 유지하면서 성장성에 대한 우려를 지우고 있고, 선택과 집중을 통한 비용 절감으로 수익성 개선을 위한 노력도 지속 병행하고 있다. 하지만 4분기 실적발표에서 제시한 리프트의 2020년 가이던스를 볼 때, 2021년 4분기를 기점으로 흑자 전환을 목표로 하고 있는 상황이며 이는 2020년 4분기를 기점으로 한 우버보다 1년 늦은 것으로 시장의 반응은 냉담했다.

여전히 리프트에 대한
관심을 놓을 수 없는 이유

이처럼 손실이 계속되는 상황에서도 리프트에 대한 관심은 다음과 같은 이유로 여전히 유효하다.

첫 번째, 리프트는 상품과 서비스의 혁신을 지속 추진하면서 기존 라이드 쉐어링 플랫폼에서 라스트 마일Last Mile, 104페이지 참조 이동수단인 자전거와 스쿠터 그리고 대중교통까지 모든 교통수단을 연결하는 MaaSMobility as a Service, 서비스로서의 모빌리티로 사업영역을 확장하고 있다. 앞서 소개한 것처럼 2019년 초 출시한 쉐어드 세이버를 6개 지역에 신규로 출시해 평일 출퇴근 수요에 대응하고 있고, 뉴욕과 보스턴 그리고 시카고와 샌프란시스코 등에서 운영 중인 자전거 공유 서비스는 오는 2023년까지 서비스 지역을 2배 확대할 예정이다. 이를 통해 리프트는 라이드 쉐

Leave traffic in the dust

▶ 리프트의 전기 스쿠터 서비스

어링 시스템 전체의 효율성과 수익성을 개선해나가고 있다. 참고로 스쿠터 서비스는 현재 16개 지역에서 이용이 가능하다. 그리고 이를 위해 2018년 6월 시장 점유율 80%에 달하는 북미 최대 자전거 공유 스타트업인 모티베이트를 인수하는 등, 전기 자전거 및 스쿠터 업체들과의 파트너십 체결 및 인수합병을 활발히 진행 중이다.

두 번째, 리프트는 성장성 확보와 수익성 개선을 위해 월트 디즈니Walt Disney, DIS, 힐튼 호텔Hilton Worldwide Holdings, HLT, 델타 항공Delta Air Lines, DAL 등 리조트, 항공 운송, 금융 산업에 속해 있는 다양한 업체들과의 제휴를 확대하고 있다. 특히 헬스케어 분야에서는 응급 상황을 제외한 의료 수송 수요를 두고 병원들과의 제휴를 넓혀가고 있다.

세 번째, 리프트가 계속 주목받는 가장 큰 이유는 우버와 마찬가지로 바로 무인으로 운영되는 자율주행차 때문이다. 자율주행 기술을 통해 운전자가 없는 차량을 도입하게 되면 운전자에게 지불하고 있는 모든 비용을 줄여 흑자 전환이 가능하다고 여겨지기 때문이다. 실제 리프트는 자동차 부품 업체인 앱티브Aptiv, APTV, 매그나Magna International, MGA 등과 협력해 자율주행 기술을 개발하고 있으며 10만 건 이상의 자율주행 운행을 진행했다. 필자도 2018년과 2019년 CES 행사 때 라스베이거스에서 운행하고 있는 리프트-앱티바 자율주행 차량을 목격했다.

리프트LYFT는 산업재Industrials 섹터 중 육상 운송Trucking 산업에 속해 있다.

12월이 결산월인 리프트는 2019년 1월부터 12월까지 2019 회계연도 기준으로 매출이 전년 대비 67% 이상 증가한 36억 1천만 달러, 영업이익이 176% 이상 악화된 -27억 달러, 순이익은 185% 이상 악화된 -26억 달러 그리고 EPS는 200% 가까이 악화된 -11.44달러를 기록했다.

최근 분기별 실적을 살펴보면, 매출이 전년동기 대비 70% 이상 성장하고 있고, 매분기 15% 가까이 증가하고 있다. EPS 역시 상장 이후 모두 시장 예상치를 상회하는 모습이다. 5월 12일에 발표하는 2020 회계연도 1분기 실적은 코로나 19 영향으로 전년동기 대비 50% 가까이 감소할 것으로 전망되는 가운데 코로나 19 확산 전 기준으로 시장은 매출의 경우 전년동기 대비 18.9% 증가한 9억 2천만 달러, EPS는 94% 개선된 -0.54달러를 예상했다.

리프트의 주가는 2020년 4월 17일 기준으로 29.07달러, 시가총액은 86억 1천만

분기별 실적과 전망　　12월 결산 및 Non-GAAP EPS 기준, (단위) 매출 : 백만 달러, EPS : 달러

구분	FY18				FY19			
	Q1	Q2	Q3	Q4	Q1	Q2	Q3	Q4
매출	397	505	585	670	776	867	956	1,017
EPS	-	-	-	-	-9.02	-0.68	-0.41	-0.41
전망치	-	-	-	-	상회	상회	상회	상회

달러이다. 최근 12개월간 주가는 56.9% 하락했으며 최고가는 67.45달러, 최저가는 16.05달러이다. 리프트와 경쟁하고 있는 우버UBER의 주가는 28.00달러, 시가총액은 483억 6천만 달러이고 2019년 5월 상장 이후 주가는 39.6% 하락했으며 최고가는 46.38달러, 최저가는 14.82달러이다.

리프트는 우버와 마찬가지로 배당금을 지급하지 않고 있다.

최근 3개월간 발표된 리프트에 대한 26건의 월스트리트 투자의견을 종합하면 "강력매수"이고, 향후 12개월간 목표주가는 최고 96달러, 최저 28달러, 평균 55.50달러로 현재가 대비 90.92%의 상승 여력이 있다.

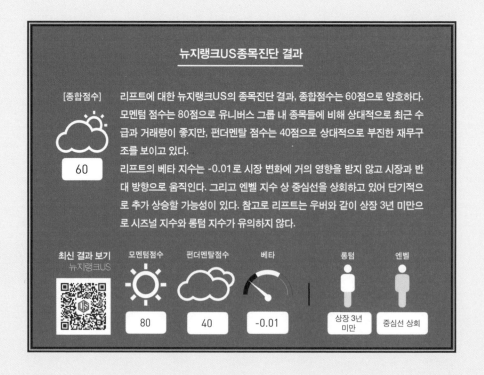

원조 등골 브레이커,

미국 의류 산업의 **산증인**

브이에프 코퍼레이션

V.F. Corporation

SIMBOL(CODE) VFC

NYSE

STOCK DATA

산업	자유소비재
섹터	섬유의복 및 호화제품
직원수	75,000명
PER	18.40
EPS	3.14달러
배당	3.24%
매출액	133억 4천만 달러
1년간 매출 변화	+12.59%
결산월	3월

출처 WSJ (2020. 4)

브이에프 코퍼레이션

기업정보 더보기
유캔스톡

사업내용	의류, 신발, 액세서리 생산 및 도소매
CEO	스티브 렌들
창립	1899년 10월
본사	콜로라도, 덴버
주요 브랜드	잔스포츠, 노스 페이스 등

COMPANY DATA

── 등골 브레이커. 부모의 등골을 휘게 할 만큼 경제적으로 부담을 주는 값비싼 브랜드 상품을 일컫는 용어로, 방탄소년단의 2014년 발매 앨범에 수록된 노래 제목이기도 하다. 요즘은 캐나다 구스Canada goose, GOOS, 무스 너클Moose Knucles, 몽클레어Moncler, MONRF, 듀베티카Duvetica, 노비스Nobis, 파라 점퍼스PARAJUMPERS 등 많은 고가 다운점퍼 브랜드들도 인기를 얻고 있다. 그중에서도 전국의 10대들 사이에서 다운 점퍼가 교복처럼 유행했던 2011~2012년, 유명세를 탔던 등골 브레이커의 원조를 기억하는가?

바로 노스 페이스The North Face다. 많은 사람들이 노스 페이스를 욕하거나 혐담하는 사이 그 제품을 만든 회사에 대해 생각해본 투자자가 있을까?

노스 페이스 외에도 반스Vans, 팀버랜드Timberland, 키플링Kipling, 딕키스Dickes, 잔스포츠Jansport, 이스트팩Eastpak 등···. 우리 주위에서 흔히 만날 수 있는 의류와 신발 브랜드들이다. 이들 브랜드에는 익숙하지만 이 모두를 보유한 회사에 대해 들어본 독자가 있을까? 아마도 열 명 중 다섯은 '아니'라고 답할 것이다. 사실 브랜드에 익숙하다고 해서 그 브랜드를 만든 회사에까지 관심을 갖기에는 우리의 이목을 끄는 것들이 너무 많다.

하지만 투자자라면 이야기가 달라진다! 우리가 한 번씩은 직접 입어보고, 신어보고, 친구들이나 길거리의 사람들이 입고 신고 지나가는 것을 보고, 혹은 뉴스에서 유행이나 트렌드에 관해 이야기하는 것을 보고 들었다면 '그 브랜드를 보유한 회사가 어디일까?'라는 호기심을 갖는 자세가 반드시 필요하다. 특히 능동적인 투자자라면 어떤 상품이나 서비스가 사람들의 관심을 끌기 전에 호기심을 가져야 한다. 그래야 좋은 기회가 왔을 때 놓치지 않을 확률이 높아진다.

이 책의 독자라면 이제 궁금할 것이다. 위에서 언급한 브랜드들은 어느 회사가 보유하고 있을까? 바로 브이에프 코퍼레이션V.F. Corporation, VFC, 이하 브이에프이다.

미국 국가 대표 격인
의류 회사

브이에프는 미국을 대표하는 20여 개 브랜드를 보유한 세계 최대의 의류 및 신발 제조 업체이다. 폭넓은 의류와 신발 제품을 전 세계인을 대상으로, 대형마트와 아웃렛을 비롯해 온라인 상점에 이르기까지 다양한 유통채널을 통해 판매하고 있다.

특히 미국 백팩 시장과 남자 청바지의 경우 브이에프에서 분리상장된 **콘투어**Kontoor가 전체 시장의 절반* 가까이를 차지하고 있다.

● **청바지 시장의 강자, 콘투어**

콘투어는 청바지 브랜드 리, 랭글러, 락 앤 리퍼블릭 등을 보유하고 있다. 2019년 분리상장(Spin-off) 했으며, 자세한 내용은 이번 장에서 다룰 것이다.

하지만 브이에프가 우리의 눈을 휘둥그레 만든 이유는 따로 있다. 바로 주가이다. 2017년 2월 45달러 선이던 브이에프의 주가는 2019년 12월 들어 90달러를 돌파하며 3년이 채 안 된 사이 100% 이상 상승했다. IT 회사도 아니고, 새롭게 떠오르는 산업의 회사도 아닌데 어떻게? 그 궁금증을 해결하기 위해 브이에프의 시작부터 살펴보자.

브이에프의 주가 추이

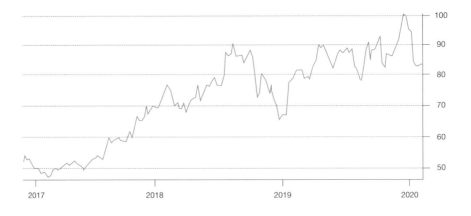

**장갑과 속옷으로 시작,
굴지의 청바지 브랜드로**

1899년 10월 펜실베이니아주 래딩시에서 존 바비John Barbey와 5명의 투자자들은 리딩 장갑 제조Reading Glove and Mitten Manufacturing Company를 설립해 장갑을 만들어 판매하기 시작했다. 이어 1914년 실크 속옷 분야로 사업을 확장했고, 1919년에 회사명을 베니티 페어 실크 밀즈Vanity Fair Silk Mills로 변경했다. 1942년 제2차 세계대전 중 실크 금수조치로 인해 실크라는 단어를 회사명에서 삭제한 후 1951년 주식시장에 상장했다.

이어 1969년 브이에프는 1889년 헨리 데이비드 리Henry David Less와 에이치디 리H.D. Lee가 설립한 청바지 제조업체인 리Lee를 인수하고 지금의 회사명으로 바꾸면서 혁신적인 변화를 시작한다. 1986년 미국에서 청바지와 캐주얼 의류 분야에서 2등 기업이었던 랭글러Wrangler와 잔스포츠를 보유한 블루벨Blue Bell을 인수해 당시 60억 달러 규모의 청바지 시장에서 단숨에 4분의 1을 차지하며 미국에서 가장 큰 청바지 제조회사가 되었다. 그리고 21세기 들어 우리에게 잘 알려진 의류 및 신발 브랜드들을 본격적으로 인수했는데 2000년 노스 페이스와 이스트팩, 2004년 키

2000년 이후 브이에프 브랜드 인수합병 추이 자료 : Investor Day 2019

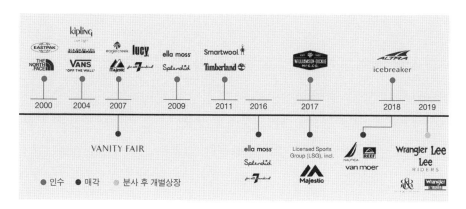

▶ 브이에프의 주요 브랜드들(출처 : 브이에프 홈페이지)

플링과 반스 그리고 2011년 **팀버랜드** 등이 그것이다. 또한 2007년 실크 속옷 브랜드인 베니티 페어, 2019년 랭글러와 리 등 성장 과정에서 필요에 따라 일부 브랜드를 분리해 매각하거나 분사 후 개별 상장하기도 했다.

빠르게 변화하고 있는
글로벌 패션 시장

모두가 알고 있고 피부로 체감하듯, 우리가 살아가고 있는 시대는 상상할 수 없을 정도의 빠른 속도로 변화하고 있다. 먼 곳에 있는 사람과 대화하는 용도이던 전화기가 스마트폰이란 이름으로 우리 생활에 없어서는 안 될 필수소비재가 되기까지 10년이 채 걸리지 않았다. 패션 의류 시장 또한 예외가 아니다. 엄청난 변화의 물결 속에서 적응하지 못해 사라지는 기업들이 하나둘 늘어나고 있다. 2019년 9월 파산

신청을 한 패스트 패션 의류 업체인 포에버 21Forever 21이 대표적이다.

포에버 21이 추구한 전략은 패션에 가장 관심이 많은 10대와 20대 여성을 타깃으로 부담 없이 구매할 수 있는 가격대, 즉 가성비가 좋은 최신 패션 의류들을 판매하는 것이었다. 전략을 봐서는 나무랄 데 없이 좋은데 어쩌다 파산보호 신청까지 하게 되었을까?

그들이 타깃으로 한 주 소비자층은 온라인 쇼핑을 선호한다. 그리고 패스트 패션 산업의 특성상 재고 관리가 매우 중요하다. 하지만 포에버 21은 2017년부터 시작되어 흔히 '리테일 재앙'이라고 불리는 온라인 시장의 폭발적인 성장에 제대로 대응하지 못했고, 그 결과 매출이 감소하고 재고가 폭증하게 되었다. 그런데 이러한 문제를 온라인 시장 공략이 아닌 오프라인 매장의 규모와 숫자를 늘려 대응한 점이 가장 큰 실패 원인이 되었다.

이런 점에서 브이에프는 오프라인 매장을 확장하는 대신 온라인을 포함한 다양한 유통채널 구축에 집중함으로써 '리테일 재앙'을 슬기롭게 극복하고 있다.

패션 시장에 불어닥친 공유 경제의 바람

그리고 또 하나. 공유 경제 개념이 패션 의류 산업에도 도입되고 있다. 렌트 더 런웨이Rent the Runway, 눌리Nuuly, 뉴욕 앤 컴퍼니RTW Retailwinds, RTW, 익스프레스Express, EXPR, 바나나 리퍼블릭Banana Republic, 아메리칸 이글American Eagle, AEO 등 여러 패션 의류 업체들이 현재 구독 서비스를 운영 중이다. 아직 시작 단계이지만 앞으로 좋은 투자 아이디어를 얻을 수 있을 것으로 예상된다. 함께 주목해보자.

패션 의류 산업에 공유 경제 개념이 도입되면 어떤 장점이 있을까? 첫째, 적은 비용으로 다양한 최신 상품을 이용할 수 있다. 할부 개념으로 값을 나눠서 지불하므로, 한 번에 큰 지출을 하지 않아도 부담 없이 유행하는 의류를 입어볼 수 있다는 사실이 소비자들에게 크게 어필할 것으로 보인다.

둘째, 세탁에 신경 쓸 필요가 없다. 드라이클리닝이 필요한 옷들도 직접 세탁할 필요 없이 이미 세탁이 완료된 상태로 착용할 수 있고, 반납할 때도 별도로 세탁할 필요가 없다.

셋째, 옷을 입어보고 마음에 들면 할인된 가격으로 바로 구매가 가능하다. 기업 입장에서는 소비자로 하여금 구매 욕구를 자극하는 접점이 늘어난다. 다시 말해 견물생심, 구독자들은 언제든지 마음에 드는 상품을 구매할 수 있는 잠재고객이 되고, 기업들은 특정 브랜드를 선호하는 구독자들을 대상으로 효율적이고 다양한 타깃 마케팅이 가능하다.

넷째, 환경 보호에 대한 소비자의 관심을 얻을 수 있다. 기업 입장에서는 일종의 이미지 마케팅이 가능해진다. 의류 역시 중고 시장이 꾸준히 성장하고 있지만 아직도 버려지는 의류의 양이 많다. 특히 패스트 패션의 경우 더욱 그렇다. 패션 분야의 공유 경제를 제안하면 환경을 생각하는 소비자들에게 다가갈 수 있어 소비자층이 확대될 가능성이 커진다.

시장 현황과 주요 경쟁사 2019년 10월 발행된 리서치 앤 마켓츠Research and Markets에 따르면 2018년 글로벌 의류시장 규모는 7천584억 달러 규모에 이르고, 연평균 성장률 11.8%로 오는 2022년이면 1조 1천829억 달러 규모로 성장하리라 전망하고 있다. 그리고 미국 패션 의류 시장은 4천60억 달러 규모로 전체 산업에서 차지하는 비중은 약 4%인데, 최근 남성 의류 시장이 매년 16.4% 정도로 빠르게 성장하고 있어 브이에프의 사업 포트폴리오가 이 시장에서 큰 수혜를 볼 것으로 예상된다.

의류 시장에서 브이에프와 경쟁하고 있는 주요 회사로는 흔히 우리가 '리바이스'라고 부르는 청바지 회사인 리바이 스트라우스Levi Strauss & Co, LEVI, 미국 대표 의류 회사 중 하나인 갭The Gap, GPS, '타미 힐피거'로 유명한 피브이에이치Phillips-Van Heusen Corporation, PVH, 국내에서도 유명한 프리미엄 패딩 업체인 캐나다 구스Canada goose, GOOS, '요가복 업계의 샤넬'이라 불리는 룰루레몬 애슬레티카Lululemon Athletica, LULU 등이 있고, 시장에서 경쟁 중인 회사에는 세계 최고의 스포츠 브랜드인 나이키Nike, NKE와 아디다스Adidas, ADDYY, 미국 대표 신발 회사인 뉴 발란스 애슬레틱 슈New Balance Athletic Shoe 등이 있다. 반면, 브이에프와 직접적으로 경쟁 관계에 있는 대형 의류 및 신발 회사는 찾아보기 어렵다. 브이에프가 브랜드뿐만 아니라 상품 유형과 유통채널 그리고 가격 등 모든 영역에 폭넓은 포트폴리오를 보유하고 있기 때문이다.

다양화가 살 길이다
— 브이에프 코퍼레이션의 전략

2019년 5월 브이에프는 중저가 브랜드들을 별도의 회사인 콘투어로 분사 및 개별 상장 후 사업부문을 아웃도어 부문, 액티브 부문, 워크 부문 등 3개로 재편했다.

아웃도어 부문에는 한국에서도 흔히 볼 수 있는 노스 페이스와 팀버랜드를 포함한 스포츠웨어 전문 브랜드와 조깅화 전문 브랜드인 알트라Altra 등이 속해 있다. 액티브 부문에는 스케이트 보딩용 신발과 의류 등을 판매하는 반스, 이탈리아 가방 제조 회사로 시작해 활동성이 좋은 재킷과 패딩 그리고 신발을 판매하는 나파피리

주요 사업부문별 브랜드 포트폴리오

자료 : KONTOOR BRANDS, INC. SEPARATION UPDATE: SUPPLEMENTAL INFORMATION, 2019.04

Napapijri, 가방 브랜드인 키플링, 잔스포츠, 이스트팩 등이 속해 있다. 마지막으로 워크 부문은 작업 현장에 적합하도록 내구성이 강한 의류, 신발, 청바지 등을 만드는 딕키스, 안전화 브랜드인 테라Terra, 방염 의류와 장갑 등 개인 보호장비 브랜드인 불워크Bulwark 등이 속해 있다.

앞서 언급했듯이 브이에프는 2019년 5월 23일 중저가 청바지 위주의 브랜드인 랭글러, 리, 락 앤 리퍼블릭Rock & Republic과 할인매장인 브이에프 아웃렛VF Outlet을 콘투어Kontoor라는 이름으로 스핀오프spin-off[*]했다. 분사를 택한 가장 큰 이유는 고가 브랜드와 중저가 브랜드를 구분하고 이를 각각의 전문 회사로 키우기 위함이다. 콘투어는 청바지 전문 회사로 전문성을 부여하고, 브이에프는 부가가치가 높은 브랜드에 집중한다는 전략이다. 그리고 할인매장으로 운영되던 브이에프 아웃렛을 콘투

● 스핀오프

스핀오프(Spin-off)는 자회사 분리 신설로, 모회사의 기존 주주들에게 새로운 자회사 법인의 주식이 배당되므로 모회사와 자회사의 주주 구성이 동일하다. 기업 자산을 줄이는 방식으로 주로 쓰인다. 이에 비해 스플릿 오프(Split-off)는 분할 설립으로, 신설 법인 주식을 갖기를 원하는 모회사 주주에게 기존 모회사 주식을 교환해주는 것이다.

▶ 콘투어가 보유 중인 브랜드들(출처 : 콘투어 홈페이지)

어에 포함시킴으로써 신생 회사의 브랜드를 집중 육성한다는 전략 방향 역시 확실히 했다. 참고로 콘투어의 시가총액을 19억 달러 내외로 설정해 사업 환경의 변화 등에 따라 이후 인수합병도 어렵지 않도록 했다. 현재 콘투어는 중국 대량 유통채널에서 의류 부문 시장 점유율 1위, 미국에서 남자 청바지 부문 시장 점유율 2위를 기록하고 있다.

강력한 복수의
유통채널을 확보

브이에프는 미국뿐만 아니라 전 세계에 걸쳐 거의 모든 형태의 유통채널을 확보하고 있다. 예를 들어, 미국의 경우 전통적인 방식으로 **코스트코 홀세일**Costco Wholesale, **COST**이나 **월마트** Walmart, **WMT** 같은 대형마트에서는 대량의 상품들을 저렴한 가격에 판매하고, **탠저 팩토리 아웃렛**Tanger Factory Outlet Centers, **SKT**이나 **사이먼 프로퍼티 그룹**Simon Property Group, **SPG**의 아웃렛에서는 재고나 철 지난 상품 그리고 아웃렛용 상품들을 할인판매한다. 또, **메이시스**Macy's, **M**나 **블루밍데일스**Bloomingdale's와 같은 백화

점에서는 브랜드별 매장을 운영하고, 주요 상권에서는 자체 브랜드 매장을 별도로 운영하는 등 소매 유통채널도 동시에 운영하고 있다. 또한 나이키, 아디다스 등과 같은 회사에 있어 주요 리테일러 어카운트들 중 하나인 **풋락커**Foot Locker, **FL** 같은 스포츠용품 및 신발 전문 편집샵도 유통채널로 이용하고 있다. 급성장하고 있는 전자상거래 시장에 대응해 **아마존닷컴**Amazon.com, **AMZN**에도 제품들을 판매하고 있으며, **디지털 타이탄**Digital Titans과 같은 디지털 마케팅 업체들과의 파트너십을 온라인 판매 채널 확보에 적극적으로 활용하고 있기도 하다. 이처럼 다양한 유통채 널을 보유하고 있기 때문에 향후 경기 침체 시에도 경쟁 업체와 비교해 매출 감소 에 따른 타격이 적을 것으로 전망된다.

브이에프VFC는 자유소비재Consumer Discretionary 섹터 중 섬유의복 및 호화제품 Textiles, Apparel & Luxury Goods 산업에 속해 있다.

3월이 결산월인 브이에프는 2018년 4월부터 2019년 3월까지 2019 회계연도 기준으로 매출이 전년 대비 12% 증가한 133억 4천만 달러, 영업이익이 23% 이상 증가한 19억 1천만 달러, 순이익과 EPS가 각각 90% 이상 증가한 12억 6천만 달러와 3.14달러를 기록했다.

사업부문별 매출 비중은 아웃도어 부문과 액티브 부문이 각각 42%, 워크 부문이 16%이며, 사업지역별 매출 비중은 미국이 전체의 59%, 해외가 41%를 차지하고 있다. 브랜드별 매출 비중의 경우에는 상위 4개 브랜드인 반스34%, 노스 페이스 24%, 팀버랜드17%, 딕키스7%가 전체 매출의 82%를 차지하고 있다. 인지도와 성장성을 갖춘 브랜드에 집중하는 전략을 확인할 수 있는데, 오는 2024년에는 연평균 성장률 7~8%를 목표로 상위 4개 브랜드의 매출을 85%까지 끌어올릴 계획이다.

분기별 실적과 전망   3월 결산 및 Non-GAAP EPS 기준, (단위) 매출 : 백만 달러, EPS : 달러

구분	FY19				FY20			
	Q1	Q2	Q3	Q4	Q1	Q2	Q3	Q4(E)
매출	2,137	3,219	3,940	3,212	2,271	3,393*	3,380*	2,470
EPS	0.43	1.43	1.31	0.60	0.30	1.26*	1.23	0.33
전망치	상회	상회	상회	상회	상회	하회	하회	-

최근 분기별 실적을 살펴보면, 매출의 경우 2019 회계연도에 분기당 20% 이상 증가하고, 2020 회계연도 들어서도 분기당 16% 이상 증가하면서 시장 전망치를 상회하는 모습이다. 특히 미중 무역분쟁이 격화된 상황에서도 중국 시장에서의 매출 성장세가 여전히 20% 이상으로 나타나고 있다. 2020 회계연도 4분기 실적은 오는 5월 19일 발표할 예정이며 시장은 코로나19 확산에 따른 영향으로 전년동기 대비 매출을 23.1% 감소한 24억 7천만 달러, EPS를 45% 감소한 0.33달러로 전망하고 있다.

브이에프의 주가는 2020년 4월 17일 기준으로 57.50달러, 시가총액은 226억 9천만 달러이다. 최근 12개월간 주가는 42.3% 하락했으며 최고가는 99.54달러, 최저가는 45.99달러이다. 브이에프와 경쟁하고 있는 피브이에이치PVH의 주가는 44.88달러, 시가총액은 31억 8천만 달러이고 최근 12개월간 주가는 66.1% 하락했으며 최고가는 132.35달러, 최저가는 29.05달러이다. 또 다른 경쟁 회사라고 할 수 있는 캐나다 구스 홀딩스GOOS의 주가는 22.27달러, 시가총액은 13억 달러이고, 최근 12개월간 주가는 57.7% 하락했으며 최고가는 54.61달러, 최저가는 14.86달러이다.

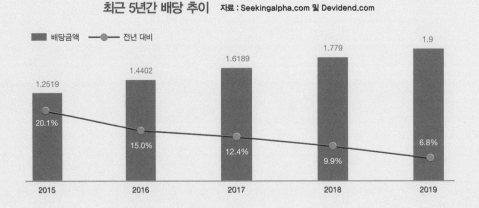

최근 5년간 배당 추이 자료 : Seekingalpha.com 및 Devidend.com

브이에프는 분기 단위로 배당금을 지급하고 있으며, 최근 1년간 배당금은 주당 1.90달러, 배당수익률은 3.30%이다. 최근 5년간 연평균 배당 성장률은 15.62%이며, 46년째 배당금이 증가하고 있는 "배당귀족" 종목이다. 2019년 9월 20일에 지급된 배당금이 0.43달러로 배당이 삭감된 것으로 보일 수 있는데 이것은 2019년 5월 23일 이루어진 콘투어 기업분할에 따라 브이에프 주주들에게 7:1 비율로 콘투어 주식을 지급한 것을 포함하지 않아 발생한 것으로, 일종의 착시효과라 하겠다.

최근 3개월간 발표된 브이에프에 대한 18건의 월스트리트 투자의견을 종합하면 "매수"이고, 향후 12개월간 목표주가는 최고 115달러, 최저 60달러, 평균 87.12달러로 현재가 대비 51.51%의 상승 여력이 있다.

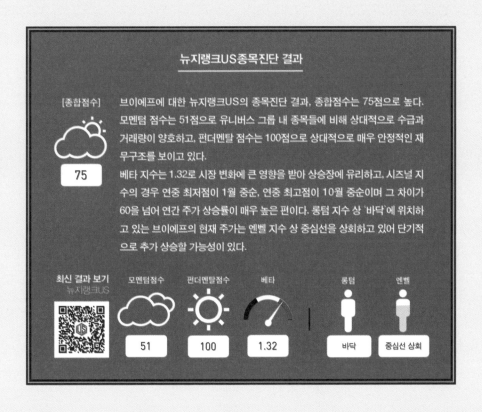

뉴지랭크US종목진단 결과

[종합점수]

75

브이에프에 대한 뉴지랭크US의 종목진단 결과, 종합점수는 75점으로 높다. 모멘텀 점수는 51점으로 유니버스 그룹 내 종목들에 비해 상대적으로 수급과 거래량이 양호하고, 펀더멘탈 점수는 100점으로 상대적으로 매우 안정적인 재무구조를 보이고 있다.

베타 지수는 1.32로 시장 변화에 큰 영향을 받아 상승장에 유리하고, 시즈널 지수의 경우 연중 최저점이 1월 중순, 연중 최고점이 10월 중순이며 그 차이가 60을 넘어 연간 주가 상승률이 매우 높은 편이다. 롱텀 지수 상 '바닥'에 위치하고 있는 브이에프의 현재 주가는 엔벨 지수 상 중심선을 상회하고 있어 단기적으로 추가 상승할 가능성이 있다.

최신 결과 보기
뉴지랭크US

모멘텀점수	펀더멘탈점수	베타	롱텀	엔벨
51	100	1.32	바닥	중심선 상회

빌 게이츠가 투자한

대체 육류 대중화의 리더

비욘드 미트

Beyond Meat Inc.
SIMBOL(CODE) BYND
Nasdaq

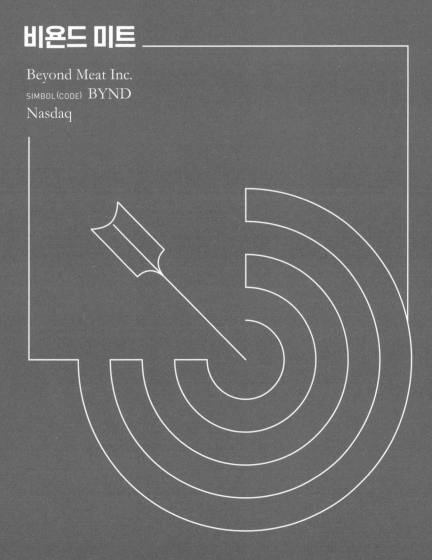

산업	포장 식품 및 육류
섹터	필수소비재
직원수	472명
PER	N/A
EPS	-0.29달러
배당	N/A
매출액	2억 9천만 달러
1년간 매출 변화	238.77%
결산월	12월

출처 WSJ (2020. 4)

비욘드 미트

기업정보 더보기
유캐스톡

사업내용	식물 베이스의 대체 육류 제조
CEO	에단 브라운
창립	2009년, 캘리포니아 로스엔젤레스
창립자	에단 브라운
IPO	2019년 5월 2일
	— 공모가 25달러

━━ 세계 인구 증가에 따른 미래 먹거리 문제 해결 및 환경 친화적인 성향이 확대되는 트렌드 속에 새롭게 등장하는 기업들이 있다. 현재 대체 육류 산업의 선두 주자라고 할 비욘드 미트Beyond Meat, Inc., BYND가 대표적이다. 비욘드 미트는 닭, 돼지, 소고기 등 다양한 대체육을 생산 중이며, 65개 이상의 국가에 제품을 유통하고 있다.

비욘드 미트는 창업 초기부터 세계적인 이목을 끌었던 기업으로 미국주식 투자자라면 한 번쯤 들어봤을 법하다. 마이크로소프트의 빌 게이츠, 영화배우 레오나르도 디카프리오, 맥도날드 전 CEO 돈 톰슨, 육가공업체 타이슨 푸즈 등이 비욘드 미트에 투자했으며 이는 월스트리트에서 큰 이슈가 되었다. 더불어 비욘드 미트의 제품을 맛본 빌 게이츠가 "나는 원래 쉽게 속지 않는 사람인데, 한 입 먹는 순간 진짜 치킨의 맛과 식감을 느꼈다"라고 언급한 것도 이슈 확대에 한몫했다.

비욘드 미트는 식물성 단백질을 활용해 햄버거, 소시지, 크럼블, 스트립 등 다양한 제품을 제공하는 대체육 가공 기업이다. 건강에 대한 관심, 지구 온난화 현상 그리고 동물 복지 이슈 등에 대한 해결책을 찾는 움직임에서 시작, 기존의 식품 산업에 첨단 기술을 더해 식물성 고기를 만들어냈다. 그러나 한 가지 염두에 둘 점도 있다. 대체육 시장이 폭발적인 인기를 보이며 성장하고 있는 것은 사실이지만 회사의 주장과 달리 대체육이 기존보다 더 건강한 식재료는 아닐 수도 있다는 일각의 우려가 존재한다. 이러한 걱정과 의심을 넘어 비욘드 미트가 대체육 시장의 선두 자리를 유지할 수 있을지 관심을 가져야 할 것으로 보인다.

그렇다면 2019년 5월 나스닥에 상장한 후 주가 흐름은 어땠을까? 2019년 5월 65.75달러로 시작한 비욘드 미트의 주가는 2019년 7월 말 234.9달러까지 상승했었다. 하지만 일본 시장 진출 계획이 철회되는 등의 이슈로 100달러 이하로 하락했고, 이후 다시 회복하는 듯했으나 코로나 19 사태가 발발하면서 2020년 4월 다시 50달러 수준까지 떨어졌다 반등했다.

확대 일로의
식물성 고기 시장

비욘드 미트는 2009년 캘리포니아에서 에단 브라운Ethan Brown이 창립한 스타트업으로 시작했다. 초기에 클라이너 퍼킨스Kleiner Perkins, 오비어스 코퍼레이션Obvious Corporation, 빌 게이츠Bill Gates, 비즈 스톤Biz Stone, 타이슨 푸즈Tyson Foods, TSN 등으로부터 벤처 자금을 받았다. 2013년 4월 미국 홀푸즈Whole Foods 슈퍼마켓에서 치킨 제품의 판매를 시작했고 2014년에는 쇠고기 제품을 판매했다.

> ● 참고로 타이슨 푸즈는 2016년 10월 비욘드 미트의 지분 5%를 추가 인수했었지만 IPO를 앞두고 2019년 4월 지분 6.5%를 매각하고 투자를 종료했다.

2016년에는 비욘드 버거의 독점 제조 업체로 홀푸즈의 식품 제조회사인 돈 리 팜스Don Lee Farms와 계약했으며, 2018년 코스트코홀세일COST 매장을 통해 비욘드 버거를 판매하기 시작했다. 공급 증가와 함께 생산 시설도 개설했다. 그리고 영국 슈퍼마켓인 테스코Tesco와 캐나다의 커피 브랜드 팀 호튼Tim Hortons 등과 파트너십을 맺고 글로벌 시장에 제품을 출시하기 시작했다.

현재 맥도날드, 서브웨이, 데이스, 던킨도너츠 등 대형 패스트푸드 체인 및 레스토랑들과 제휴하여 제품을 공급하고 있는데 비건 푸드 트렌드가 확대됨에 따라 제휴 기업은 더 증가할 것으로 보인다.

**세계적으로 확산되는
비건 문화**

비건® 열풍은 미국뿐만 아니라 세계 각국에서 일어나고 있다. 연예인과 운동선수 등 유명인의 영향으로 비건 푸드에 관심을 가지는 사람들이 늘어나고 있는데다 아몬드 밀크, 코

▶ 비욘드 미트의 주요 파트너십 브랜드들

코넛 밀크, 귀리 음료 등 우유 대체 음료들도 속속 출시되는 중이다. 비건 초콜릿과 비건 식빵 그리고 심지어 비건 비누 등 점점 더 다양한 비건 제품들이 생산되고 있는 추세이다. 대체육 또한 **비욘드 미트**와 **임파서블 푸즈**Impossible Foods 그리고 **잇 저스트**Eat JUST Inc.에서 생산하는 제품들의 품질이 높아지며 '비건 식품은 맛없다'는 편견이 사라지고 있다. 지구 온난화와 최근 대규모 전염병 사태 등으로 인해 환경을 파괴하는 비윤리적인 육식에 대한 경각심 또한 고조되면서 전 세계 비건 푸드 시장 규모는 꾸준히 성장할 것으로 전망되고 있다.

그랜드뷰 리서치가 발표한 자료Vegan Food Market Size, Share & Trends Analysis Report By Product에 따르면 비건 푸드 시장은 매년 평균 9.6%씩 성장하여 2025

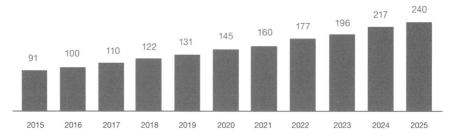

미국의 비건 시장 규모의 변화 추이 단위 : 억 달러 / 자료 : 그랜드뷰 리서치

2015	2016	2017	2018	2019	2020	2021	2022	2023	2024	2025
91	100	110	122	131	145	160	177	196	217	240

년에는 240억 달러까지 확대될 것으로 보인다. 채식주의자 협회The Vegan Society
에 따르면 2012~2017년 고기 없는 제품의 수요가 987% 증가했으며, AT커니A.T.
Kearney의 보고서에 따르면 대체육이 활발하게 개발됨에 따라 2040년이면 소비되
는 육류의 60%를 대체육이 담당할 것이라 한다. 구체적
인 점유율을 보면 식물성 대체 육류가 25%, 배양육°이
35%가 될 것으로 전망했다. 바클레이즈Barclays의 애널
리스트는 10년 내 1천4백억 달러 규모로 성장하리라 예

> **● 배양육**
> 동물세포를 인공적인 환경에서 대
> 량 배양하여 만든 고기로 산업화
> 단계에는 아직 미치지 못했다.

측하기도 했으며, 식물성 식품이 심장병, 뇌졸중, 암, 콜레스테롤 등으로 인한 사망
을 낮추는 데 도움이 된다는 발표 역시 대체육에 대한 긍정적 인식을 높이는 데 힘
을 실었다.

대체 육류뿐만 아니라 최근에는 대체 계란도 생산되고 있다. **저스트**는 여러 대체
육이 아닌 오로지 식물성 계란녹두로 만든 계란에만 집중하여 개발 및 판매하고 있다.
계란이 요리에서 담당하는 텍스처를 최대한 유사하게 구현하여 계란 요리의 특성
을 살렸다. 저스트의 제품은 계란이 들어가는 팬케익, 볶음밥, 오믈렛 등 다양한 요
리에 계란 대신 사용할 수 있다.

육류 식문화가 전통적으로 강한 나라 중 하나가 독일이다. 그런 독일에서도 비건

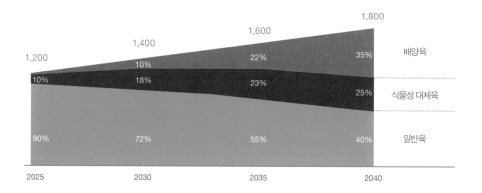

전 세계 육류(대체육 포함) 소비 전망 단위 : 십억 달러 / 자료 : AT커니

1,200	1,400	1,600	1,800
10%	10%	22%	35% (배양육)
10%	18%	23%	25% (식물성 대체육)
90%	72%	55%	40% (일반육)
2025	2030	2035	2040

트렌드를 향한 변화가 일어나고 있다. 항생제와 화학 약품이 주입된 동물들이 식재료로 사용되는 것을 보고 2000년대부터 비거니즘이 확대되기 시작, 2017년 기준으로 독일 인구의 10%가 비건인 것으로 조사되었다. 현재 독일의 수도인 베를린은 세계적인 비건 도시로 알려져 있는데 비건 가이드 앱인 해피카우HappyCow에는 베를린의 비건 식당이 8천1백 개나 등록되어 있다. 독일 고유의 음식뿐만 아니라 밀과 콩을 사용한 케밥과 비건 베트남 음식 등 다양한 국적의 비건 레스토랑을 찾을 수 있다.

차원이 다른
대체 육류를 창조하다

고기의 육즙과 식감을 재현하기 위해서는 많은 기술이 필요하다. 과거에는 콩을 갈아 불용성 단백질인 글루텐을 혼합하여 만들었기 때문에 소비자가 원하는 대체

▶ 비욘드 버거

육의 식감을 구현하기 어려웠다. 비욘드 미트는 동물성 고기 고유의 육즙을 만들기 위해 코코넛 오일, 올리브 오일, 해바라기 오일 등을 사용했고, 완두콩과 대두콩, 버섯, 호박 등의 섬유질과 단백질을 이용하여 일반 육류와 비슷한 식감을 만들어냈다. 실제 고기와 유사한 붉은빛은 비트채소의 종류를 사용하여 만든 것으로 알려져 있다. 비욘드 미트는 10년이 넘는 기간 동안 다양한 연구와 개발을 통해 대체육의 대중화를 선도하고 있다.

제품 라인업도 다양해지면서 가장 대중화된 제품인 비욘드 햄버거Beyond Burger와 더불어 비욘드 소시지Beyond Sausage, 비욘드 비프 크럼블Beyond Beef Crumbles 등도 인기를 얻고 있다. 동물성 고기보다 단백질이 풍부하고 콜레스테롤은 없다는 점, 항생제와 화학약품을 사용하지 않았다는 점 등으로 인해 건강에도 더 좋은 식재료로 알려졌다.

이 같은 비욘드 미트의 주 경쟁 업체는 임파서블 푸즈이며, 그 외에 타이슨 푸즈와 켈로그가 있다.

한국의 비건 시장에 진출한 비욘드 미트

비욘드 미트는 2019년부터 동원F&B, 마켓컬리, GS샵, 헬로네이처 등 여러 이커머스 회사를 통해 국내에서 판매되고 있다. 비욘드 버거의 가격은 13,000원 정도로 비싼 편에 속하지만, 국내 출시 한 달만에 1만 팩이 판매되었을 정도로 인기를 끌었다. 이는 비거니즘이 확대되는 하나의 증거로 봐도 무방할 것이다. 한국의 채식 인구는 2018년 기준으로 100만~150만 명 정도로 추정되며, 완전 채식주의자는 50만 명 정도라고 한다. 국내에서도 매년 비건 페스타 등 다양한 관련 행사가 열리고 있다.

경쟁하고 있는 주요 업체들

임파서블 푸즈 Impossible Foods　2011년 스탠퍼드 대학교 생화학 교수인 패트릭 오브라운Patrick O. Brown에 의해 설립되었으며, 캘리포니아주 레드우드시티에 본사를 두고 있다. 빌 게이츠와 구글 벤처스, 테마섹 홀딩스Temasek Holdings, 코슬라 벤처스Khosla Ventures로부터 주요 투자를 받았다. 2016년 7월 임파서블 버거 출시를 시작으로 소시지와 치킨 등의 대체육을 꾸준히 개발 중이다. 임파서블 푸즈의 제품은 버거킹QSR, 화이트캐슬, 치즈케이크 팩토리CAKE, 애플비DIN 등 다양한 레스토랑과 패스트푸드 체인에서 제공되고 있으며, 세이프웨이, 크로거KR 등 식품점에서도 판매 중이다. 비욘드 미트와의 차이점이라면, 임파서블 푸즈는 GMO 대두콩을 사용했다는 점과 할랄● 인증을 받았다는 점이다.

> ● **할랄**
>
> 이슬람 율법 샤리아에 부합함을 의미한다. 이러한 율법에 어긋나지 않고 무슬림에게 허용된 식품을 할랄 식품이라 한다.

타이슨 푸즈 Tyson Foods　타이슨 푸즈TSN는 닭고기, 소고기, 돼지고기를 취급하는 미국의 대표적인 다국적 육가공 회사이다. 브라질의 육류 가공 회사인 JBS S.A.에 이어 세계에서 두 번째로 큰 육가공 업체로 알려져 있다. 1935년에 존 타이슨John W. Tyson에 의해 설립되었으며 마트와 레스토랑, 패스트푸드 체인 등에 다양한 형태의 육류를 공급하고 있다. 앞서 언급했듯이 비욘드 미트의 상장 직전에 비욘드 미트의 주식을 전부 매각했지만, 타이슨 푸즈는 여전히 대체 육류에 대한 투자 및 개발을 지속하고 있다.

켈로그 모닝스타 팜즈 Kellogg's MorningStar Farms   모닝스타 팜즈는 켈로그의 자회사로 채식주의 식품을 생산한다. 1999년 켈로그가 워딩턴 푸즈Worthington Foods를 인수하며 모닝스타 팜즈 브랜드도 같이 인수했다. 워딩턴 푸즈는 1975년 미국인들에게 콩 기반으로 만든 대체 육류 제품을 처음으로 선보인 회사로서, 모닝스타 팜즈 역시 육류 대체품을 판매하며 버거킹과 같은 패스트푸드 체인에 납품하고 있다.

비욘드 미트BYND는 필수소비재Consumer Staples 섹터 중 포장 식품 및 육류 Packaged Foods & Meats 산업에 속해 있다.

　12월이 결산월인 비욘드 미트는 2019년 1월부터 12월까지 2019 회계연도 기준으로 매출이 전년 대비 239% 가까이 증가한 2억 9천만 달러, 영업이익이 98% 이상 개선된 -46만 달러, 순이익은 58% 이상 개선된 -1,244만 달러 그리고 EPS가 94% 가까이 개선된 -0.29달러를 기록했다.

　현재 미국 내 매출이 대부분을 차지하고 있는 비욘드 미트의 사업부문별 매출 비중은 냉장 제품이 95%, 냉동 제품이 5%를 차지하고 있다.

　최근 분기별 실적을 살펴보면, 매출은 전년동기 대비 3배 그리고 분기 평균 30% 이상의 고성장세를 보이고 있고, EPS도 상장 이후 계속해서 시장 전망치를 상회하는 모습이다. 2020년 4월 28일에 발표하는 비욘드 미트의 2020 회계연도 1분기 실적에 대해 시장은 매출이 전년동기 대비 120% 이상 증가한 8,821만 달러, EPS는

분기별 실적과 전망　12월 결산 및 GAAP EPS 기준, (단위) 매출 : 백만 달러, EPS : 달러

구분	FY18				FY19			
	Q1	Q2	Q3	Q4	Q1	Q2	Q3	Q4
매출	13	17	26	32	40	67	92	98
EPS	-	-	-	-	-0.13	0.08	0.06	0.01
전망치	-	-	-	-	상회	상회	상회	상회

61% 넘게 개선된 -0.05달러로 예상하고 있다. 하지만 코로나 19 영향으로 다소 부진한 실적이 예상된다.

비욘드 미트의 주가는 2020년 4월 17일 기준으로 76.91달러, 시가총액은 47억 5천만 달러이다. 2019년 5월 상장 이후 주가는 204% 상승했으며 최고가는 234.90달러, 최저가는 54.02달러이다. 그리고 비욘드 미트와 경쟁하고 있는 타이슨 푸즈 TSN의 주가는 62.34달러, 시가총액은 227억 5천만 달러이고 최근 12개월간 주가는 15.2% 하락했으며 최고가는 92.91달러, 최저가는 44.18달러이다.

비욘드 미트는 현재 배당금을 지급하지 않는다.

최근 3개월간 발표된 비욘드 미트에 대한 12건의 월스트리트 투자의견을 종합하면 "보유"이고, 향후 12개월간 목표주가는 최고 130달러, 최저 39달러, 평균 82.40달러로 현재가 대비 7.14%의 상승 여력이 있다.

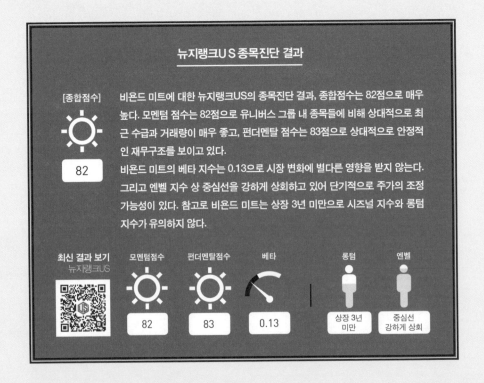

뉴지랭크US 종목진단 결과

[종합점수]

비욘드 미트에 대한 뉴지랭크US의 종목진단 결과, 종합점수는 82점으로 매우 높다. 모멘텀 점수는 82점으로 유니버스 그룹 내 종목들에 비해 상대적으로 최근 수급과 거래량이 매우 좋고, 펀더멘탈 점수는 83점으로 상대적으로 안정적인 재무구조를 보이고 있다.

비욘드 미트의 베타 지수는 0.13으로 시장 변화에 별다른 영향을 받지 않는다. 그리고 엔벨 지수 상 중심선을 강하게 상회하고 있어 단기적으로 주가의 조정 가능성이 있다. 참고로 비욘드 미트는 상장 3년 미만으로 시즈널 지수와 롱텀 지수가 유의하지 않다.

82

최신 결과 보기
뉴지랭크US

모멘텀점수	펀더멘탈점수	베타	롱텀	엔벨
82	83	0.13	상장 3년 미만	중심선 강하게 상회

스마트폰 시대,

안구 건강의 선구자

알콘

Alcon Inc.

SIMBOL(CODE) ALC

NYSE

STOCK DATA

알콘

산업	건강관리용품
섹터	건강관리
직원수	472명
PER	N/A
EPS	-1.34달러
배당	N/A
매출액	75억 달러
1년간 매출 변화	6.58%
결산월	12월

출처 WSJ (2020. 4)

기업정보 더보기
유캔스톡

사업내용	안과 질환 관련 의약품 및
	외과 수술 부문 제품 생산
CEO	데이비드 엔디코트
창립	1945년,
	텍사스 포트워스
창립자	로버트 알렉산더, 윌리엄 코너

COMPANY DATA

2008년 즈음에 애플의 아이폰3GS가 나오면서 본격적으로 스마트폰의 시대가 시작되었다. 그로부터 12년이 지난 지금, 미국 시장조사기관인 퓨 리서치Pew Research에 따르면 선진 국가 18개 국 중에 한국이 95%로 스마트폰 보급률 1위를 차지했다. 스마트폰으로 인해 생활의 많은 부분이 개선되었지만, 좋지 않은 부분도 있다. 그중 하나가 눈 건강이다. 한국은 전 세계에서 근시가 가장 빠르게 증가 중인 나라로 알려져 있다.

비단 우리나라만의 이야기가 아니다. 2019년 세계보건기구WHO가 발표한 자료에 따르면, 전 세계에서 시력장애를 겪고 있는 사람이 최소 22억 명이나 된다고 한다. 전문가들은 입을 모아 근시의 주요 원인 중 하나가 스마트폰이라고 말한다. 작은 화면을 계속 응시하다 보면 시력 저하와 함께 근시 진행이 가속화된다는 것이다. 이는 성장기 어린이들에게 특히 치명적이다. 이외에 스마트폰의 장시간 사용은 안구건조증 또한 유발한다. 안구건조증은 대부분의 현대인들이 가지고 있는 질병이라고 할 수 있으나, 다행히 심각한 질환에 해당하지는 않는다.

눈이 뻑뻑하고 아플 때 안과에 가면 기본적으로 처방받는 약이 있다. 작은 안약이 그것이다. 우리가 한치의 의심도 없이 당연히 안약병은 이렇게 생긴 것이라 여기는 원통형 안약 투약병. 이 약병의 표준을 처음으로 만든 기업이 어디인지 아는가? 1945년에 설립된 알콘Alcon, ALC이라는 기업이다. 알콘은 1953년 현재의 안약 투약병을 만들었고 그것이 오늘날 우리가 아는 안약병의 표준이 되었다.

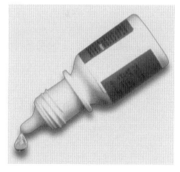

▶ 알콘이 개발한 원통형 안약 투약병
(출처 : 알콘 홈페이지)

안약 투약병의
표준이 된 기업

알콘의 역사는 1945년 두 명의 약사, 로버트 알렉산더Robert Alexander와 윌리엄 코너 William Conner가 텍사스 포트워스에 작은 약국을 열면서 시작되었다. 1977년 알콘은 네슬레Nestle, NESN에 인수됐는데 이로 인해 남미와 유럽에서의 투자와 리서치가 급격하게 증가했다. 이후 1984년 테크니컬 엑셀런스 어워드를 설립하면서 R&D에 집중했고, 그 결과 100개가 넘는 성과를 보였다. 네슬레는 2002년 알콘의 IPO를 진행했으며, 2008년 노바티스Novartis, NOVN가 대략 25% 지분을 인수하고 추후 지분을 더 인수하여 2010년 완전히 인수하는 데 성공했다. 그리고 2019년 4월 표결을 통해 노바티스로부터 완벽하게 독립하게 되었다. 현재 알콘은 75개 국에서 사업을 운영 중이며, 180개 국에 제품을 판매하고 있고, 종업원 수는 2만 명이 넘는 것으로 알려져 있다.

주요 제품의
역사

알콘은 1950년 안구 감염 치료용 제품 및 충혈·가려움 치료용 제품을 개발한 데 이어 1953년 안약 투약병을 개발하여 특허를 등록했다. 당시 개발한 제품들이 지금의 안과 치료용 제품의 표준으로 자리 잡은 것이다. 1989년에는 여성 건강 관리를 위한 의료 기기를 제조하는 업체인 쿠퍼비전 서지컬CooperVision Surgical을 인수하면서 세계적인 안과 전문 업체로 발돋움했다. 2003년 안구 건조증 치료제인 시스테인SYSTANE® 안약을 출시했고, 2008년 난시용 콘택트렌즈 출시와 더불어 유리체 망막 수술용 장비인 콘스텔레이션 비전 시스템CONSTELLATION ® Vision System을 출시하며 안과용 수술 제품을 갖추게 되었다. 2014년에는 다초점과 디자인 감각을 도입하고, 9가지 자연스러운 색상의 실리콘 히드겔 기술을 적용하여 한 달 이상 착용 가능한 콘택트렌즈인 에어 옵틱스AIR OPTIX ®를 출시했다. 같은 해에 베릴리Verily, 구 Google Life Sciences와 스마트 렌즈 기술 라이선스를 취득했고, 상용화된 백내장 수술 중 수차 분석 시스템 개발 업체인 웨이브텍 비전WaveTec Vision을 인수했다.

세계 안과 시장 규모와
주요 경쟁 현황

2019년 3월 발표된 바이오경제연구센터 글로벌 산업현황 보고서www.medicaltimes. com에 따르면 안과 시장은 2013년 213억 달러에서 연평균 7%씩 성장해 2019년 317억 달러, 2021년에는 363억 달러 규모에 이를 것으로 예상된다. 이처럼 꾸준히 성장하는 안과 시장은 '빅 마켓'으로 불리우며, 한국의 업체들 또한 2020년의 성장

세계 안과 시장 추이 단위 : 억 달러 / 자료 : 바이오경제연구센터

모멘텀 중 하나를 '안과 질환 치료제'로 예상하며 치료제 개발에 매진하고 있다. 전문가에 따르면, 안과 질환 치료제 시장은 높은 성장 가능성에 비해 경쟁 제품이 많지 않은 상황이어서 신약 개발에 성공할 경우 전 세계적으로 독보적인 제품이 될 것으로 기대된다고 한다.

2017년을 기준으로 지역별 안과 시장을 보면, 북미가 85억 달러로 가장 크며 그 뒤를 서유럽과 아시아가 이었다. 국가별 시장 점유율은 역시 미국이 77억 달러로 전체 시장의 약 27.9%를 차지했다.

경쟁하고 있는 주요 업체들

바슈롬Bausch & Lomb   바슈롬BHC은 눈 건강 제품을 생산하는 기업이다. 1853년 뉴욕에서 설립되었는데 초기에는 안경점으로 시작하여 미국 남북 전쟁, 제1차·제2차 세계대전에서 사용된 거리 측정기, 카메라 렌즈, 망원경 등의 장비를 제조하면서 성장했다. 1980년대 중반 대규모 구조 조정을 거쳐 현재는 세계에서 가장 큰 콘택트렌즈 제공 업체가 되었다.

애벗 메디컬 옵틱스 Abbott Medical Optics   애벗 메디컬 옵틱스는 세계적인 의료 공급 업체로, 안과 수술 라인의 제품인 레이저 시력 교정 시스템, 수정체 유화 시스템, 미세 각질, 백내장 및 굴절 수술에 사용되는 제품을 만든다. 1976년 백내장 환자용 안구 내 렌즈의 초기 개발로 사업을 시작했고, 앨러간Allergan이 인수한 후 계속해서 렌즈를 제조하다 2002년 완전히 분사했다. 이후 크고 작은 인수합병을 통해 사업을 키우다가 2009년 **애벗 래버러토리**Abbott Laboratories, **ABT**가 전액 출자하여 인수해 자회사가 되면서 애벗 메디컬 옵틱스로 사명을 변경했다. 그리고 2017년 2

월에 존슨 앤 존슨Johnson & Johnson, **JNJ**이 43억 달러를 들여 인수하여 존슨 앤 존슨 비전Johnson & Johnson Vision으로 이름을 재차 변경했다.

앨러간Allergan   앨러간**AGN**은 복제약과 일반 의약품을 개발, 제조 및 유통하는 다국적 제약 기업이다. 1948년 설립되었으며, 안과 제품은 1989년 텍사스에 공장을 설립하면서 생산하기 시작했다. 1991년 안구 근육 장애를 위한 제품을 제조하는 회사인 **오쿨리눔**Oculinum을 인수하고 추후 제품 이름을 보톡스Botox로 변경하면서 큰 성공을 거뒀다. 이후에도 녹내장 및 안압 고혈압에 대한 안과용 솔루션에 대해 FDA 승인을 받았고, 현재 10종이 넘는 다양한 제품을 생산하고 있다.

주요 지표 및 진단 결과

기준 2020년 4월

알콘**ALC**은 건강관리Health Care 섹터 중 건강관리 용품Health Care Supplies 산업에 속해 있다.

12월이 결산월인 알콘은 2019년 1월부터 12월까지 2019 회계연도 기준으로 매출이 전년 대비 105% 증가한 75억 달러, 영업이익이 75% 이상 개선된 1억 8천만 달러, 순이익과 EPS는 각각 289% 악화된 6억 5천만 달러와 -1.34달러를 기록했다.

사업부문별 매출 비중은 외과 치료 부문이 56%, 비전케어 부문이 42%를 차지하고 있고, 사업지역별 매출 비중은 미국이 41%, 해외가 57% 등으로 나타났다.

최근 분기별 실적을 살펴보면, 매출은 전년동기 대비 꾸준한 성장세를 보이고 있고, 연간 단위로 볼 때 2분기와 4분기에 가장 강한 모습을 나타내고 있다. 알콘은 2020 회계연도 실적을 전년 대비 5% 내외 증가할 것으로 전망했지만 코로나 19 확산에 따른 불확실성으로 지난 4월 7일 2020 회계연도 연간 가이던스를 철회했다. 알콘은 오는 5월 13일에 2020 회계연도 1분기 실적을 발표할 예정인데, 시장에서 전망하고 있는 1분

분기별 실적과 전망 전망 12월 결산 및 Non-GAAP EPS 기준, (단위) 매출 : 백만 달러, EPS : 달러

구분	FY18				FY19			
	Q1	Q2	Q3	Q4	Q1	Q2	Q3	Q4
매출	1,780	1,820	1,762	1,791	1,777*	1,903	1,868	1,910
EPS	-	-	-	-	-	0.47*	0.46	0.45*
전망치	-	-	-	-	하회	하회	상회	하회

기 매출은 전년동기 대비 2.1% 감소한 17억 4천만 달러, EPS는 0.36달러이다.

알콘의 주가는 2020년 4월 17일 기준으로 53.13달러, 시가총액은 261억 2천만 달러이다. 2019년 4월 상장 이후 주가는 16.3% 하락했으며 최고가는 63.46달러, 최저가는 39.86달러이다. 그리고 알콘과 경쟁하고 있는 존슨 앤 존슨JNJ의 주가는 152.02달러, 시가총액은 4,007억 7천만 달러이고 최근 12개월간 주가는 10.5% 상승했으며 최고가는 153.01달러, 최저가는 111.14달러이다.

알콘은 현재 배당금을 지급하지 않고 있다.

최근 3개월간 발표된 알콘에 대한 15건의 월스트리트 투자의견을 종합하면 "매수"이고, 향후 12개월간 목표주가는 최고 71.40달러, 최저 50.00달러, 평균 59.52달러로 현재가 대비 12.03%의 상승 여력이 있다.

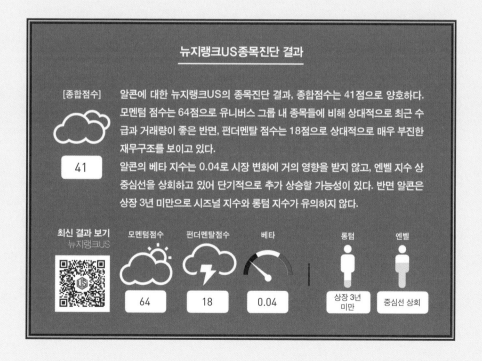

스마트폰 시대, 안구 건강의 선구자 163

PART 3

HIGH DIVIDEND

성장과
배당을
동시에,
고배당주

프링글스 깡통을 만드는
미국 포장 산업의 산증인

소노코

Sonoco Products Co.
SIMBOL(CODE) SON
NYSE

소노코 프로덕츠

기업정보 더보기
유캔스톡

남녀노소 좋아하는 스낵 중 대표적인 것이 감자칩이다. 그리고 감자칩 하면 많은 사람들이 긴 원통에 들어있는 감자칩, '프링글스Pringles®'를 떠올릴 것이다. "한번 열면 멈출 수 없어, 프링글스!If you open, can't stop to eat, Pringles!"라는 카피로도 유명하다. 미국의 세계적인 생활용품 기업인 **프록터 앤 갬블**Procter & Gamble, **PG**이 1968년 개발한 프링글스는 감자를 다른 재료들과 함께 반죽하고, 말안장 모양으로 얇게 성형하여 튀겨내 독특한 원형 종이 깡통에 담아 파는 감자칩이다. 전 세계 150개 국 이상에서 20가지가 넘는 다양한 종류가 판매되고 있는 프링글스는 지난 2012년 미국 **켈로그**Kellog Company, **K**가 프록터 앤 갬블로부터 인수했다. 감자칩 자체뿐만 아니라 깡통도 많은 화제를 불러일으켰으며, 20세기를 대표하는 패키지 디자인 중 하나로 인정받고 있다.

▶ 프링글스에 이용되는 컴포지트 캔

그런데 이 프링글스를 자사 홈페이지의 제품 소개란에 올려놓고 있는 제3의 회사가 있다. 바로 **소노코**Sonoco, **SON**이다. 프링글스를 담고 있는 원형 종이 깡통을 '컴포지트 캔'이라고 하는데 이 캔 대부분이 소노코에서 생산된다. 컴포지트 캔Composite can이란 종이를 알루미늄이나 플라스틱 필름과 함께 나선형이나 평행으로 감아 접합시킨 포장 용기로, 소노코는 1년에 약 60억 개의 컴포지트 캔을 생산해 세계 1위를 차지하고 있다.

B2B 중심으로 사업을 영위하는 회사이기 때문에 일반 소비자들에게는 익숙한 회사가 아니다. 사실 전혀 모른다고 해도 과언이 아닐 것이다. 혹여 들어봤다 해도 '종이 깡통 만들어봐야 얼마나 되겠어?'라고 생각해 그저 그런 소규모 포장재 제

조업체로 짐작했을지도 모른다. 하지만 실제로는 전 세계 36개 국에 위치한 312개의 공장에서 무려 2만 3천여 명에 이르는 임직원이 근무하고 있는 글로벌 기업이다. 여기에 더해 우리가 알고 있는 수많은 대형 회사들이 소노코가 연구 개발한 포장재를 사용하고 있다. '오레오Oreo'로 유명한 세계적인 제과 회사인 **몬델리즈 인터내셔널**Mondelez International, **MDLZ**은 '오레오'의 제품에 재밀봉이 가능한 포장재를 사용하고 있는데 이 포장재가 바로 소노코가 만든 것이다. 현재 이 포장재는 오레오의 브랜드 아이덴티티가 되어 해당 브랜드가 존재하는 한 계속 사용될 가능성이 매우 높다. 물론 이 포장재에는 소노코의 특허가 적용되어 있다.

한편, 주가를 보면 2016년 1월 37달러 선이던 소노코의 주가는 2019년 7월 들어 67달러에 달하는 등 3년 6개월 만에 80%가 넘게 상승했다. 점점 흥미가 생기지 않는가? 그럼 이제 본격적으로 소노코에 대해 알아보자.

▶ 소노코의 프링글스 컴포지트 캔 생산 라인(출처 : 소노코 홈페이지)

제품 포장에 대한 모든 것

소노코는 워낙 다양한 포장재를 연구하고 개발하기 때문에 제품 포장에 대한 모든 것을 제공한다 해도 과언이 아니다. 소노코는 주로 소비자용 및 산업용 포장재를 제조하는데 연포장flexible 가공, 플라스틱 용기, 종이 포장재, 구매시점광고Point of purchase, 보호용 포장재, 제약포장, 식품포장, 나무포장, 보온 및 보냉 재료 등을 연구 개발하고 생산한다. 뿐만 아니라 앞서 소개한 오레오 사례와 같이 고객사에 맞는 최적의 포장재 제공이 가능하도록 다양한 지적재산권을 보유하고 있는 글로벌 토탈 포장 솔루션 회사이다. 슈퍼마켓에서 빵 한 봉지를 사더라도 제품의 유지 보존을 위해 포장은 반드시 필요한 법이다. 포장재 산업이 발전하고 경쟁이 치열해지고 있지만, 그럴수록 지난 120여 년간 수많은 어려움을 이겨내고 살아남은 소노코의 존재감은 더욱 커질 것으로 보인다.

120년 전 펄프와
종이로 시작된 사업

회사를 좀 더 이해하기 위해서 그 역사를 간단히 살펴보자. 지금으로부터 120년 전인 1899년 5월 사우스 캐롤라이나 주의 하츠빌 시에서 미국 남부의 소나무를 이용해 펄프를 생산, 이 펄프로 옷감용 종이 포장재를 만든 것이 소노코의 시작이었다. 1900년대 초반 고속 방적기를 이용하여 면직물을 대량 생산할 수 있게 되었으며, 1910년대 제1차 세계대전 기간 동안 면섬유 수요가 증가하며 포장재 수요가 폭증, 이로써 회사 성장의 기틀을 마련할 수 있었다. 1923년 기존의 회사명인 서던 노블티 컴퍼니Southern Novelty Company의 앞글자를 딴 **소노코**Sonoco로 사명을 변경했고, 1929년부터 10년간의 대공황 시기에는 종이포장재, 종이관, 제지 제조공장들을 잇따라

▶ 소노코의 옛 공장 모습

인수하며 사세를 확장했다.

이후 미국, 인도, 독일, 멕시코, 캐나다 등 세계 각지에 공장을 설립하고, 추가적인 인수합병을 통해 다양한 포장재 생산이 가능한 글로벌 회사로 성장하게 되었다. 1961년 오하이오 주 라벤나 시에서 나선형 지관 제조공정을 시작했고, 캐나다의 퀘벡과 토론토에 있는 **산업강철섬유**Industrial Steel and Fibre를 인수하면서 현재의 컴포지트 캔을 생산하는 능력을 보유하게 되었다.

**일상생활 속 패키징
그리고 포장 산업**

포장 산업이라는 것이 워낙 광범위하다 보니 일상적으로 사용하면서도 인지하지 못하는 경우가 대부분이다. 예를 들어 출근길 커피 전문점에 들러 테이크아웃으로 마시는 커피, 바쁜 아침 종종 먹는 곡물 식이섬유 바bar, 어젯밤에 주문한 신선식품과 집으로 배달시켜 먹은 음식 등… 이 모든 것들은 포장이 되어 있다. 그리고 전자상거래가 급속도로 성장하고 있는 가운데 택배 포장 등에 주로 사용되는 골판지 상자 역시 포장 산업의 일부분이다.

시장조사 업체 스모더스 피라Smothers Pira의 자료에 따르면 글로벌 포장 산업의 규모는 2020년에 약 1조 달러에 도달할 것으로 예상된다. 그리고 맥킨지Mckinsey의 보고서에 의하면 포장 산업은 연평균 3.1%씩 지속적으로 성장하리라 예상된다.

전자상거래의 성장으로 인해 소비자들의 쇼핑 습관도 변화하고 있으며 이에 따라 많은 기업이 효율적인 배송 방법과 함께 소비자들과의 소통 수단으로 진화하고 있는 포장에 많은 관심을 쏟고 있다. 이는 소노코가 노력을 기울이고 있는 분야이기도 하다. 예를 들어, 일괄적으로 같은 인쇄를 한 포장보다는 디지털 인쇄 기술을 활용해 고객군에 따라 서로 다른 문구와 디자인을 사용하는 식이다. 또한 오프라인에서 계산 시 시간이 많이 걸리는 문제를 해결하기 위해 특수 잉크를 사용함으로써 구매상품 스캔 속도를 높이고, 신선식품의 경우에는 선도 유지를 위해 보냉성이 좋은 물질들을 지속적으로 개발하는 등 다양한 기술을 포장 산업 전반에 적용하고 있다.

포장재 분야에서의
압도적 위치

소노코의 고객사는 매우 다양하다. 앞서 언급한 켈로그와 몬델리즈 인터내셔널 외에도 유니레버, 네슬레, 브리티시 아메리칸 타바코 등과 같은 소비재 회사부터 약품 운송 시 온도 조절이 필요한 제약 회사와 충격흡수 포장이 필요한 자동차 부품 회사 그리고 물류 회사 등 다양한 산업에 속한 수많은 기업이 소노코가 생산하는 포장재와 포장 기술을 이용하고 있다. 이에 소노코는 소비재 포장consumer packaging 부문, 종이 및 산업 포장재Paper and Industrial Converted Products 부문, 진열 포장Display & Packaging 부문 그리고 제품 보호용 포장Protective Solutions 부문 등 총 4개의 사업부문을 영위하고 있다.

소노코의 주요 경쟁 업체로는 앰코어와 인터내셔널 페이퍼가 있다. 앰코어Amcor

▶ 사업부문별 사례(좌측 상단부터 소비재 포장, 종이 및 산업 포장재, 진열 포장, 제품 보호용 포장)

Limited, **AMCR**는 호주계 포장 회사로, 2019년 6월에 미국 포장 회사인 베미스Bemis 를 인수합병하면서 뉴욕증권거래소에 상장했으며 연평균성장률이 6% 내외를 기록하고 있는 유연 포장flexible packaging 분야에서 경쟁하고 있다. 인터내셔널 페이퍼International Paper, **IP**는 미국의 펄프 및 종이 회사로, 박스를 포함한 종이 포장재 분야에서 소노코와 경쟁하고 있다.

끊임없는 성장을 위한 노력
그리고 시장의 기대

서부개척 시대1865~1890년가 끝나고 찾아온 제국주의 시대1890~1918년에 설립된 소노코. 이 회사가 성장해온 과정에서 가장 눈에 띄는 점은 1930년대 대공황 시절부터 배당을 해왔다는 점 그리고 제1차 세계대전과 제2차 세계대전을 포함해 한 세기 동안 거의 모든 세상 풍파를 겪으며 살아남은 회사라는 점이다. 물론 과거의 성과가 미래의 성공을 보장하지는 않는다. 하지만 소노코처럼 업력이 쌓인 회사들은 이미 다양한 환경에 적응하며 살아남았기 때문에 미래의 예기치 않은 상황에서도 살아남을 확률이 그만큼 높다 하겠다.

또한 포춘Fortune Magazine에서 선정하는 "세계에서 가장 존경받는 기업World's Most Admired Companies"에 여러 차례 선정되었으며 특히 2015년부터 2019년까지 5년 연속으로 재무 건전성, 혁신, 사회적 책임 등 여러 분야에서 상위를 차지한 점은 주목할 만하다.

여러분이 투자를 고려하고 있는 회사가 있다면 국내 회사이건 미국 회사이건 IRInvestor relation 담당 부서에 직접 연락해보기를 추천한다. 아무래도 기관 투자자들에게 더 호의적으로 대응하겠지만 말이다. 소노코는 필자가 지금까지 연락을 취한 IR 중에서 가장 빠르고 성심성의껏 답변을 보내준 몇 안 되는 회사이다. 큰 부분이 아니라고 생각할 수도 있겠지만 달리 생각하면 사소한 질문 하나에도 적절한 대응을 하도록 체계가 잘 잡힌 회사이며 더 나아가 주주 친화적인 회사라는 판단을 가능하게 한다.

소노코는 산업재Materials 섹터 중 종이 포장재Paper Packaging 산업에 속해 있다.

12월이 결산월인 소노코는 2019년 1월부터 12월까지 2019 회계연도 기준으로 매출이 전년 대비 0.3% 감소한 53억 7천만 달러, 영업이익이 6.7% 증가한 4억 6천만 달러, 순이익과 EPS가 각각 7% 내외 감소한 2억 9천만 달러와 2.90달러를 기록했다. 더불어 매출총이익률 20%, 영업이익률 7.1%로 포장 산업 내에서도 준수한 편이고, 부채비율 28.5%로 경기가 침체할 경우에도 재무 영역에서 문제가 생길 확률은 낮아 보인다.

사업부문별 매출 비중은 소비재 포장 부문이 43%, 종이 및 산업 포장재 부문이 37%, 진열 포장Display & Packaging 부문과 보호 포장 부문이 각각 10%를 차지하고 있고, 사업지역별 매출 비중은 미국이 63%, 유럽이 20%, 캐나다가 4%, 그외 국가가 12%로 나타났다.

최근 분기별 실적을 살펴보면, 매출의 경우 최근 들어 성장세가 급격히 꺾인 양상

분기별 실적과 전망　12월 결산 및 Non-GAAP EPS 기준, (단위) 매출 : 백만 달러, EPS : 달러

구분	FY18				FY19			
	Q1	Q2	Q3	Q4	Q1	Q2	Q3	Q4
매출	1,304	1,366	1,365*	1,356*	1,352*	1,360*	1,354*	1,309*
EPS	0.74	0.93	0.86	0.84	0.85	0.95*	0.97	0.94
전망치	상회	상회	하회*	하회*	하회*	하회*	하회*	하회*

인데 비해 EPS는 지속적으로 개선되고 있다. 그리고 연간 기준으로 매출과 EPS 모두 2분기가 가장 강한 모습이다. 지난 4월 16일에 발표한 2020 회계연도 1분기 실적의 경우, 매출은 전년동기 대비 3.6% 감소한 13억 달러, EPS는 9.6% 증가한 0.80달러를 기록했다. 더불어 코로나 19 확산으로 인해 2020 회계연도 가이던스를 철회했다.

소노코의 주가는 2020년 4월 17일 기준으로 49.85달러, 시가총액은 50억 달러이다. 최근 12개월간 주가는 19.2% 하락했으며 최고가는 64.71달러, 최저가는 37.92달러이다. 그리고 소노코와 경쟁하고 있는 앰코어AMCR의 주가는 8.78달러, 시가총액은 140억 8천만 달러이고 2019년 6월 상장 이후 주가는 20.3% 하락했으며 최고가는 11.28달러, 최저가는 5.95달러이다. 그리고 인터내셔널 페이퍼IP의 주가는 31.85달러, 시가총액은 125억 3천만 달러이고 최근 12개월간 주가는 28.1% 하락했으며 최고가는 46.85달러, 최저가는 26.47달러이다.

소노코는 분기 단위로 배당금을 지급하고 있으며, 최근 1년간 배당금은 주당 1.72달러, 배당수익률은 +3.45%이다. 최근 5년간 연평균 배당 성장률은 6.01%이

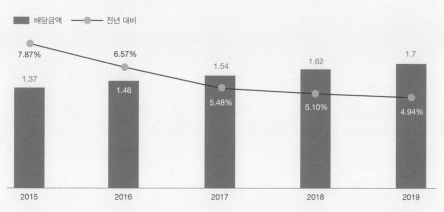

최근 5년간 배당 추이 자료 : Seekingalpha.com 및 Devidend.com

며, 95년간 배당금을 지급해왔고, 35년째 배당금이 증가하고 있는 "배당귀족" 종목이다. 또한, 최근 5년간 총 9억 5천만 달러를 배당과 자사주 매입으로 사용하는 등 상당히 주주친화적인 회사이다.

최근 3개월간 발표된 소노코에 대한 8건의 월스트리트 투자의견을 종합하면 "매수"이고, 향후 12개월간 목표주가는 최고 60달러, 최저 48달러, 평균 53.17달러로 현재가 대비 6.66%의 상승 여력이 있다.

배당 성장 25년의

지역 상업 은행

피플스 유나이티드 파이낸셜

People's United Financial Inc.
SIMBOL(CODE) PBCT
Nasdaq

STOCK DATA

산업	지역 은행
섹터	금융
직원수	5,500명
PER	9.69
EPS	1.28달러
배당	5.77%
매출액	18억 4천만 달러
1년간 매출 변화	+19.94%
결산월	12월

출처 WSJ (2020. 4)

피플스 유나이티드 파이낸셜

기업정보 더보기
유캔스톡

사업내용	대출, 예금, 유가증권, 자산관리 등
CEO	존 반스
창립	1842년 (브릿지포트 저축 은행) / 1927년 (브릿지포트 피플스 저축 은행)
본사	코네티컷 브릿지포트

COMPANY DATA

━━ 할리우드 영화를 보면 은행 강도가 심심치 않게 등장한다. 주인공일 때도 있고, 주인공과 대립 관계에 있는 빌런일 때도 있고 단순 조연일 때도 있다. 그런데 배경이 되는 은행을 보면 모두 같은 듯하지만 다른 모습이다. 엄청 넓고 고급스러운 점포인 경우도 있고, 일반 사무실 같아 보이는 경우도 있다. 우리나라 같으면 K은행, W은행, S은행, N은행 중 하나일 가능성이 높으니 어딘지 대충 알지만 미국의 경우 어느 은행인지 알기가 쉽지 않다.

미국에는 그야말로 무수히 많은 은행들이 있다. 2019년 9월 현재 우리나라의 일반 은행상업 은행, commercial bank은 14개인데 비해 미국은 약 1,840개에 이른다. 무려 130배가 넘는 숫자이다. 앞서 소개한 미국의 4대 은행을 포함해 점포 100개 이상을 운영하는 은행은 84개에 지나지 않는다. 다시 말해 미국의 약 1,700여 개의 은행은 특정 지역을 기반으로 영업하는 지역 은행이거나 온라인 기반의 은행들이다. 그러니 영화에 등장하는 은행의 모습이 각양각색인 것도 어쩌면 당연하다.

대부분의 국내 투자자들은 미국 금융 혹은 회사에 대한 투자를 고려할 때, 미국 4대 은행인 제이피모간 체이스JP Morgan Chase & Co, JPM, 뱅크 오브 아메리카Bank of America, BAC, 웰스 파고Wells Fargo & Co, WFC, 씨티그룹Citigroup, C 정도를 고민한다. 이들 은행이 워낙 유명하고 압도적이다 보니 미국에 있는 다른 지역 은행에 대해서는 알아볼 생각도 하지 않는다. 그런데 지역 은행이라고 해서 무시할 것이 아니다. 우리나라 K은행과 W은행의 자산이 약 3천억 달러 규모인데 반해 미국 1위 은행인 제이피모간 체이스의 자산은 약 2.3조 달러, 뱅크 오브 아메리카가 약 1.8조 달러로, 6배 이상 차이가 난다. 다시 말해 미국의 지역 은행에서도 좋은 투자의 기회를 찾을 수 있는 것이다.

그래서 준비했다! 1,840개의 미국 은행 중 자산규모 기준 38번째 상업 은행으로 총 자산 590억 달러의 규모인 피플스 유나이티드 파이낸셜People's United

Financial, **PBCT**, 이하 피플스 유나이티드이다.

미국 북동부 지역과
함께해온 역사

피플스 유나이티드는 1842년 코네티컷주의 브릿지포트시市에서 브릿지포트 저축
은행Bridgeport Savings Bank이라는 이름으로 설립되었다. 당시는 미 7대 대통령인 앤
류 잭슨Andrew Jackson이 미 대륙 서쪽으로 영토를 개척하면서 플로리다에 거주하
던 세미놀 부족 인디언들을 미시시피 강 서쪽으로 이주시키려는 정책을 추진하며
세미놀 전쟁Seminole War이 발발한 시기이다.

이렇듯 피플스 유나이티드의 시작은 미국의 역사와 함께였으며, 미국의 다른 대
형 은행들과 마찬가지로 지속적인 인수합병을 통해 현재까지 성장해왔다. 특히 피
플스 유나이티드는 보수적인 경영을 통해 경기 침체 시기에 더욱 활발한 인수합병
을 진행해왔다. 물론 과거의 성과가 미래의 성과를 보장하지 않지만 지난 177년간
의 역사를 볼 때 앞으로 닥칠 경기 침체 시
기에 어떻게 대응할지 충분히 상상해볼 수
있다.

피플스 유나이티드는 1988년 7월 상장
후 2007년까지 20년간 5차례의 주식분할
을 실시했고, 현재 주가는 16.65달러로 상
장 당시 1.22달러의 13배가 넘는 수준이다.

▶ 피플스 유나이티드의
주요 사업지역인 뉴잉글랜드주
5개 지역

메인

버몬트

뉴
햄프셔

매사추세츠

코네티컷

회사 규모와 영업 전략

피플스 유나이티드는 미국 북동부의 뉴잉글랜드 지역 5개 주인 코네티컷주, 메인주, 매사추세츠주, 뉴햄프셔주, 버몬트주를 중심으로 402개의 영업점을 운영하고 있으며 임직원 수는 약 5,500명이다. 총자산 규모는 520억 달러이며 상업 은행의 심장이라고 할 수 있는 예금 규모는 86억 달러, 이 예금을 이용한 대출 규모는 388억 달러이다.

최근 미국뿐 아니라 우리나라 은행들도 영업점 수를 축소하고, 모바일과 온라인 영업을 강화하고 있다는 사실을 여러분도 잘 알 것이다. 그런데 피플스 유나이티드는 정반대로 영업점 수를 늘리고 있다. 왜일까? 상업 은행으로서 자신들의 강점이 고객과의 관계에서부터 형성된다고 생각하고 있기 때문이다. 회사명에도 '사람'이 포함되어 있을 정도이니 회사의 철학을 어림짐작할 만하다. 영업 전략 역시 사람과 지역에 근거하고 있는데, 예를 들어 각 지역 고객의 대출 관련 결정은 본사가 아닌 지역별 매니지먼트에서 결정한다. 그리고 많은 미국 은행과 기업들이 콜센터를 비

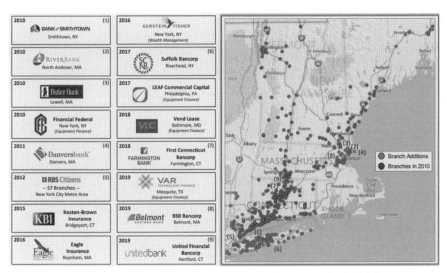

▶ 피플스 유나이티드의 인수합병 이력과 영업점 분포 추이(출처 : 피플스 유나이티드 홈페이지)

용 문제 등으로 미국 외 지역에서 운영하지만, 피플스 유나이티드는 본사가 위치한 코네티컷주 브릿지포트시와 버몬트주 벌링턴시에서 운영하고 있다는 것 또한 주목할 만하다.

피플스 유나이티드의 사업부문

피플스 유나이티드는 상업 은행으로서 대출, 예금, 유가증권, 자산관리 등 4개의 사업부문을 영위하고 있다.

대출

피플스 유나이티드의 대출 규모는 388억 달러로, 크게 상업commercial 대출71%과 소매retail 대출29%로 구성된다. 상업 대출에는 상업용 부동산 대출32%, 상업 및 산업용 대출27%, 기계 장비 담보 대출12% 등이 있는데 오피스 빌딩, 병원, 제조 공장, 보험사, 건설, 건강 서비스 등 다양한 산업에서 대출을 진행하고 있다.

그리고 소매 대출에는 주택담보Residential Mortgage 대출24%과 홈 에쿼티home equity & other consumer 대출5% 등이 있는데 주택담보 대출금리의 경우 고정금리 26%, 변동금리 74%로 금리인상 국면에서 추가적인 이자마진을 얻을 수 있는 구조이다. 참고로 피코 신용점수FICO score®가 주택담보 대출의 경우 758, 홈 에쿼티 대출의 경우 771로 여타 상업 은행들과 비교할 때 높아, 피플스 유나이티드의 대출 심사가 깐깐하다는 것을 알 수 있다.

이렇듯 피플스 유나이티드는 안정적인 대출 비중을

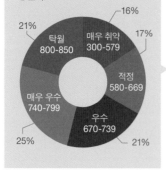

● 피코 신용점수

페어 이삭 코퍼레이션(Fair Isaac Corporation, FICO)이 만든 신용평가 점수제도로, 미국 대부분의 대출기관이 피코 신용점수를 참고해서 대출을 진행한다. 피코(FICO)는 신용평가 점수제도를 만든 회사이며 피코 신용점수는 이퀴팩스(Equifax, EFX), 익스피리언(Experian, EXPGY), 트랜스유니온(TransUnion, TRU) 등이 제공하는데 아래와 같은 등급으로 구성된다.

16%
21%
탁월 800-850
매우 취약 300-579
17%
적정 580-669
매우 우수 740-799
우수 670-739
25%
21%

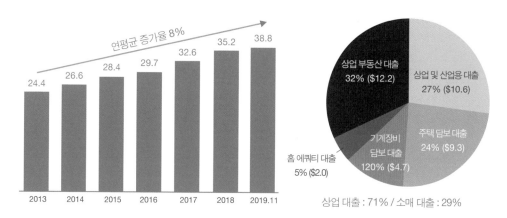

대출 규모 추이 및 비중 현황 단위 : 십억 달러 / 자료 : 피플스 유나이티드

연평균 증가율 8%

24.4 26.6 28.4 29.7 32.6 35.2 38.8

2013 2014 2015 2016 2017 2018 2019.11

상업 부동산 대출
32% ($12.2)

상업 및 산업용 대출
27% ($10.6)

주택 담보 대출
24% ($9.3)

기계장비
담보 대출
120% ($4.7)

홈 에쿼티 대출
5% ($2.0)

상업 대출 : 71% / 소매 대출 : 29%

보유하고 있으며, 대출 규모의 연평균 성장률은 8%로 꾸준히 증가 중이고 그에 따른 이자수익율도 오르는 추세이다.

대출의 지역별 비중은 본사가 있는 코네티컷주가 28%로 가장 높고, 뉴욕주와 매사추세츠주가 각각 18%, 버몬트주 8%, 뉴햄프셔주 5%, 메인주 4% 그리고 뉴저지주 3% 등으로 6개 주가 전체 대출의 85% 가까이를 차지한다. 미 동부 지역은 고소득자 비중이 타 지역에 비해 상대적으로 높은 편이다. 미 50개 주 중 가구 중위 소득 기준으로 뉴저지주는 2위8만 88달러, 매사추세츠주가 4위7만 7천385달러, 코네티컷주는 5위7만 4천168달러, 뉴햄프셔주가 6위7만 3천381달러로 전체 대출의 54%가 소득 상위 10개 주에서 발생하고 있다. 뉴욕 같은 경우 지역 내 소득 편차가 크다는 점을 감안하면 피플스 유나이티드는 미국 내에서도 비교적 안정적인 지역에서 사업을 영위하고 있다는 사실을 알 수 있다.

더불어 은행을 분석할 때 많이 살펴보는 지표 중 하나가 순대손충당금을 평균대출로 나눈Net Charge-Offs to Average Loans● 비율이다. 2008년부터 2018년까지 미국 은행들의 중간값은 0.58%인데, 피플스 유나이티드는 0.17%이었다. 지난 1년간은 약 0.06으로 상당히 안정적으로 대출을 관리하고 있다.

예금　피플스 유나이티드의 예금 규모는 총 386억 달러인데 주별 비중은 코네티컷주 54%, 매사추세츠주 15%, 뉴욕주 15%, 버몬트주 9%, 뉴햄프셔주 4% 그리고 메인주 3% 등으로 구성된다. 상업 은행의 기반이 되는 예금의 연평균 성장률은 현재 10%이며 지속 증가하는 추세이다.

　피플스 유나이티드의 예금 규모는 뉴잉글랜드 지역을 통틀어 4위, 코네티컷주 2위, 버몬트주 1위, 그리고 뉴햄프셔주 5위 등으로 시장 점유율 상위를 차지하고 있다. 코네티컷주의 안정적인 사업을 기반으로 지난 2010년부터 뉴욕주와 매사추세츠주의 다른 상업 은행들을 공격적으로 인수하고 있어 이들 지역에서의 예금 규모 역시 지속적으로 성장하리라 판단된다.

유가증권　피플스 유나이티드가 관리하고 있는 유가증권의 규모는 총 71억 달러이며 그 구성을 보면 준정부기관이 발행한 주택저당증권 50%, 지방 정부 채권 34%, 연방 정부 채권 및 무담보 채권 11%, 연방준비은행과 연방주택은행 및 기타 5% 등으로 신용도가 낮은 유가증권의 보유 비중이 현저히 낮음을 알 수 있다. 또한 부채담보증권, 대출채권담보증권, 금융기관이 발행한 주택저당증권 등은 보유하지 않고 있어, 이를 통해 피플스 유나이티드의 보수적 경영 방침을 다시 한번 확

유가증권 관련, 알아두면 좋은 용어들

은행들의 유가증권 포트폴리오를 보면 MBS, ABS, CLO, CDO 등의 용어가 등장하는데 이에 대해 간략히 정리하면 다음과 같다.

- MBS Mortgage Backed Securities : 주택저당증권
  - Agency MBS: 준정부기관들인 페니메 Fannie Mae (188페이지 참고), 프레디멕 Freddie Mac (188페이지 참고), 지니메 Ginnie Mae (188페이지 참고)가 발행하는 주택 저당증권
  - Non-Agency MBS: 사기업인 금융기관이 발행하는 주택저당증권
- CMBS Commercial Mortgage Backed Securities: 상업용 건물저당증권
- ABS Asset Backed Security : 자산유동화증권, 유동화 중개기관이 자산을 소유자에게서 분리해 만든 증권
- CDO Collateralized Debt Obligation : 부채담보증권, 회사채권이나 대출채권을 상품으로 유동화시킨 신용파생상품
- CLO Collateralized Loan Obligation : 대출채권담보증권, 신용이 낮은 기업들의 대출채권을 담보로 발행하는 채권

인할 수 있다. 실제로 지방 정부의 신용등급이 모두 다르며, 피플스 유나이티드는 신용도 AA 이상의 채권들만 매입하고 있다.

자산관리　피플스 유나이티드의 자산관리 부문은 2016년 뉴욕의 투자관리 회사인 걸스테인 피셔 Gerstein Fisher 를 인수하면서 그 규모가 급팽창했다. 2018년 기준 총 860만 달러의 자산을 관리 중이며 연평균 성장률은 10%로 고성장세를 이어가고 있다. 참고로 걸스테인 피셔는 정량투자를 기본 원칙으로 한다.

페니메, 프레디멕, 지니메란?

3개 회사들은 전부 정부지원 모기지 대출 회사라고 보면 된다. 주택대출 희망자들이 은행과 같은 금융회사에서 대출을 받을 수 있게 자금을 제공하고, 규제와 가이드라인 등을 정하는 일도 한다.

• 페니메(연방저당권협회)Fannie Mae : Federal National Mortgage Association
1938년 루즈벨트 대통령의 뉴딜정책 중 하나로 주택저당증권을 보증하기 위해서 만들어졌으며, 이렇게 정부지원 기관이 보증한 주택저당증권은 투자자들에게 다시 팔린다. 페니메로 인해서 대출기관들은 더 이상 개인의 자금에 의존하지 않게 되고, 이는 대출기관의 숫자를 증가시키는 결과를 낳았다.

• 지니메Ginnie Mae: Government National Mortgage Association
1968년 설립된 주택도시개발부Department of Housing and Urban Development, HUD의 부설 기관이다. 연방주택관리국Federal Housing Administration, FHA 대출, 퇴역군인 Veteran Affairs, VA 대출, 미국농림부United States Department of Agriculture, USDA 대출 같이 통상적인 일반 주택대출이 아닌 주택대출들을 관리한다.

• 프레디멕Freddie Mac: Federal Home Loan Mortgage Corporation
1970년 설립된 페니메와 비슷한 목적을 가진 기관이며, 저당시장의 활성화를 위해 추가로 정부가 설립한 기관이다. 페니메는 대형 시중 은행들의 대출을 구입하고, 프레디메는 작은 규모의 은행들이나 대출회사들의 대출을 구입하는 것이 페니메와의 차이점이다.

상업 은행의 핵심지표, 순이익

상업 은행의 사업 모델은 고객이 맡긴 예금을 이용해 대출을 실행하고, 대출에 따른 이자수익을 획득하는 형태로 매우 단순하다. 이에 따라 대출의 규모가 바로 은행의 매출이 되는 구조이고, 대출을 통해 얻는 이자수익이 상업 은행 수익의 대부분을 차지한다고 생각하면 이해가 빠를 것이다. 은행의 수익은 크게 순이자수익°과 비이자수익°으로 나뉘는데, 피플스 유나이티드의 경우 순이자수익이 70%, 비이자수익이 30%를 차지하고 있다.

순이자수익의 경우 2013년 8억 9천만 달러에서 2018년 12억 4천만 달러로 40% 가까이 증가했고, 연평균 성장률은 7%를 기록하고 있다. 순이자마진net interest margin°은 3.12%로 비슷한 규모의 자이온스 뱅코프Zions Bancorporation, ZION, 이하 자이온스의 3.48% 보다 살짝 낮은 수준이다.

비이자수익은 2018년 기준 3억 8천만 달러인데 현재와 같은 저금리 시대에는 은행들이 비이자수익을 증가시키기 위해서 노력한다. 피플스 유나이티드의 경우도 예외가 아니며 전체 수익에서 비이자수익의 비율을 늘리기 위해 많은 노력을 기울이고 있으니, 관심 있는 독자분들은 이 부분을 주의 깊게 봐야 할 것이다.

● 순이자수익과 비이자수익

순이자수익(Net Interest Income, NII)은 은행이 고객이 맡긴 예금을 통해서 개인 혹은 상업 대출, 주택담보 대출, 유가증권 투자 등으로 벌어들인 수익 중 예금에 따른 이자 지급비용을 차감한 값이다. 쉽게 이야기하자면 "이자수익 – 이자지출 = 순이자수익"이 된다.

비이자수익(Non-Interest Income)은 은행이 벌어들인 수익 중 이자로 벌어들인 수익이 아닌 예금 부족 수수료, 송금, 이체, 계좌유지비, 개인수표 용지, 투자 관리 수수료, 보험 판매 등으로 벌어들인 것을 말한다. 미국은 한국과 달리 계좌를 유지하는 데 비용을 부과하는 경우가 많고, 여전히 개인수표를 사용하고 있다.

● 순이자마진

순이자마진(Net Interest Margin, NIM)은 은행의 수익을 측정할 수 있는 또 다른 지표로, 대출에서 벌어들인 이자에서 예금 이자, 유가증권 수익 등을 차감한 순이자수익을 이자가 발생하는 자산(대출, 유가증권 등)으로 나눈 것이다. 예를 들어 자산이 100달러, 대출이자 수익이 10달러, 예금이자 지출이 5달러일 때, 순이자마진은 5%가 된다. 참고로 순이자마진(순이자수익을 이자를 발생시키는 자산으로 나눈 값)은 비금융회사의 매출총이익과 같은 개념으로 볼 수 있다.

공격적인 확대로 초대형 은행들과
경쟁할 준비

● **신디케이션 플랫폼**

신디케이션이란, 공동의 목적을 달성하기 위해 여러 독립된 경제주체들이 잠정적으로 일시적인 조직을 만들어 자원을 모으고 위험을 공유하며 전문적인 금융 서비스를 제공하는 것을 말한다. 은행의 경우 대규모의 사채 발행이나 국제은행의 차관 등을 추진하기 위해 주간사은행의 주관 하에 차관단을 구성하는 것을 의미한다. 일반적으로 대출의 규모가 크고 기간이 긴 사업의 경우에 위험을 분산하기 위해 이러한 방식을 활용한다. 이에 신디케이션 플랫폼이란, 신디케이션 활동이 가능하도록 진행하고 지원하는 역할을 수행하는 일종의 기반 체계이다.

피플스 유나이티드 역시 다른 은행들과 마찬가지로 온라인과 디지털 뱅킹에 대한 투자를 지속하고 있으며 미국 내 초대형 은행들과 경쟁을 위해 신디케이션 플랫폼●을 추진하고 있다.

더불어 미 동부 지역에서 활발한 인수합병 전략을 통해 영업점을 확장하고 있다. 이는 피플스 유나이티드가 앞으로도 고객들과 친밀한 관계를 유지하는 것을 경영의 기본 원칙으로 삼을 것임을 의미한다. 인수합병 전략을 통해 회사의 자산 규모도 더욱 확대되는 추세이다. 특히 뉴욕시와 보스턴시에서 최근 10년간 많은 상업 은행을 인수했는데, 2012년 뉴욕시에 있는 알비에스 시티즌즈RBS Citizens과 2017년 롱아일랜드에 있는 서퍽 밴코프 Suffolk Bancorp 그리고 2011년 덴버스시의 덴버스은행Danversbank과 2019년 벨몬트시에 있는 비에스비 밴코프BSB Bancorp 등이 대표적이다.

경쟁하고 있는 주요 업체

비슷한 규모의 경쟁사로는 총자산 약 690억 달러의 자이온스가 있다. 본사는 유타주의 솔트레이크시에 있어서 같은 지역에서 직접적으로 경쟁하는 회사는 아니다. 하지만 약 150년간 유타주를 중심으로 하는 서부 산맥intermountain west 지역에서 약 440여 개의 영업점을 위주로 운영하며 지역사회 산업 은행으로써 사업을 영위하는 점이 많이 비슷하다. 특히 유타주는 몰몬교가 중심이 되는 상당히 보수적인 지역이다. 예를 들어 편의점이나 마켓에서 알코올 도수가 5% 이상인 맥주 판매는 금지되어 있고, 도수가 그보다 높은 맥주들은 주정부가 운영하는 주류 판매점에서 구입이 가능하다. 이런 지역 성향에 따라 자이온스 또한 피플스 유나이티드와 비슷하게 상당히 보수적으로 운영한다. 자이온스의 순대손충당금을 평균대출로 나눈Net Charge-Offs to Average Loans 비율186페이지 참고은 0.01%로 피플스 유나이티드의 0.17%보다 현저하게 낮은 점도 눈 여겨 볼만 하다. 자이온스에 대해 관심 있는 투자자들은 홈페이지www.zionsbank.com를 참조하길 바란다.

피플스 유나이티드는 금융Financials 섹터 중 지역 은행Regional Banks 산업에 속해 있다.

12월이 결산월인 피플스 유나이티드는 2019년 1월부터 12월까지 2019 회계연도 기준으로 매출이 전년 대비 15% 증가한 18억 4천만 달러, 영업이익이 13% 이상 증가한 6억 5천만 달러, 순이익은 11% 넘게 증가한 5억 2천만 달러 그리고 EPS가 1.5% 감소한 1.28달러를 기록했다.

미국에서 모든 매출이 발생하는 피플스 유나이티드의 사업부문별 매출 비중은 상업 은행 부문이 65%, 소매 은행 부문이 전체의 32%, 채권 및 기타 부문이 3%를 차지했다.

최근 분기별 실적을 살펴보면, 매출은 전년동기 대비 13% 이상 증가하고 있고, EPS는 6% 넘게 증가하는 추세이다. 그리고 연간 단위 기준으로 매출은 2분기와 4분기에 상대적으로 강한 모습이다. 2020년 4월 23일에 발표한 2020 회계연도 1분

분기별 실적과 전망　12월 결산 및 Non-GAAP EPS 기준, (단위) 매출 : 백만 달러, EPS : 달러

구분	FY18				FY19			
	Q1	Q2	Q3	Q4	Q1	Q2	Q3	Q4
매출	393*	403	405*	428*	435*	462	462	514
EPS	0.30*	0.32	0.33*	0.36	0.33*	0.34	0.34	0.37
전망치	하회	상회	하회	하회	하회	상회	상회	상회

기 실적을 보면 매출이 전년동기 대비 21% 이상 증가한 5억 2천만 달러, EPS가 전년동기와 동일한 0.33달러를 기록하며 모두 전망치를 상회했다.

피플스 유나이티드의 주가는 2020년 4월 17일 기준으로 11.48달러, 시가총액은 48억 7천만 달러이다. 최근 12개월간 주가는 32.1% 하락했으며 최고가는 17.04달러, 최저가는 9.51달러이다. 그리고 피플스 유나이티드과 경쟁하고 있는 **자이온스 ZION**의 주가는 29.08달러, 시가총액은 47억 6천만 달러이고 최근 12개월간 주가는 38.5% 하락했으며 최고가는 52.05달러, 최저가는 24.08달러이다.

피플스 유나이티드는 분기 단위로 배당금을 지급하고 있으며, 최근 1년간 배당금은 주당 0.71달러, 배당수익률은 +6.18%이다. 최근 5년간 연평균 배당 성장률은 1.48%이며, 27년째 배당금이 증가하고 있는 "배당귀족" 종목이다.

최근 3개월간 발표된 피플스 유나이티드에 대한 3건의 월스트리트 투자의견을 종합하면 "보유"이고, 향후 12개월간 목표주가는 최고 13.50달러, 최저 9.50달러, 평균 11.50달러로 현재가 대비 0.17%의 상승 여력이 있다.

최근 5년간 배당 추이 자료 : Seekingalpha.com 및 Devidend.com

배당금액 ―●― 전년 대비

	2015	2016	2017	2018	2019
전년 대비	1.52%	1.50%	1.48%	1.45%	1.43%
배당금액	0.6675	0.6675	0.6875	0.6975	0.7075

뉴지랭크US종목진단 결과

[종합점수]

57

피플스 유나이티드에 대한 뉴지랭크US의 종목진단 결과, 종합점수는 57점으로 양호하다. 모멘텀 점수는 61점으로 유니버스 그룹 내 종목들에 비해 상대적으로 수급과 거래량이 좋고, 펀더멘탈 점수는 53점으로, 상대적으로 양호한 재무구조를 보이고 있다.

베타 지수는 0.89로 시장 변화에 영향을 받아 상승장에 유리하고, 시즈널 지수의 경우 연중 최저점이 10월 초, 연중 최고점이 12월 말이며 그 차이가 30을 넘어 연간 주가 상승률이 보통 수준이다. 롱텀 지수 상 '바닥'에 위치하고 있는 피플스 유나이티드의 현재 주가는, 엔벨 지수 상 중심선을 상회하고 있어 단기적으로 추가 상승 가능성이 있다.

최신 결과 보기
뉴지랭크US

모멘텀점수	펀더멘탈점수	베타	롱텀	엔벨
61	53	0.89	바닥	중심선 상회

어디를 가든 눈에 띄는

미국 옥외 광고의 역사

라마르 애드버타이징

Lamar Advertising Co.
SIMBOL(CODE) LAMR
Nasdaq

라마르 애드버타이징

산업	특수리츠
섹터	부동산
직원수	3,600명
PER	13.68
EPS	3.71달러
배당	7.9%
매출액	17억 5천만 달러
1년간 매출 변화	+7.77%
결산월	12월

출처 WSJ (2020. 4)

기업정보 더보기
유캔스톡

사업내용	옥외 광고
CEO	숀 라일리
창립	1902년
창립자	찰스 라마르, 제이엠 코
본사	루이지애나 배턴루지

━━ 출장이나 여행으로 미국을 방문하게 되면 입국 순간부터 놀라움의 연속일 것이다. 모든 것이 정말 크고 넓기 때문에 그 규모에 순간 압도당하게 된다. 공항을 빠져나와 드넓은 고속도로를 30분 이상 달려 숙소로 이동할 때도 마찬가지다. 무슨 광고판이 그렇게도 큰지 넋 놓고 광고판을 쳐다보다 목이 꺾이는 일이 다반사다.

아래 사진은 미국의 흔한 고속도로 모습이다. 미국의 독자라면 일상생활에서 너무 쉽게 접하는 광경이라 '그냥 평범한 고속도로인데?' 생각할 수도 있다. 현재 미국에 살고 있는 필자도 예전에는 그냥 지나쳤고, 크게 관심이 없었던 것이 사실이다.

그렇다면 다시 한번 사진을 보자. 고속도로 옆에 늘어선 대형 빌보드 광고판들. 미국에서는 그야말로 흔한 풍경이다. 더욱이 고속도로에 광고판이 한동안 보이지 않으면 광고판이 언제 나타날지 도리어 궁금해진다. 광고판이 눈에 띈다는 건 어느 정도 유동인구가 있다는 것이고, 인터체인지 등에 다다랐다는 뜻이기도 하다.

그럼 투자자의 관점으로 돌아가 여기서 돈의 흐름을 생각해보자. 이 광고판들로 누군가는 수익을 창출하지 않을까? 별도의 회사일까, 아니면 고속도로 관리 회사일까? 이도 저도 아니라면 정부기관의 소유일까?

이번에는 도심의 풍경을 생각해보자. 뉴욕시 같은 큰 도시에 머물 때 길거리를

▶ 미국 고속도로에 설치된 라마르의 옥외 광고판 (출처 : 라마르 홈페이지)

걷다 보면 건물 벽면의 디지털 광고물, 대형 현수막, 포스터 등을 많이 볼 수 있다. 물론 한국에서도 접할 수 있지만 규모의 차이는 엄청나다.

마찬가지로 투자자 입장에서 생각해보자. 건물 소유주들이 직접 회사와 계약하고 해당 회사의 광고물을 일정 기간 걸게 해주는 것일까, 아니면 광고 관리 회사가 따로 있을까? 힌트는 광고판 아래쪽에 작게 쓰여 있는 글씨에 있다. LARMAR, 미국 야외 광고 1위 회사인 **라마르 애드버타이징**Lamar advertising, **LAMR**, 이하 라마르 이다.

라마르의 주가는 2016년 2월 50달러를 하회한 47.74달러를 기록한 후 반등해 2019년 6월 말에 80달러를 돌파하고 12월 초에 85달러에 이르는 등 현재까지 80% 가까이 상승했다.

야외 포스터 광고 회사로
평범한 시작

1902년 플로리다주 펜사콜라시에서 소형 포스터 광고 회사를 설립한 제이엠 코J.M. Coe는 사업 초기에 주로 펜사콜라 오페라 하우스 근처의 유동 인구를 타깃으로 포스터 광고를 진행했다. 한편, 1906년 같은 도시에서 영업 중이던 **펜사콜라 아메리칸 내셔널 은행**American national bank of Pensacola의 회장인 찰스 라마르Charles W. Lamar는 코의 포스터 광고를 눈여겨보다가 사업 파트너가 되기로 했다. 참고로 당시 포스터를 야외 광고에 활용하게 된 것은 1796년 석판 인쇄술이 개발된 덕분이었다. 2년 뒤인 1908년, 이 둘은 파트너십을 종료하고 사업권을 분할했다. 이때 찰스 라마르가 수익성이 좋지 않은 야외 광고 부문을 소유하게 되었고, 사명을 라마르 야외 광고Lamar outdoor advertising company로 변경했다.

수익성이 좋지 않았음에도 라마르는 몇 차례 성장의 기회를 마주한다. 당시 포드F가 자동차의 대중화를 이끈 '모델 티Model T'를 개발해 판매하기 시작하고, 많은 사람들이 도로를 이용하게 되면서 야외 광고

▶ 1965년 당시 미국 고속도로 옥외 광고(출처 : 라마르 홈페이지)

의 수요가 증가한 것이다. 다음으로 1940년대 초반 제2차 세계대전 중 정부가 발행한 채권의 판매 및 전쟁 지원금 후원 관련 광고에서 라마르는 중요한 역할을 담당하게 되었다.

가장 큰 성장의 기회는 그로부터 약 10년 후인 1956년에 찾아왔다. 아이젠하워 대통령이 미국 내 50개 주를 연결하는 총 길이 6만 6천 킬로미터4만 1천 마일의 고속도로 건설을 승인하면서 새롭게 건설되는 고속도로를 따라 라마르가 야외 광고를 설치했고, 이를 통해 미국 전역으로 사업을 확장하게 되었다. 그 이후 지속적인 인수합병과 새로운 야외 광고 개발 및 설치를 통해 미국에서 가장 큰 야외 광고 회사로 자리매김했다. 그리고 약 3,600명의 임직원과 함께 지금까지 사업을 안정적으로 운영하고 있다.

미국 야외 광고 시장과
라마르의 전략

2019년 기준으로 미국의 야외 광고 시장은 87억 달러이다. 608억 달러에 달하는 검색 광고 시장의 14% 수준으로, 작은 규모이지만 니치niche, 틈새 마켓으로 그 존재감은 분명하다.

업체별 시장 점유율을 살펴보면 2018년 기준으로 1위 업체인 라마르와 2위 업체인 아웃프론트 미디어Outfront Media, **OUT**가 전체 시장약 34만 2천 개의 절반에 가까운 44%를 차지하고 있다. 여기에 시장 점유율 17%로 3위를 차지하고 있는 클리어 채널 아웃도어Clear Channel Outdoor, **CCO**를 합하면 전체의 3분의 2에 해당하는 시장을 상위 3개 회사가 점유하고 있는 셈이다.

참고로 야외 광고 시장은 리츠 대표 ETF인 VNQVANGUARD IX FUN/RL EST IX FD ETF에서 비중이 약 1%이다. 미미한 비율 아니냐고? 미국은 어마 무시하게 크고 넓은 나라이다. 50개 주에 면적은 자그마치 약 982만 제곱킬로미터로, 지역별 중소업체가 아직 많이 존재한다. 여전히 독보적인 1위가 없는 상황은 그야말로 춘추전국시대를 방불케 한다.

접근이 용이한 인터넷이나 스마트폰을 이용한 검색 혹은 개인맞춤형 광고의 시장 규모가 지속적으로 성장하고 있다. 이런 온라인 광고들은 차단 프로그램으로 거를 수 있고, 보지 않으면 그만이다. 하지만 짧은 시간 동안 많은 사람에게 노출되는 야외 빌보드 광고는 이 점에서 차이점이 분명하다. 많은 미국인이 자동차로 출퇴근하는 상황을 생각해보자. 고속도로 위에 설치된 광

미국 야외 광고 시장 점유율 현황
자료 : 아웃프론트 투자자 설명회

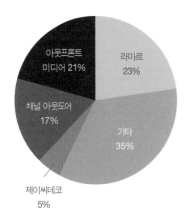

▶ 도심 옥외 광고(디지털 광고) 사례

도판들은 운전자가 졸거나 광고판이 보기 싫다고 눈을 감지 않는 이상 지속적으로 노출될 수밖에 없다. 여기에 더해 교통체증이 발생하면 사람들은 한 번쯤 주위를 둘러보게 된다. 물론 자율주행차가 현실화되면 달라질지 모르겠다. 싫으나 좋으나 쳐다봐야 하는 구조물인 것이다. 또, 보행 중 길거리를 걷다가 버스에 부착된 광고들이 눈길을 끄는 일을 자주 경험했을 것이다. 이처럼 야외 광고물들은 비용 대비 효율이 좋아 광고주들에게 상당히 매력적으로 느껴진다.

참고로 미국 야외 광고 협회Out of Home Advertising Association가 실시한 인터넷 검색 광고의 효율성에 대한 연구 결과에 의하면, 인터넷 사용자 중 약 54%가 중간에 있는 광고를 보지 않는다고 한다. 굳이 연구를 통하지 않더라도, 나 자신이 인터넷을 검색하면서 옆에 있는 광고를 유심히 보는지 아니면 짜증스러워하는지 생각해 보면 답이 나온다.

업계 1위인 라마르는 야외 빌보드 광고에 집중하고, 2위인 아웃도어 미디어는 트랜싯 광고transit advertising. 버스, 지하철, 택시 등의 내외부에 부착되는 광고유형에 집중하고 있다. 이들의 공통점은 인구 밀집도가 높은 지역들에서 매출이 3~4배 높은 디지털 광고 숫자위의 이미지 참고를 증가시키고 있다는 점이다.

광고 산업의 특성에 따른 시의적절한 대응

라마르의 10대 고객사는 쿠어스Monson Coors, **TAP**, 버라이즌 커뮤니케이션즈Verizon, **VZ**, 크래커 배럴Cracker barrel, **CBRL**, 에이티 앤 티AT&T, **T**, 쉬츠Sheetz, 버거킹Burger King, **QSR**, 해러스Harrah's, **ERI**, 다이아지오Diageo, **DEO**, 펜실베이니아 로터리Pennsylvania lottery, 맥도날드Mcdonald's, **MCD** 등이다. 라마르는 이들 주요 고객사를 포함하여 주 정부부터 영화사까지 다양한 고객사를 보유하고 있다.

경기의 영향을 크게 받는 광고 산업의 특성상 라마르 투자를 고려할 때 한 가지 유념해야 할 사항은 영업마진이 낮다는 점이다. 다른 리츠의 영업마진은 약 70%인데 비해 라마르의 영업마진은 약 30% 이하에 불과하다. 아무래도 영업인력을 규모에 비해서 크게 운영해야 하고, 구조물들도 정기적으로 관리해야 하기 때문이다. 하지만 구조물 설치나 유지 보수를 위한 자본적 지출이 매출 대비 약 5% 정도이므로 크게 우려할 부분은 아닌 것으로 판단된다.

한 가지 더 살펴볼 것은, 구조물들을 설치하는 땅은 장기 5~15년으로 임대하는데 비해 광고 계약은 1개월에서 1년 등 비교적 짧은 기간 단위로 이루어진다는 점이다. 광고주는 해당 기간 동안 진행한 광고의 효과를 분석한 후 재계약 여부를 결정한다. 이에 라마르는 자연스레 경기 침체기를 대비하고 이겨내는 전략을 터득하게 되었다. 일례로, 야외 광고 구조물이 설치된 땅의 약 10%만 소유하고 나머지 90%는 임대하는 식이다. 이 방식은 경기 침체기에 접어들면 땅의 임대료를 탄력적으로 조정해서 고정비를 줄이기 위함이다.

또 다른 예를 들자면, 전국 광고보다 각 지역에 소재한 중소 규모 기업들의 광고 매출을 높게 유지하는 방식이 있다. 이는 미국 전역을 대상으로 하는 대형 기업들에 비해 지역 경제를 기반으로 한 중소기업들이 경기에 덜 민감하기 때문에 가능하다. 실제로 라마르의 매출을 보면 어떠한 그 고객사도 총매출의 2%를 넘지 않는다. 또한, 고속도로를 따라 있는 야외 빌보드 광고판들에 셀 타워셀룰러 기지국를 설치하는데, 이는 추가 매출의 기회가 되고 있다.

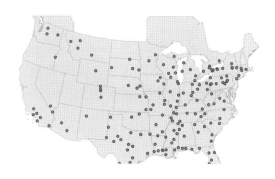

▶ 라마르의 사업 범위(출처 : 라마르 홈페이지)

야외 광고업의 경제적 혜자

고속도로 근처에 빈 땅이 있다면 아무나 쉽게 야외 광고 구조물을 설치할 수 있지 않을까 생각할 수 있다. 하지만 야외 광고용 구조물 설치를 위해서는 각 주별로 허가를 받아야 하며, 구조물의 숫자가 제한되기 때문에 보통 기존의 구조물 주변에는 거의 허가를 내주지 않는다. 따라서 야외 광고 시장은 니치 마켓인 동시에 새로운 도전자가 마구잡이로 뛰어들 수 없는 일종의 진입장벽이 존재하는 산업구조를 지니고 있다. 참고로 미국은 1965년부터 연방 고속도로를 따라서 신규 야외 광고 구조물을 설치할 수 없도록 법으로 규제하고 있다.

현재 미국의 야외 광고 시장에서 더 성장하기 위해서는 야외 광고 구조물을 확보해야 하는데 그러기 위해서는 인수합병이 가장 효율적인 방법이며 이는 또한 라마르가 성장할 수 있는 방법이기도 하다. 실제로 지금으로부터 5년 전인 2014년에 라마르는 시장 점유율 18%로 업계 2위에 위치하고 있었는데 크고 작은 인수합병을 통해 2018년에는 시장 점유율 23%를 기록하며 업계 1위로 올라섰다. 지난 120년간 미국의 거의 모든 주에 걸쳐 사업을 영위하면서 야외 광고 구조물 수를 성공적으로 관리해온 노하우와 더불어 연방 정부 및 주 정부와 상당히 좋은 관계를 유지해오고 있다는 사실은 향후 라마르의 행보를 지켜볼 충분한 이유가 될 것이다.

라마르는 부동산Real Estate 섹터 중 특수 리츠Specialized REITs 산업에 속해 있다.

12월이 결산월인 라마르는 2019년 1월부터 12월까지 2019 회계연도 기준으로 매출이 전년 대비 8% 가까이 증가한 17억 5천만 달러, 영업이익이 12% 넘게 증가한 5억 1천만 달러, 순이익과 EPS가 각각 20% 이상 증가한 3억 7천만 달러와 3.71 달러를 기록했다.

사업부문별 매출 비중은 야외 광고 부문이 100%를 차지하고 있고, 사업지역별 매출 비중은 미국이 98%, 푸에르토 리코Puerto rico가 2%를 차지하고 있다.

최근 분기별 실적을 살펴보면, 매출은 전년동기 대비 7% 내외 성장하고 있고, EPS 역시 큰 폭으로 증가하고 있다. 하지만 코로나 19 확산에 따른 거시 경제의 불확실성으로, 지난 4월 2일에 2020 회계연도 실적 가이던스를 철회했다.

라마르의 주가는 2020년 4월 17일 기준으로 52.56달러, 시가총액은 45억 2천만 달러이다. 최근 12개월간 주가는 41.1% 하락했으며 최고가는 94.49달러, 최저가

분기별 실적과 전망   12월 결산 및 GAAP EPS 기준, (단위) 매출 : 백만 달러, EPS : 달러

구분	FY18				FY19			
	Q1	Q2	Q3	Q4	Q1	Q2	Q3	Q4
매출	361	420	419*	428	384*	449*	458	463*
EPS	0.15*	1.02	0.95*	0.96	0.51	1.18	0.99*	1.02*
전망치	하회*	상회	하회*	상회	하회*	하회*	하회*	하회*

는 32.33달러이다. 그리고 라마르와 경쟁하고 있는 **아웃프론트 미디어OUT**의 주가는 13.32달러, 시가총액은 19억 2천만 달러이고 최근 12개월간 주가는 43.7% 하락했으며 최고가는 30.54달러, 최저가는 7.99달러이다.

라마르는 분기 단위로 배당금을 지급하고 있으며, 최근 1년간 배당금은 주당 4.00달러, 배당수익률은 7.61%이다. 최근 3년간 배당 성장률은 8.34%이고, 5년째 배당금이 증가하고 있다. 2014년부터 배당성향이 높아진 이유는 이때 업종을 리츠REITs로 변경하면서 수익의 90%를 배당으로 지급했기 때문이다. 현재 리츠 섹터 내 배당수익률이 높은 편은 아니지만 현재까지 재무제표를 확인해보면 앞으로 꾸준히 배당금을 인상할 가능성이 높다.

최근 3개월간 발표된 라마르에 대한 5건의 월스트리트 투자의견은 "보유"이고, 향후 12개월간 목표주가는 최고 95달러, 최저 40달러 그리고 평균 70.60달러로 현재가 대비 34.32%의 상승 여력이 있다.

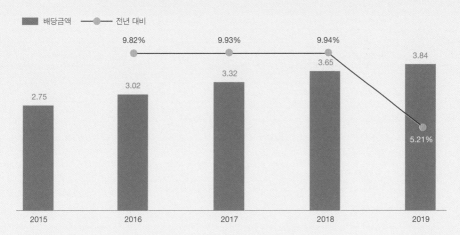

최근 5년간 배당 추이 자료 : Seekingalpha.com 및 Devidend.com

뉴지랭크US종목진단 결과

[종합점수]

85

라마르에 대한 뉴지랭크US의 종목진단 결과, 종합점수는 85점으로 매우 높다. 모멘텀 점수는 96점으로, 유니버스 그룹 내 종목들에 비해 상대적으로 수급과 거래량이 매우 좋은 상태이고, 펀더멘탈 점수는 74점으로, 상대적으로 안정적인 재무구조를 보이고 있다.

베타 지수는 0.64로 시장 변화에 크게 영향을 받지 않고, 시즈널 지수의 경우 연중 최저점이 1월 말, 연중 최고점이 12월 말이며 그 차이가 50을 넘어 연간 주가 상승률이 높은 편이다. 롱텀 지수 상 '바닥'에 위치하고 있는 라마르의 현재 주가는, 엔벨 지수 상 중심선을 강하게 상회하고 있어 단기적으로 주가의 조정 가능성이 있다.

최신 결과 보기
뉴지랭크US

모멘텀점수	펀더멘탈점수	베타	롱텀	엔벨
96	74	0.64	바닥	중심선 강하게 상회

US STOCK SMALL CAP INSIDE

16

미국 북동부 쇼핑센터 리츠의 절대 강자

얼스태드 비들 프로퍼티스

Urstadt Biddle Properties Inc.

SIMBOL(CODE) UBA

NYSE

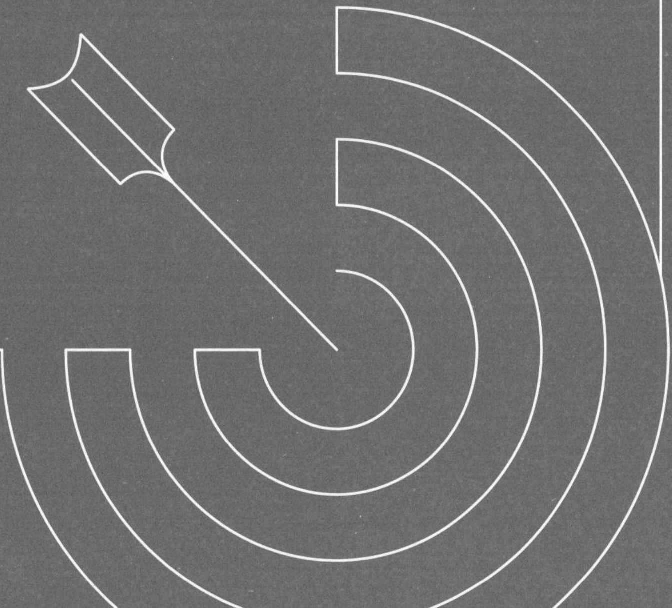

얼스태드 비들
프로퍼티스

기업정보 더보기
유캔스톡

━━━ 미국은 면적으로 보면 한 개의 주가 우리나라 면적보다 큰 경우가 대부분이다. 본토에 있는 48개 주를 각기 하나의 국가로 본다면, 무려 48개의 나라가 모여 거대한 하나의 제국을 이루고 있다 표현해도 무리가 아닐 것이다. 2017년 기준으로 미국의 면적은 982만 제곱킬로미터로, 러시아와 캐나다에 이어 세계에서 세 번째로 넓다. 참고로 중국은 미국 다음인 네 번째이다. 그리고 인구는 3억 2천763만 명으로 중국과 인도에 이어 역시 세계에서 세 번째로 많다.

　미국은 소비가 경제의 중심이라 해도 틀린 말은 아니다. 그 넓은 땅에서 그 많은 사람이 먹고 자고 하려면 말이다. 땅 이야기가 나오면 우리나라 사람들은 자동반사적으로 귀가 솔깃할 것이다. 그래서 준비했다. 땅으로 먹고사는 회사, 부동산으로 사업을 영위하는 회사 중에 작지만 강한 회사인 **얼스태드 비들 프로퍼티스** Urstadt Biddle Properties, **UBA**, 이하 얼스테드 비들를 소개한다.

작지만 강한 리츠,
얼스태드 비들은 어떤 회사인가?

얼스태드 비들은 미 증권거래소U.S. Securities and Exchange Commission, SEC에 등록된 부동산 투자신탁equity real estate investment trusts, REITs, 이하 리츠 중 하나로, 뉴욕시 주변의 교외 지역을 거점으로 북동부 지역에서 쇼핑센터를 운영하는 회사이다.

　시가총액은 7억 2천만 달러로 리츠 중에서 그리 큰 규모는 아니다. 예를 들어, 미국에서 많은 투자자의 사랑을 받고 있고 국내에도 지난 2018년부터 알려지기 시작한 **리얼티 인컴**Realty income, **O**의 경우 시가총액이 244억 달러로 얼스테드 비들의 4배 가까운 규모이다. 하지만 시가총액이 크다고 해서 투자의 우선순위 또한 높다고 할 수 없고, 시가총액이 적다고 투자대상에서 무조건 제외할 필요 역시 없다. 또한 시가총액이 작다고 리츠가 갖는 가장 큰 장점인 배당률이 낮을 것이라고 생각한다면 투자 판단에 큰 오류를 범할 수 있다.

부동산 섹터에 관하여 알아둘 것들

부동산Real Estate 섹터는 부동산 투자신탁리츠과 부동산 관리 및 개발 사업을 포함하며, 1개의 산업그룹, 2개의 산업, 12개의 하위산업으로 구성된다. 부동산 섹터는 2016년 8월까지 금융 섹터에 '부동산' 산업그룹으로 편성되어 3개의 산업과 15개의 하위산업으로 속해 있었는데 이후 별도의 섹터로 독립하여 오늘에 이르렀다.

리츠 산업은 8개 하위산업으로 구성되며 사무실, 쇼핑몰, 아파트, 호텔, 리조트, 창고, 물류센터, 담보대출모기지, 대출 등 그 종류가 다양하다. 여기서 다루고 있는 얼스태드비들은 소매점 리츠Retail REITs 중에서도 쇼핑몰 전문 리츠이다.

섹터	산업그룹	산업	하위산업
부동산 Real Estate	부동산 Real Estate	부동산 투자신탁(리츠) Equity Real Estate Investment Trust (REITs)	다양한 리츠 Diversified REITS
			산업 리츠 Industrial REITS
			호텔 및 리조트 리츠 Hotel & Resort REITS
			사무실 리츠 Office REITS
			건강관리 리츠 Healthcare REITS
			주택 리츠 Residential REITS
			소매점 리츠 Retail REITS
			특수 리츠 Specialized REITS
		부동산 관리 및 개발 Real Estate Management & Development	다양한 부동산 사업 활동 Diversified Real Estate Activities
			부동산 운영 회사 Real Estate Operating Companies
			부동산 개발 Real Estate Development
			부동산 서비스 Real Estate Services

부동산 섹터의 구성 / 자료 : 《미국주식 투자지도 2021》 (글로벌산업분류기준, GICS)

미국주식 시장에서 시가총액만으로 회사를 비교하는 것은 바람직하지 않다. 이유는 미국이라는 넓은 땅, 많은 사람과 거대한 시장에 근거한다. 회사 규모에 상관없이 건실하고 튼튼한 회사들이 헤아릴 수 없을 정도로 많다. 이렇듯 미국주식 시장은 수많은 선택지를 제공한다. 그중 작지만 강한 회사인 얼스태드 비들의 매력에 대해 알아보자.

쇼핑센터 전문 리츠로 자리 잡다

얼스태드 비들은 1969년 설립된 쇼핑센터 전문 리츠로, 본사는 미국의 부촌 중 하나이자 헤지펀드의 수도로 잘 알려진 코네티컷주 그리니치 카운티에 위치한다. 설립 때부터 지금의 회사명을 사용한 건 아니었으며, 그 시작은 메릴 린치Merrill Lynch의 허바드 부동산 투자Hubbard Real Estate Investments 사업부였다. 1975년 찰스 얼스태드 Charles J. Urstadt가 디렉터로 근무를 시작했고, 메릴 린치로부터 회사를 분사시키는 데 많은 일을 했다. 최고경영자가 된 찰스 얼스태드는 몇 년 후 부동산 전문가인 윌링 비들Willing Biddle을 부사장으로 영입한다. 1996년 윌링 비들은 최고운영임원으로 승진했고, 1998년 얼스태드 비들로 회사명을 변경했다. 그는 다각화된 부동산 포트폴리오를 동네 쇼핑센터로 집중하는 전략을 취했고, 이것이 오늘날 얼스태드 비들의 동네 쇼핑센터 특화 리츠의 전신이 되었다. 이런 전략은 뉴욕시 교외지역의 특성, 즉 부유한 주민들의 높은 인구밀도 덕분에 큰 성공을 거뒀다.

그 후 얼스태드 비들은 뉴저지주, 코네티컷주, 그리고 뉴욕주의 뉴욕시 교외지역 쇼핑센터들을 잇달아 인수했다. 예를 들면, 뉴욕주의 탱글우드 쇼핑센터Tanglewood shopping center, 코네티컷주의 하이 릿지 쇼핑센터High Ridge shopping center와 독스 쇼핑센터Docks shopping center, 뉴저지주의 빌리지 쇼핑센터Village shopping center 등

동네 쇼핑센터들을 지속적으로 인수합병하면서 지금의 모습을 갖추었다.

북동부 지역에 집중한 이유와
얼스태드 비들의 전략

미국은 크게 남부16개 주와 워싱턴 디씨, 서부13개 주, 중서부12개 주, 북동부9개 주 등 4개 지역으로 나눌 수 있다. 미 인구조사국의 공식 집계에 따르면, 남부에 1억 2천6백만 명38.4%, 서부에 7천8백만 명23.8%, 중서부에 6천8백만 명20.7% 그리고 북동부에 5천6백만 명17.1%이 거주하고 있다.

이 중에서 얼스태드 비들은 전체 인구의 17.1%를 차지하는 북동부 지역에서 쇼핑몰을 운영한다. 북동부 지역은 단순히 거주 인구 수만 보면 4개 지역 중 가장 적지만, 인구 밀집도는 4개 지역 중 가장 높다. 실제로 미국의 50개 주에서 인구 밀집도가 높은 상위 10개 주 중 5개가 북동부 지역에 포함된다. 인구 밀집도가 높다는 것은 다시 말해 동일 점포당 이용 고객 수가 높다는 뜻이기도 하다.

얼스태드 비들이 보유한 쇼핑몰의 반경 5킬로미터 안에 거주하는 가구의 소득 중간값이 약 10만 6천 달러인데 이는 미국 전체 가구소득의 중간값인 약 6만 4천 달러보다 65% 높고, 미국 내 다른 소매점 리츠들과 비교해도 높은 수치이다.

▶ 미국의 4개 지역 분포도

서부 (13개주)　　중서부 (12개주)

북동부 (9개주)

남부 (16개주와 워싱턴 디씨)

재미있는 것은 얼스태드 비들이 소유한 쇼핑센터들의 위치가 앞서 소개한 **피플스 유나이티드 파이낸셜PBCT**의 영업점 위치와 상당히 유사하다는 점이다. 이 지역에서 활동을 하는 두 회사는 경기침체가 와도 다른 지역의 회사들보다 영향을 적게 받을 확률이 높다고 할 수 있다.

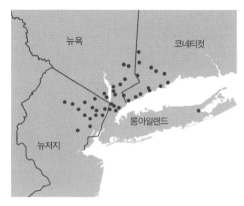

▶ 얼스태드 비들이 운영하는 쇼핑몰 위치 현황

뉴욕 시 교외의
작지만 강한 쇼핑몰

얼스태드 비들이 보유하고 있는 쇼핑몰은 북동부 지역에서도 뉴욕시 근처에 위치하고 있는 뉴욕주, 뉴저지주, 코네티컷주에 집중되어 있다. 총 85개의 쇼핑몰이 이들 3개 주에 몰려 있다. 금액 기준으로 매년 그 규모를 10~15%씩 확장하고 있고, 최근 2년간 4개의 부동산을 총 3천650만 달러 규모에 인수하는 계약을 체결하기도 했다.

'뉴욕 시티에도 쇼핑몰 하나쯤 운영해야 하지 않을까?'라고 생각하는 독자가 있을지 모르겠다. 그러나 미국은 도시 위주인 한국의 거주 환경과는 달리 도심보다 그 주변 교외지역에 더 많은 인구가 거주한다. 또, 그나마 뉴욕은 대중교통이 잘되어 있는 편이지만 미국의 대부분 지역은 자기 차량을 이용해 이동하는 것이 기본이라 쇼핑센터는 엄청난 규모의 주차장을 필요로 한다. 뉴욕시에서 쇼핑몰을 운영하는 것보다 자금운용 측면에서 땅값이 낮고 인구 밀집도는 높은 교외지역에서 쇼핑몰을 운영하는 편이 더 효율적인 것도 하나의 이유이다.

다음은 슈퍼 집 코드Super Zip Codes에 해당하는 지역에 보유 쇼핑몰이 얼마나 있는지 나타내는 그래프이다. 여기서 슈퍼 집 코드란, 미국의 우편번호Zip Codes를 교

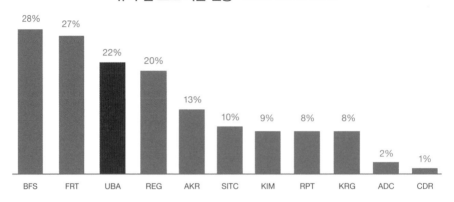

슈퍼 집 코드 비율 현황   자료 : 얼스태드 비들 홈페이지

- BFS : 사울 센터스(Saul Centers)
- REG : 리젠시 센터스(Regency Centers)
- SITC : 사이트 센터스(Site Centers)
- RPT : RPT 리얼티(RPT Realty)
- CDR : 시더 리얼티(Cedar Realty Trust)

- FRT : 페더럴 리얼티(Federal Realty Investment Trust)
- FRT : 아카디아 리얼티(Acadia Realty Trust)
- KIM : 킴코 리얼티(Kimco Realty)
- ADC : 어그리 리얼티(Agree Realty)

육 수준과 수입을 기준으로 정렬한 후 상위 5%에 속하는 지역의 우편번호를 부르는 말이다. 얼스태드 비들과 시가총액이 비슷한 사울 센터스BFS의 경우, 보유한 쇼핑몰 대부분이 워싱턴 디씨 근처에 있기 때문에 슈퍼 집 코드 비율이 가장 높은 28%를 기록하고 있다. 이어서 배당킹dividend king 종목으로 유명한 페더럴 리얼티 FRT가 27%를 기록하고 있다. 그리고 얼스태드 비들이 22%로 3위에 랭크되어 있다. 이는 얼스태드 비들의 쇼핑몰 위치가 그만큼 안정적인 수요를 바탕으로 한다는 것을 뜻하며 인구 밀집 지역으로 기본 임대료가 높다는 의미이기도 하다.

앵커 스토어 그리고
온라인 쇼핑의 영향

미국 쇼핑몰에 사람들을 방문하게 하는 브랜드샵을 앵커anchor 스토어라고 하는데 보통 슈퍼마켓, 약국, 대형 할인마트 등이 앵커 스토어에 속하며 스타벅스, 맥도날드와 같은 전국 프랜차이즈들도 앵커 브랜드들이라고 볼 수 있다. 얼스태드 비들은 전체 매장의 약 82%가 이와 같은 앵커 스토어로 구성되어 있다. 비중이 제일 높은 소매점은 스탑스 앤 샵Stops & Shop으로 그 비중이 7.9%이고, 상위 10개 회사의 비중은 28.9%로 어느 한 회사가 10%의 비중을 넘지 않는다. 주요 고객사들로는 드럭 스토어인 씨브이에스 헬스CVS Health, CVS, 잡화 할인소매 회사인 티제이맥스TJ Max, TJX, 주방용품 및 생활잡화 판매 업체인 베드 배쓰 앤 비욘드Bed Bath & Beyond, BBBY, 슈퍼마켓인 샵라이트ShopRite, 회원제 창고형 할인마트인 비제이스 홀세일 클럽BJ's wholesale club, BJ 등이 있다.

▶ 얼스태드 비들이 운영하는 쇼핑몰 모습

온라인 쇼핑이 지속적으로 성장하는 추세이다 보니 많은 언론이 오프라인 상점들의 종말을 언급하기도 한다. 하지만 얼스태드 비틀의 입주 업체들을 살펴보면 온라인 쇼핑에 상대적으로 방어적인 업종 비중이 월등히 높아 안정적으로 쇼핑몰을 운영하고 있음을 확인할 수 있다. 슈퍼마켓, 식당, 약국, 대형 할인마트를 비롯해 편의점, 사무실, 미용실, 주류 판매점, 애견용품점, 세탁소, 우체국, 어린이집 등 인터넷으로 구매하기 어려운 제품과 서비스를 판매하는 업종이 전체의 82.4%를 차지한다. 온라인 쇼핑 증가 트렌드에 영향을 받는 업종은 침구류, 가구, 전화기, 장난감, 스포츠용품 판매점 등인데 이들의 비중은 7.4%이며 의류, 장신구, 사무실용품, 신발 판매점 등의 비중은 10.2%이다.

경쟁하고 있는 주요 업체

사울 센터스 Saul centers, **BFS**는 약 60개의 지역 쇼핑센터들을 운영하고 있어 얼스태드 비틀과 비슷한 리츠라고 볼 수 있으나, 약 85%의 현금흐름이 워싱턴 디씨와 볼티모어의 도심지역에서 발생하는 것이 다르다. 아파트가 많은 지역에 주로 슈퍼마켓을 앵커로 하는 쇼핑몰 운영을 주 사업으로 하고 있다. 만약 얼스태드 비틀과 사울 센터스를 포트폴리오에 편입하게 되면 인구 밀집도가 높은 코네티컷주, 뉴저지주, 뉴욕주, 메릴랜드주, 그리고 워싱턴 디씨의 쇼핑센터를 통해 배당금을 안정적으로 얻을 수 있을 것이다. 사울 센터스의 본사는 메릴랜드주 베데스타시에 있다. 또, 배당킹으로 알려진 **페더럴 리얼티**Federal realty investment trust, **FRT**와 월배당주이자 2020년 배당귀족주가 된 **리얼티 인컴**Realty income, **O**도 좋은 선택지가 되어줄 것이다.

리츠 투자시 주의할 점 & 배당만 많이 주면 좋은 걸까?

대답은 '아니오'이다. 미국 증시에 상장된 리츠들은 일단 미국증권거래위원회U.S. Securities and Exchange Commission, SEC에서 요구하는 사항들을 충족하고 있지만, 다음의 사항만이라도 꼭 확인하고 투자하기 바란다.

(1) 부동산을 직접 개발하고 보유하는지?
반드시 소득을 발생시키는 부동산 혹은 부동산 관련 자산을 직접 개발, 인수, 보유혹은 운영을 해야 한다. 대개 운영만 하는 경우가 많은데 이때 차이점이 분명히 존재한다.

(2) 부동산을 통해 수익이 발생하는지?
보유 혹은 운영을 하는 부동산 자산을 통해 대부분의 수익을 발생시켜야 한다. 최소 75%의 자산이 부동산과 현금으로 구성되어야 하고, 최소한 총수익의 75%가 부동산 관련 자산에서 발생돼야 한다. 이는 담보대출모기지 리츠에도 적용된다. 그리고 이를 통해 개인 투자자들이 직접 부동산을 소유하는 대신 발행된 주식을 통해서 소득을 얻을 수 있어야 한다. 따라서 부동산 투자 펀드로 이해해도 좋다.

(3) 발생된 수익(세금부과 전)의 최소 90%를 주주들에게 배당 형태로 지급하는지?
이 부분이 가장 중요한데, 수익의 90%를 모두 배당으로 지출해야 한다는 의미이다. 리츠가 운영이 부실하면 대출이나 신주 발행을 통해 자금을 조달하게 되어 주주들에게 손해를 끼치게 된다. 대출의 경우 리츠가 일반 회사가 아니기 때문에 이자에 대한 세금공제 혜택이 없고, 대출금을 갚지 못하는 최악의 경우 파산할 수도 있다. 그리고 신주 발행의 경우에는 당연히 기존 주주의 지분이 낮아지게 된다.
얼스테드 비틀은 2000년부터 총수익의 연평균 성장률이 12.4%, 지난 20년간 총수익률이 762%로, 장기적인 인컴 투자처로 적합하다고 판단된다. 그리고 최근 25년간 지속적으로 배당금을 인상시켜온 점을 보아 인컴 투자 관점에서 안정적인 회사라 할 수 있다.

출처: https://www.sec.gov/fast-answers/answersreitshtm.html

얼스태드 비들은 부동산Real Estate 섹터 중 소매 리츠Retail REITs 산업에 속해 있다.

10월이 결산월인 얼스태드 비들은 2018년 11월부터 2019년 10월까지 2019 회계연도 기준으로 매출이 전년 대비 3.7% 증가한 1억 3천만 달러, 영업이익이 6.0% 증가한 5천만 달러, 순이익은 0.5% 감소한 3천만 달러 그리고 EPS는 12% 넘게 감소한 0.57달러를 기록했다. 그리고 매출은 100% 미국에서 발생하고 있다.

최근 분기별 실적을 살펴보면, 매출과 EPS 모두 감소세에서 벗어나는 상황이다. 지난 3월 8일에 발표한 2020 회계연도 1분기 실적은 매출의 경우 전년동기 대비 0.3% 감소한 3,435만 달러로 전망치를 상회한 반면, EPS의 경우 12.5% 감소한 0.14달러를 기록하며 전망치를 하회했다. 한편 코로나 19 확산에 따른 영향이 2020 회계연도 2분기 실적에 어느 정도 영향을 미쳤는지 오는 6월 7일 실적 발표 결과를 통해 확인할 필요가 있다.

얼스태들 비들의 주가는 2020년 4월 17일 기준으로 12.84달러, 시가총액은 3

분기별 실적과 전망 10월 결산 및 Non-GAAP EPS 기준, (단위) 매출 : 백만 달러, EPS : 달러

구분	FY18			FY19			
	Q2	Q3	Q4	Q1	Q2	Q3	Q4
매출	37	33	33*	34	34*	35	34
EPS	0.26	0.15	0.14	0.16	0.16	0.19	0.08
전망치	상회	상회	하회*	상회	하회*	상회	상회

억 8천만 달러이다. 최근 12개월간 주가는 48.3% 하락했으며 최고가는 24.30달러, 최저가는 10.08달러이다. 그리고 얼스태드 비들과 경쟁하고 있는 **사울 센터스** BFS의 주가는 25.33달러, 시가총액은 7억 1천만 달러이고, 최근 12개월간 주가는 41.8% 상승했으며 최고가는 56.09달러, 최저가는 25.22달러이다.

얼스태드 비들은 분기 단위로 배당금을 지급하고 있으며, 최근 1년간 배당금은 주당 1.12달러, 배당수익률은 +8.72%이다. 최근 5년간 연평균 배당 성장률은 1.67%이며, 21년째 배당금이 증가하고 있는 "배당성취자" 종목이다.

1998년 첫 배당금을 지급한 이후, 1999년부터 최근 2020년 1월 배당까지 총 22년간 배당금을 인상한 회사로, 규모가 작다고 얕잡아봐서는 안 될 듯하다. 1999년부터 25년간 지속적으로 배당을 인상시켜온 점으로 미루어 인컴 투자 관점에서 안정적인 회사라 할 수 있다.

최근 3개월간 발표된 얼스태드 비들에 대한 2건의 월스트리트 투자의견은 "보유"이고, 향후 12개월간 목표주가는 최고 15달러, 최저 14달러 그리고 평균 14.50달러로 현재가 대비 12.93%의 상승 여력이 있다.

최근 5년간 배당 추이 자료 : Seekingalpha.com 및 Devidend.com

■ 배당금액　━●━ 전년 대비

	2015	2016	2017	2018	2019
배당금액	1.025	0.78	1.06	1.08	3.84
전년 대비			35.9%	1.89%	1.85%

뉴지랭크US종목진단 결과

[종합점수]

58

얼스태드 비들에 대한 뉴지랭크US의 종목진단 결과, 종합점수는 58점으로 양호하다. 모멘텀 점수는 58점으로 유니버스 그룹 내 종목들에 비해 상대적으로 수급과 거래량이 양호하고, 펀더멘탈 점수 역시 58점으로 상대적으로 안정적인 재무구조를 보이고 있다.

베타 지수는 0.45로 시장 변화에 크게 영향을 받지 않고, 시즈널 지수의 경우 연중 최저점이 1월 초, 연중 최고점이 7월 중순이며 그 차이가 30을 넘어 연간 주가 상승률이 보통 수준이다. 롱텀 지수 상 `바닥`에 위치하고 있는 얼스태드 비들의 현재 주가는, 엔벨 지수 상 중심선을 횡보하고 있어 단기적으로 반등 가능성이 있다.

최신 결과 보기
뉴지랭크US

모멘텀점수	펀더멘탈점수	베타		롱텀	엔벨
58	58	0.45		바닥	중심선 횡보

기후 변화의 솔루션, 미국 최초의 신재생 에너지 투자 전문 리츠

해넌 암스트롱 서스테이너블 인프라스트럭처 캐피탈

Hannon Armstrong Sustainable Infrastructure Capital
SIMBOL(CODE) HASI
NYSE

STOCK DATA

산업	산업재 리츠
섹터	부동산
직원수	57명
PER	20.91
EPS	1.25달러
배당	5.53%
매출액	1억 4천만 달러
1년간 매출 변화	-2.92%
결산월	10월

출처 WSJ (2020. 4)

해넌 암스트롱
서스테이너블
인프라스트럭처
캐피탈

기업정보 더보기
유캔스톡

사업내용	기후 변화 솔루션에 투자
CEO	제프리 에킬
창립	1981년 (에덴 해넌 굿윈 & 컴퍼니)
본사	메릴랜드 아나폴리스

COMPANY DATA

━━ 지구 온난화와 자원고갈 등으로 화석연료의 사용을 줄이는 대신 신재생 에너지New & Renewable Energy를 적극 활용하려는 움직임이 세계 각국에서 활발해지고 있다. 신재생 에너지는 말 그대로 재생이 가능하기 때문에 고갈되지 않고, 오염 물질이나 이산화탄소 배출이 적어 환경 친화적이다. 반면 발전 설비 등에 많은 비용이 소요되어 경제성이 낮은 상황이며 이러한 단점을 보완해 산업화함으로써 미래의 에너지 패권을 선점하려는 기업들의 노력이 뜨겁다.

그런데 신재생 에너지가 과연 무엇일까? 새로 재생된 에너지? 어렴풋이 그 의미는 이해하지만 정확한 뜻은 모르는 독자가 대부분일 것이다. 간단히 말하면 신재생 에너지는 기존의 화석연료를 재활용하거나 재생 가능한 에너지를 변환해 이용하는 에너지이다.

사전적으로 신재생 에너지는 신 에너지와 재생 에너지를 합쳐 부르는 용어로, 신新 에너지는 기존의 화석연료를 변환해 이용하는 에너지를 뜻하고, 재생再生 에너지는 햇빛, 바람, 물, 생물유기체 등 고갈되지 않고 다시 사용이 가능한 무공해 에너지를 의미한다. 『신에너지 및 재생에너지 개발·이용·보급 촉진법』 제2조에 따르면 신재생 에너지는 태양, 바이오, 풍력, 수력, 연료전지, 석탄 액화·가스화 및 중질잔사유 가스화, 해양, 폐기물, 지열, 수소 등 11개 분야로 구성된다.

지금까지 필자가 신재생 에너지에 대한 이야기를 꺼내 그 개념을 간단히 정리했다. 그렇다면 다음은? 이 글을 읽고 있는 여러분이 의문을 던질 차례이다! 신재생 에너지 분야에서 주목할 만한 기업이 있을까?

하나 있다. 회사명은 해넌 암스트롱 서스테이너블 인프라스트럭처 캐피탈Hannon Armstrong Sustainable Infrastructure Capital, HASI. 이 회사는 신재생 에너지에만 투자하는 미국 최초의 상장 회사이다. 풍력과 태양광 등 재생 에너지를 생산하는 발전소 관련 부동산을 관리하고, 수질을 관리하는 사업을 주력으로 하는 회사로, 2012

▶ 대표적인 재생 에너지인 풍력 발전 (출처 : 해넌 암스트롱 홈페이지)

년 리츠 승인을 받아 설립되어 2013년 4월에 뉴욕증권거래소에 상장했다.

이 회사 역시 이름이 매우 길다. 그래서 해넌 **암스트롱**으로 줄여 부르기로 하자. 해넌 암스트롱에 대해 우리가 주목해야 할 점은 다른 재생 에너지 투자 회사들과 달리 재생 에너지 프로젝트에 직접적으로 자금을 투자하는 것이 아니라 그와 관련 된 각종 자산에 투자한다는 점이다. 실제로 재생 에너지 프로젝트를 직접 주관하 게 되면 주 정부로부터의 허가 취득부터 공동 투자자들과의 법적 문제, 건설 관련 변수 등 다양한 이벤트들이 발생한다. 이에 해넌 암스트롱은 태양광 발전소 건설 등 재생 에너지 관련 프로젝트에 직접 관여하는 대신 관련 자산을 사들여 이를 주 관사에 대여하는 방식으로 프로젝트에 참여한다. 이를 통해 프로젝트에 대한 리스 크를 줄이고, 안정적인 매출을 추구하는 것이다. 쉽게 이야기해서 지속가능한서스테 이너블 에너지 프로젝트에 자금을 지원하는 리츠사이다.

재생 에너지와 관련된 자산에
매년 10억 달러를 투자

해년 암스트롱이 보유하고 있는 자산은 총 57억 달러 규모에 달하고, 매년 약 10억 달러를 투자하고 있다. 사업부문은 크게 3가지로 구분할 수 있는데 재생 에너지 관련 투자 부문, 전력망 연결 투자 부문, 인프라 투자 부문이 그것이다. 사업부문별로 좀 더 살펴보자.

재생 에너지 관련 투자부문　비하인드 더 미터Behind-The-Meter(BTM), BTM로 명명하고 있는 재생 에너지 관련 투자 부문은 연방 정부나 주 정부 또는 주거용, 상업용, 공업용 건물 등에 태양광 발전기, 풍력 발전기, 에너지 저장 장치 등을 설치해 건물의 전력 사용을 줄이고 전기 및 냉난방 공조 효율을 증가시키는 사업에 투자하는 부문이다.

전력망 연결 투자부문　그리드* 커넥티드Grid-Connected로 명명하고 있는 전력망 연결 투자 부문은 태양광과 풍력 등 청정에너지를 생산하여 저장하고, 이를 도매 전력 시장에서 구입하고자 하는 정부나 회사 등에 판매할 수 있도록 사업화하는 데 투자하는 부문이다.

> ● 그리드
> 전력 생산자가 전력 소비자에게 에너지 전달을 위해 상호 연결하는 전력망 시스템이다.

인프라 투자부문　서스태이너블 인프라스트럭처Sustainable Infrastructure로 명명하고 있는 인프라 투자 부문은 해년 암스트롱이 다른 에너지 투자 회사들과 확연히 차별화되는 부문이다. 우수stormwater, 강수에서 땅 속으로 스며들지 않고 하수도로 흘러가는 물

해넌 암스트롱의 사업부문

재생 에너지 투자부문(BTM)	전력망 연결 투자부문	인프라 투자부문
태양광 발전기, 풍력 발전기, 에너지 저장 장치 등을 통한 에너지 효율화에 투자	청정에너지 생산 및 저장, 판매 사업에 투자	우수 정화, 송전 및 배전 시설 업그레이드 등 인프라에 투자

BTM과 FTM(Front-of-The-Meter)

전력 시스템은 크게 전력의 생산, 운송, 사용 등 3개 분야로 나눌 수 있다. 그런데 최근 개인이나 회사에서 자가 발전기나 태양광 발전기를 설치해 스스로 전기를 만들고 저장해 사용하는 경우가 늘어나면서 전력 시스템의 구분은 물론이거니와 에너지의 생산자와 소비자 구분이 모호해지고 있다. 이러한 경향을 이해하기 위해서는 BTM과 FTM의 차이를 알아야 한다.

먼저 BTM은 전기 계량기와 관련이 있는 에너지 시스템으로, 사용자의 현장에서 전기를 생산해 전기 계량기 사용 없이 바로 사용할 수 있는 소규모 시스템을 말한다. 예를 들면 건물 옥상에 설치된 태양광 패널 시스템이나 소형 풍력 터빈, 공장 등에 설치된 가스 발전기 그리고 발전 현장에 설치된 에너지 저장 장치Energy Storage System, ESS, 마이크로그리드Microgrid 등이 BTM에 속한다.

다음으로 FTM은 사용자의 현장이 아닌 멀리 떨어진 곳으로부터 전력을 공급하는 시스템으로, 공급받은 전기는 별도로 설치된 전기 계량기를 반드시 통과해야 사용할 수 있다. BTM과 달리 화력 발전소와 원자력 발전소, 재생 에너지 발전소 등의 대규모 발전 설비를 포함해 대형 규모의 에너지 저장 시스템, 송전선과 배전선 설비 등이 FTM에 속한다.

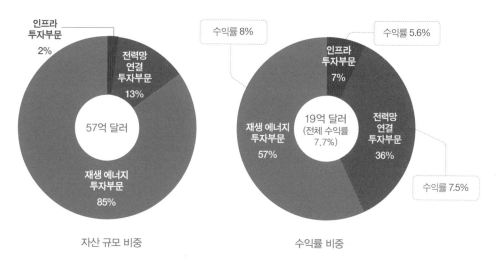

사업부문별 자산 규모와 수익률 비중 현황   자료 : 해넌 암스트롱 홈페이지

인프라
투자부문
2%

전력망
연결
투자부문
13%

57억 달러

재생 에너지
투자부문
85%

자산 규모 비중

수익률 8%   수익률 5.6%

인프라
투자부문
7%

재생 에너지
투자부문
57%

19억 달러
(전체 수익률
7.7%)

전력망
연결
투자부문
36%

수익률 7.5%

수익률 비중

정화와 송전 및 배전 시스템의 업그레이드 등 천연 자원을 효율적으로 이용하고 환경에 긍정적인 영향을 미칠 수 있도록 인프라에 투자하는 부문이다.

사업 다각화를 위한
꾸준한 노력

해넌 암스트롱이 보유하고 있는 57억 달러 규모의 자산 비중을 살펴보면, 재생 에너지BTM 투자부문이 85%, 전력망 연결 Grid 투자부문이 13%, 인프라 투자부문이 2%로, 재생 에너지 부문에 투자가 집중된 것으로 보인다.

반면에 대차대조표balance sheet 관점에서 사업부문별 수익 비중은 재생 에너지 투자부문이 57%, 전력망 연결 투자부문이 36%, 인프라 투자부문이 7% 등으로 자산 규모 비중에 비해 3개 사업부문이 상대적으로 고르게 나타내고 있다. 재생 에너지 투자부문은 정부기관과의 공동 진행 프로젝트19%, 주거지용29%, 산업 및 공업용9% 등으로 구성되고, 전력망 연결 투자부문은 태양광22%과 풍력14%으로 구성된다. 태양광의 경우 태양광 패널이나 구조물에 대한 투자가 아닌 태양광 패널이 설치된 땅에 대한 투자이고, 풍력의 경우도 일반 투자가 아닌 프로젝트에 대한 우선 자본preferred equity●에 대한 투자이다. 그리고 사업부문별 수익률은 재생 에너지 투자부문이 8%, 전력망 연결 투자부문이 7.5%, 인프라 투자부문이 5.6%로 총수익률은 7.7%이다.

여기서 주목할 점은 최근 풍력 발전에 대한 투자를 회수하고 태양광 사업을 증가시킨 점이다. 이는 해년 암스트롱이 정부 정책을 지렛대로 잘 활용하고 있음을 보여준다. 그리고 2019년 10월 초 글로벌 태양광 패널 제조업체인 **선파워**SunPower, **SPWR**와 조인트 벤처를 설립, 200메가와트 규모의 태양광 패널을 설치할 예정인데 이를 통해 약 3년간 연방 정부의 세금 혜택을 지원받게 된 점 역시 상당히 좋은 전략으로 평가받고 있다.

또한 2019년 10월 냉난방과 공조Heating, ventilation, and air conditioning, HVAC, 전기, 소방 등 건물관리 자동 프로그램을 개발하는 스마트 건물관리 기술smart building technology 회사인 **그리드포인트**GridPoint에 투자를 진행했다. 이번 투자로 에너지 효율성 관련 플랫폼 판매와의 시너지 효과가 기대되는데, 실제 그리드포인트는 최근 패스트푸드 식당과 정부기관 등 약 1만 5천 곳에 해당 플랫폼을 설치했다. 이는 해년 암스트롱의 추가 매출과 투자 포트폴리오 다각화 측면에서 매우 긍정적일 것으로 판단된다. 더불어 같은 달 **엠파워 에너지스**Empower Energies와 상업 및 공업용 태양광 사업에 대한 공동 투자를 통해 리스크를 줄이면서도 재생 에너지BTM 사업 부문 중 가장 낮은 비중의 사업에 투자를 늘리기도 했다.

경쟁하고 있는 주요 업체

미국 증시에 상장된 서스테이너블 인프라스트럭처 리츠로는 해넌 암스트롱과 함께 **파워 리트**Power REIT, **PW**가 있다. 파워 리트는 해넌 암스트롱과 달리 자산 투자보다 유동성이 낮은 실물자산 투자 비율이 높아서 공동 투자자 또는 정부기관과의 소송에 끊임없이 휘말리고 있다. 이에 주가 추이를 살펴보면 변동성이 상당히 높은 것이 확인된다.

파워 리트 역시 해넌 암스트롱과 같이 총 3개의 사업부문을 영위하고 있는데, 특이한 점은 신재생 에너지인 태양광 관련 인프라스트럭처 이외에 철도와 그린하우스를 운영하고 있다는 점이다. 먼저 그린하우스 부문은 콜로라도주에 약 7천 평방미터 규모의 농지로, 의료용 대마초 재배*에 활용되고 있다.

● 참고로 콜로라도주와 워싱턴주는 2012년 오락용 대마초를 미국 최초로 합법화한 주이다.

다음으로 철도 부문을 보면 펜실베이니아주 서쪽의 피츠버그시, 웨스트 버지니아 그리고 오하이오주 동부를 연결하는 약 200킬로미터 길이의 철로를 운영하고 있다. **노픽 서던**Norfolk Southern Corporation, **NSC**이 99년간 장기로 임대했고, 사실상 무기한 계약 연장이 가능한 상태이다. 예전에는 웨스트 버지니아에서 채굴한 석탄을 펜실베이니아의 철강 제련소에 공급하는 데 쓰였는데, 최근에는 펜실베이니아의 천연가스 회사들이 많이 활용하고 있다.

해넌 암스트롱HASI은 부동산Real Estate 섹터 중 산업재 리츠Industrial REITs 산업에 속해 있다.

12월이 결산월인 해넌 암스트롱은 2019년 1월부터 12월까지 2019 회계연도 기준으로 매출이 전년 대비 3% 가까이 증가한 1억 4천만 달러, 영업이익이 18% 이상 증가한 2천만 달러, 순이익은 96% 이상 증가한 8천만 달러 그리고 EPS는 67% 가까이 증가한 1.25달러를 기록했다.

100% 미국에서 매출이 발생하는 해넌 암스트롱의 매출 비중은 이자 수익이 전체의 57%, 임대 수익이 17%, 투자처분 이익이 20%, 수수료 수익이 6%를 차지하고 있다.

최근 분기별 실적을 살펴보면, 매출과 EPS 모두 전년동기 대비 소폭의 증가세를 보이고 있지만 그 증가폭은 지속 감소하는 추세이다. 2020년 2월 20일 장 마감 후 발표한 2019 회계연도 4분기 실적은 매출이 전년동기 대비 3.4% 감소한 3,833만

분기별 실적과 전망 12월 결산 및 Non-GAAP EPS 기준, (단위) 매출 : 백만 달러, EPS : 달러

구분	FY18				FY19			
	Q1	Q2	Q3	Q4	Q1	Q2	Q3	Q4
매출	28*	36	35	39	33	31*	39	38
EPS	0.27*	0.39	0.36	0.37	0.33	0.3*	0.38	0.40
전망치	하회*	상회	상회	상회	상회	하회*	상회	상회

달러, EPS는 8.1% 증가한 0.40달러로 전망치를 모두 상회했다. 함께 발표한 2020 회계연도 EPS 가이던스는 전년 대비 14% 이상 증가한 1.43달러로 제시했다.

해넌 암스트롱의 주가는 2020년 4월 17일 기준으로 26.81달러, 시가총액은 18억 6천만 달러이다. 최근 12개월간 주가는 16.7% 하락했으며 최고가는 39.21달러, 최저가는 16.47달러이다. 그리고 해넌 암스트롱과 경쟁하고 있는 파워 리트PW의 주가는 13.61달러, 시가총액은 2,600만 달러이고 최근 12개월간 주가는 134.7% 상승했으며 최고가는 15.21달러, 최저가는 5.71달러이다.

해넌 암스트롱은 분기 단위로 배당금을 지급하고 있으며, 최근 1년간 배당금은 주당 1.36달러, 배당수익률은 +5.07%이다. 최근 5년간 연평균 배당 성장률은 7.81%이고, 6년째 배당금이 증가하고 있다.

최근 3개월간 발표된 해넌 암스트롱에 대한 5건의 월스트리트 투자의견을 종합하면 "강력매수"이고, 향후 12개월간 목표주가는 최고 43달러, 최저 25달러, 평균 34.00달러로 현재가 대비 26.82%의 상승 여력이 있다.

최근 5년간 배당 추이 자료 : Seekingalpha.com 및 Devidend.com

■ 배당금액 ─●─ 전년 대비

	2015	2016	2017	2018	2019
배당금액	1.08	1.23	1.32	1.32	1.34
전년 대비	17.39%	13.89%	7.32%	0.0%	1.52%

뉴지랭크US종목진단 결과

[종합점수]

90

해년 암스트롱에 대한 뉴지랭크US의 종목진단 결과, 종합점수는 90점으로 매우 높다. 모멘텀 점수는 99점으로 유니버스 그룹 내 종목들에 비해 상대적으로 수급과 거래량이 매우 좋고, 펀더멘탈 점수는 80점으로 상대적으로 안정적인 재무구조를 보이고 있다.

베타 지수는 1.05로 시장 변화에 영향을 받아 상승장에 유리하고, 시즈널 지수의 경우 연중 최저점이 2월 초, 연중 최고점이 7월 중순이며 그 차이가 60을 넘어 연간 주가 상승률이 매우 높은 편이다. 롱텀 지수 상 `허리`에 위치하고 있는 해년 암스트롱의 현재 주가는, 엔벨 지수 상 중심선을 강하게 상회하고 있어 단기적으로 주가의 조정 가능성이 있다.

최신 결과 보기
뉴지랭크US

모멘텀점수	펀더멘탈점수	베타		롱텀	엔벨

| 99 | 80 | 1.05 | | 허리 | 중심선
강하게 상회 |

US STOCK SMALL CAP INSIDE

18

잘 알려지지 않은 작지만 강한 유틸리티 회사

사우스웨스트 가스 홀딩스

Southwest Gas Holdings Inc.

SIMBOL(CODE) SWX

NYSE

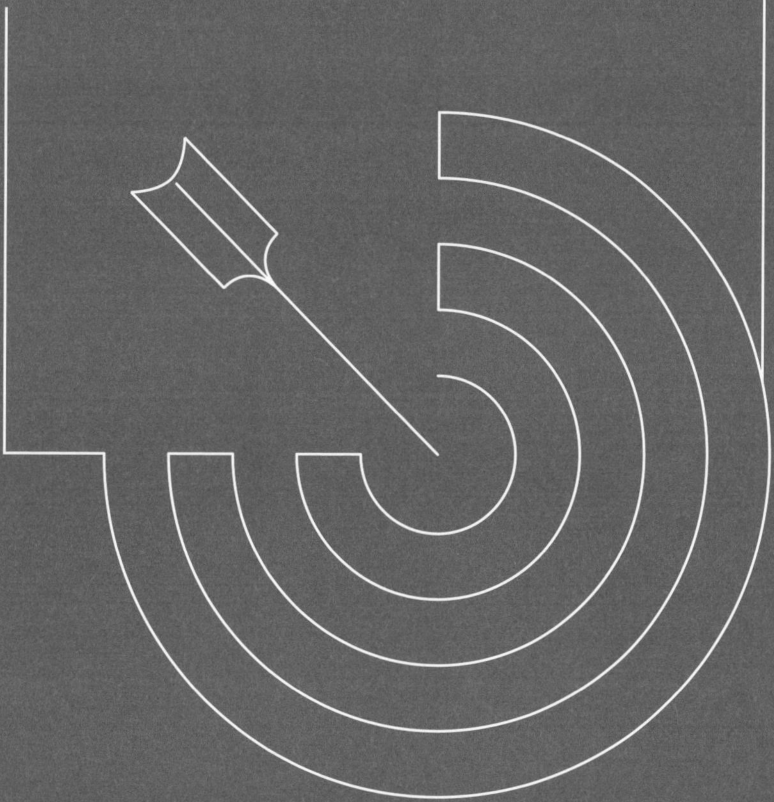

산업	가스 유틸리티
섹터	유틸리티
직원수	2,295명
PER	19.8
EPS	3.94달러
배당	2.92%
매출액	31억 1천만 달러
1년간 매출 변화	-2.92%
결산월	12월

출처 WSJ (2020. 4)

사우스웨스트 가스 홀딩스

기업정보 더보기
유캔스톡

사업내용	에너지 공익사업
CEO	존 헤스터
창립	1931년 3월, 캘리포니아 바스토우
본사	네바다 라스베이거스

▬▬ 유틸리티 섹터는 공공의 이익을 도모하기 위해 제공하는 전력·가스·수도 등의 서비스를 제공하는 산업군으로, 우리말로 공익사업Public Utilities이라고도 한다. 산업의 특성상 유틸리티는 우리 생활에 공통적으로 필요한 재화와 서비스를 제공하기 때문에 경기 상황의 영향을 거의 받지 않아 경기 방어주로 일컬어지기도 한다. 유틸리티 섹터는 전기나 천연가스를 공급해 수익을 창출하는 장치 산업으로, 진입 장벽이 매우 높은 데 반해 사업 모델은 단순하고 안정적이다. 유틸리티 섹터에 속하는 기업을 쉽게 이해하기 위해서는 서비스 지역과 지역 내 인구 수와 밀집도 등을 확인하는 것이 효과적이며 이를 위해 본서에서는 다양한 사진과 그림을 활용했다.

미국의 유틸리티 산업은 기본 개념을 제외하고는 우리나라와 너무나 다른 모습이다. 산업의 성격상 연방 또는 주 정부에서 운영하는 회사가 있는 반면 미국주식시장에 상장되어 있는 민간 기업인 유틸리티 회사들도 있다. 2019년 발표된 미국 에너지정보청U.S. Energy Information Administration, **EIA**의 자료에 의하면, 2017년 기준으로 미국 전역에 약 3천여 개의 유틸리티 회사가 있다고 한다. 지금부터 미국 유틸리티 산업에 대해 조금 알아보자.

미국 유틸리티 회사의 종류

먼저 미국 유틸리티 회사들은 오너십에 따라 아래와 같이 3가지로 구분할 수 있다.

민간 투자investor owned　　연방이나 주 정부가 아닌 민간 투자자에 의해 설립된 회사로, 168개 사가 이에 해당한다. 미국 거주민들의 72%가 이들 민간 투자 유틸리티 회사로부터 전력을 공급받고 있으며 이들 기업의 대부분은 인구 밀집도가 높은 동부와 서부에서 사업을 영위하고 있다. 이들 회사의 평균 고객 수는 약 65만 명이다. 대표적인 회사로는 넥스트라 에너지NextEra Energy, **NEE**, 듀크 에너지Duke Energy, **DUK**, 도미니언 에너지Dominion Energy, **D**, 서던 컴퍼니The Southern Company, **SO**, 퍼시픽 가스 앤 일렉트릭Pacific Gas and Electric, **PCG**, 남 캘리포니아 에디슨Southern California Edison Company, **EIX** 등이 있다.

정부 운영publicly owned　　연방과 주 그리고 지방 정부가 운영하는 회사로, 1천958개 사가 여기에 속한다. 이들 회사의 평균 고객 수는 1만 2천1백명이다. 대표적인 회사로는 푸에토리코 전력공사Puerto Rico Electric Power Authority, **PREPA**, 로스앤젤레스 수도 전력공사Los Angeles Department of Water and Power 등이 있다.

비영리cooperatives　　미국 47개 주에 812개 사가 이에 해당한다. 주로 중서부와 남동부와 같이 인구 밀집도가 낮은 지역에서 전력을 공급하고, 평균 고객 수는 약 2만 4천5백 명이다. 대표적인 회사로는 페데르날레스 전력Pedernales Electric Co-op 등이 있다.

미국의 첫 번째 상업용 전력 공급 회사는?

토마스 에디슨Thomas Edison이 설립한 에디슨 일루미네이팅Edison Illuminating Company이 1882년에 건설한 뉴욕주, 뉴욕시의 펄 스트리트 스테이션Pearl Street Station이다. 이전까지 미국인들은 각자 집에서 발전기를 돌려서 전기를 만들어 사용했는데 펄 스트리트 스테이션이 등장한 이후 상업용 전력공급 회사들이 미국 전역에서 하나둘씩 생겨났다.

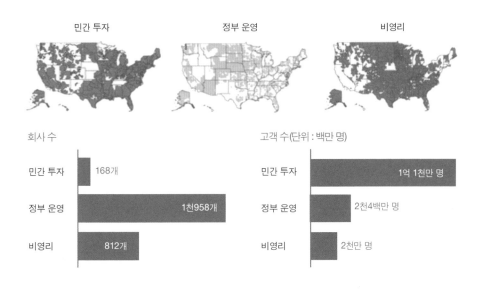

미국 유틸리티 회사의 종류별 분포도 및 현황 자료 : 에너지정보청, 2017

민간 투자

정부 운영

비영리

회사 수

민간 투자	168개
정부 운영	1천958개
비영리	812개

고객 수(단위 : 백만 명)

민간 투자	1억 1천만 명
정부 운영	2천4백만 명
비영리	2천만 명

미국의 유틸리티 산업은
자유 경쟁이다?

미국의 유틸리티 회사들이 자유 경쟁을 벌이는 것 같지만 실상은 그렇지 않다. 전기 요금, 소비자들에게 제공하는 계약 조건, 발전소 건설 계획, 예산, 에너지 효율성 등에 대해 연방 혹은 주 정부의 규제를 받고 있으며 실제로 미국의 대부분 주에서 유틸리티 회사를 규제하고 있다238페이지 그림 참조. 규제가 있는 주의 유틸리티 회사들은 대부분 수직적으로 통합되어 있다. 규제가 없는 주의 회사들은 반드시 전력 생산과 송전 등이 분리되어 있어야 한다. 유틸리티 회사를 규제하지 않는 주에 거주하는 독자라면 전력을 공급하는 회사를 직접 선택해본 경험이 있을 것이다. 일반적으로 전력 생산 회사를 선택하긴 어렵지만, 그 생산된 전력을 송전하는 회사의

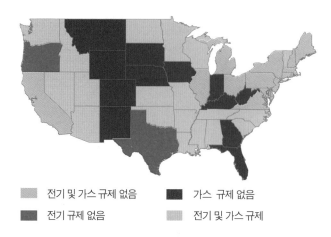

주별로 상이한 유틸리티 규제　자료 : 에너지워치

■ 전기 및 가스 규제 없음　■ 가스 규제 없음
■ 전기 규제 없음　■ 전기 및 가스 규제

경우 사용자가 회사들이 제공하는 서비스와 가격을 비교해보고 선택할 수 있다.

옆의 지도를 보면 재미있는 점을 발견할 수 있다. 바로 미국 내 가스전이나 유전 지역과 인구 밀집도가 높은 지역들은 규제를 받지 않는다는 사실이다. 쉽게 말하자면 전력 생산원가가 낮고 시장 규모가 커서 자유 경쟁이 가능한 주의 경우 유틸리티 회사에 대한 규제를 하지 않고, 그 반대로 인구 밀집도가 낮은 지역의 경우 유틸리티 회사에 대해 규제하고 있다는 것이다.

여기서 규제는 회사에 있어 장점이 되기도 하고 단점이 되기도 한다. 단점은 유틸리티 회사가 투자한 금액 대비 수익을 낼 수 있는 범위가 제한된다는 것이고, 반대로 장점은 일정 범위의 수익을 보장받을 수 있다는 것이다.

그렇다면 어느 회사에 투자하면 좋을까?

말할 필요도 없이 유틸리티 섹터 내 시가총액 1위인 **넥스트에라 에너지**NextEra Energy, **NEE**를 선택하면 문제가 없다. 다만 PEPrice/Earning 30이 넘는 높은 밸류에이션을 감당할 수 있다면 말이다. 그럼 시가총액 상위 종목을 제외하고 매력적인 투자 대상을 찾는다면?

미국에는 초원, 사막, 산악 지대 등 지구 상 존재하는 거의 모든 지형들이 펼쳐져 있다. 특히 미국의 사막 지역인 네바다주와 애리조나주는 여름이 길어 에어컨을 사용하는 날이 많고, 봄과 가을에는 일교차가 심해 밤낮으로 히터와 에어컨을 번갈아 사용한다. 또 겨울에는 낮은 온도로 인해 히터를 사용하므로 거의 1년 내내 전기를 사용한다 해도 과언이 아니다. 안정적인 배당과 함께 주 정부의 규제를 통해 일정 수익을 보장받고, 경쟁이 심하지 않은 지역에서 사업을 영위하고 있는 회사가 좋지 않을까? 그래서 선택한 회사가 **사우스웨스트 가스 홀딩스**Southwest Gas Holdings, **SWX**, 이하 사우스웨스트 가스이다.

네바다주 라스베이거스시에 본사가 있는 **사우스웨스트 가스**는 미국 서남부 지역Southwest을 기반으로 천연가스 공급과 함께 천연가스 유틸리티 산업의 인프라를 구축하고 관련 서비스를 제공하는 복합 유틸리티 지주 회사이다.

근 100년 동안 천연가스를 공급해온 회사

사우스웨스트 가스는 1931년 캘리포니아주 바스토우시에서 설립된 회사로 현재까지 약 90년간 미국 남서부의 천연가스 공급을 담당하고 있다. 약 2년 후 애리조나주의 더글라스시에 첫 천연가스 공급을 시작했고 이듬해 네바다주의 라스베이거스시와 헨더슨시에도 공급하기 시작했다.

1950년대 들어 더 많은 미국인들이 프로판가스 대신 천연가스를 사용하기 시작했고 이를 바탕으로 사우스웨스트 가스는 사업을 확장하게 되었다. 1956년에 미국 증시에 상장, 이때 조달된 자금으로 **애리조나 천연가스 서비스 회사**Natural Gas Service of Arizona를 인수했다. 그리고 1958년 본사를 라스베이거스시로 이전하면서 네바다주, 애리조나주, 그리고 캘리포니아주로 사업을 확장했다.

▶ 사우스웨스트 가스의 초창기 옥외 광고판(출처 : 사우스웨스트 가스 홈페이지)

1979년 투손 가스 앤 일렉트릭Tucson Gas & Electric을 인수하면서 고객 수가 2배로 증가했고, 이후 지속적인 천연가스 파이프라인 건설과 인수합병을 통해 성장해왔다. 2014년부터 파이프라인 관련 회사들을 인수하면서 북미 지역을 대표하는 큰 천연가스 파이프라인 공급 회사가 되었다. 2017년에는 지금의 회사 형태인 사우스웨스트 가스 홀딩스를 지주회사로, 천연가스 운영부문인 사우스웨스트 가스 코퍼레이션과 파이프라인 건설 및 서비스 부문인 센추리Centuri 등을 2개의 자회사로 설립했다.

2개의 사업 축
: 천연가스와 인프라

사우스웨스트 가스 홀딩스는 지주회사로, 2개의 대형 자회사를 통해 각각의 사업부문을 영위하고 있다. 하나는 천연가스 공급 부문이고, 다른 하나는 유틸리티 인프라 구축 및 관련 서비스 제공 부문이다. 먼저 천연가스 공급Natural gas operation 부문인 사우스웨스트 가스 코퍼레이션은 애리조나주, 네바다주, 캘리포니아주에 걸쳐 약 2백만 명 이상의 고객에게 천연가스를 공급하고 있다. 애리조나주와 네바다주에서는 사우스웨스트 가스 코퍼레이션이 가장 큰 천연가스 공급 회사이며 주요 공급 지역은 각 주의 대도시인 피닉스, 투손, 라스베이거스 등이다. 그리고 캘리포니아주의 경우에는 주로 레이크 타호 지역과 샌 버너디노 카운티 지역에 천연가스를 공급하고 있다.

이와 함께 사우스웨스트 가스 코퍼레이션은 **파이우트 파이프라인**Paiute Pipeline Company이라는 회사를 운영하고 있다. 이 회사는 아이다호주와 네바다주의 경계 부근에서부터 캘리포니아주와 네바다주의 경계에 있는 레이크 타호를 연결하는 파이프라인과 함께 네바다주의 러브락시 근처에 LNG 저장 시설을 보유하고 있다.

다음으로 유틸리티 인프라 구축 및 서비스Utility infrastructure services 부문인 **센추리 그룹**Centuri Group이 있다. 센추리는 아래와 같이 6개의 자회사를 통해 미국과 캐나다에 걸쳐 25개 이상의 지역에 유틸리티 인프라를 구축하고 관련 서비스를 제공하며 천연가스와 전력을 공급한다.

센추리 그룹의 자회사들

회사명	주요 사업
엔피엘(NPL)	천연가스, LNG, 석유, 석유화학제품 등의 운반을 위한 파이프라인과 태양광, 풍력 등 재생에너지 관련 제반시설을 구축하고 건설
엔피엘 캐나다(NPL Canada)	
뉴코(Neuco)	냉난방 공조(Heating Ventilating And Air Conditioning Refrigeration, HVACR) 관련 제품을 취급하고 밸브, 모터, 컨트롤 보드,압축기 등 다양한 부품을 판매
캐니언 파이프라인 (Canyon pipeline)	주로 유타주에서 천연가스 파이프라인 관련 공사를 시행
라인텍 서비스 (Linetec services)	전력 송전선과 배전선을 설치하고 관리
내츄럴 파워라인 (National powerline)	

사우스웨스트 가스가
주목받는 이유

사우스웨스트 가스는 한마디로 수직 통합화된 복합 유틸리티 회사이다. 효율성이 높은 수직 통합화된 사업구조를 통해 미국 서남부 지역에 천연가스를 공급하고, 미국 중서부 지역을 제외한 모든 지역과 캐나다 일부 지역에 유틸리티 인프라 구축과 관련된 서비스를 제공한다. 북미 지역을 통틀어 미국 40개 주와 캐나다 10개 주 등 총 50개 주에 천연가스와 전기 그리고 인프라 서비스를 제공하고 있다.

회사의 시가총액은 약 40억 달러 규모로 대형주는 아니지만 주가 상승과 배당 재투자를 포함한 총수익률을 확인해보면 훌륭한 유틸리티 배당주로 그 역할을 충실히 해왔다. 유틸리티 섹터의 수익률은 S&P 500 다우산업평균 지수S&P Dow Jones Indies에서 제공하는 S&P 500 유틸리티S&P 500 Utilities 지수로 확인할 수 있다. 섹터 내 29개 종목으로 구성된 S&P 500 유틸리티 지수는 2019년 8월 19일 기준으로 최근 1년간 20.43% 상승했는데 사우스웨스트 가스는 이보다 높은 21.10%를 기록했다. 더불어 S&P 400 중형주 지수는 물론, S&P 500 지수보다 월

연평균 총수익률 추이 비교 2019년 8월 19일 기준

구분	1년	2년	3년	10년
사우스웨스트 가스	21.10%	12.16%	14.75%	17.27%
S&P 유틸리티 지수	20.43%	12.44%	11.73%	12.65%
S&P 400 중형주 지수	4.14%	9.81%	10.48%	13.54%
S&P 500 지수	2.92%	12.71%	10.09%	13.43%

등한 수익률을 기록했다. 특히 더 놀라운 점은 이러한 높은 수익률이 최근 1~2년의 성과가 아니라 꾸준한 실적이란 사실이다.

**경쟁력의 원천
3가지**

첫 번째, 미국 셰일가스의 생산 증가는 파이프라인 관련 인프라 건설과 서비스 부문의 높은 성장을 이끌어왔다. 사우스웨스트 가스의 유틸리티 인프라 서비스 부문은 최근 10년간 매출과 순이익이 각각 연평균 19%와 20%를 기록하고 있다. 단순하고 고리타분한 천연가스 인프라 회사가 이렇게 높은 성장률을 기록할 수 있었던 가장 큰 이유는 바로 셰일가스 생산 활성화로 인해 천연가스의 가격이 크게 하락했기 때문이다. 낮아진 천연가스의 가격으로 인해 많은 유틸리티 회사들이 천연가스 발전소를 건설하고 있고, 그렇다 보니 천연가스를 공급하는 파이프라인의 추가 건설 수요가 계속 증가하는 추세이다. 또한, 천연가스는 다른 화석연료 대비 친환경적인 요소가 있으므로 이에 따른

약 5만 킬로미터에 이르는 사우스웨스트 가스의 파이프라인 구축 역사 2019년 8월 19일 기준

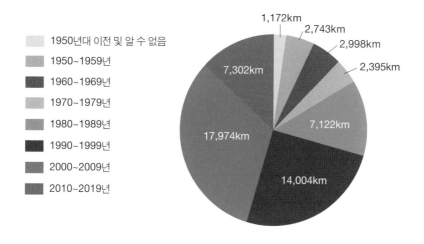

1,172km
2,743km
2,998km
2,395km
7,302km
7,122km
17,974km
14,004km

- 1950년대 이전 및 알 수 없음
- 1950~1959년
- 1960~1969년
- 1970~1979년
- 1980~1989년
- 1990~1999년
- 2000~2009년
- 2010~2019년

추가 수요 역시 예상된다.

두 번째, 현재 사우스웨스트 가스는 지속적으로 인프라를 확장하고 있는데 이로 인해 최근 3년간 매년 약 3만 명의 신규 가입자가 유입되었다. 또, S&P 글로벌 마켓 인텔리전스S&P Global Market Intelligence에 의하면 2019~2024년까지 미국의 전체 인구는 3.56% 증가할 전망이라고 한다. 그런데 사우스웨스트 가스가 전력을 공급하는 네바다주의 경우 6.9%, 애리조나주 5.9%, 캘리포니아주 3.9% 증가할 것으로 예상되어 상대적으로 전력 사용 인구 또한 평균 이상으로 꾸준히 늘어날 것으로 보인다. 더불어 라스베이거스에 2020년 완공을 목표로 공사가 진행 중인 얼리전트 스타디움Allegiant stadium, 애리조나주의 투손시에 위치한 레이시온 테크놀로지스Raytheon Technologies, RTX의 5.5억 달러 규모 미사일 테스트 공장 확장 등 인근 지역의 대형 프로젝트가 진행 중인 점도 긍정적이라 할 수 있다.

세 번째, 사우스웨스트 가스는 미국 남동부 지역의 대형 유틸리티 회사 7개와 계약을 유지하고 있는데, 2018년 라인텍 서비스 인수를 통해 남동부와 텍사스걸프만까지 사업지역을 확장한 것으로 미루어 유틸리티 인프라 서비스 부문을 미래 먹거리로 보고 있음이 확실하다. 특히 이 지역에는 우리에게 잘 알려진 대형 유틸리티 회사인 듀크 에너지Duke energy, DUK, 도미니온 에너지Dominion energy, D, 서던 컴퍼니Southern company, SO, 엔터지Entergy, ETR 등이 전력을 공급하고 있음을 기억할 필요가 있다. 미국 서부 3개 주에 전력을 공급하는 유틸리티 회사들을 거점으로 하여 유틸리티 인프라를 건설하므로, 다른 어떤 건설사보다 자금 조달이 안정적일 것이란 또 다른 장점도 존재한다. 한편, 경쟁사 중 하나인 메스텍MasTec, MTZ 등의 경우 주와 주를 연결하는 파이프라인과 전력 송전선 건설을 하지 않고 있다. 그런 점에서 주와 주를 연결하는 파이프라인을 건설하고 있는 사우스웨스트 가스는 큰 장점을 보유하고 있다 할 것이다.

사우스웨스트 가스SWX는 유틸리티Utilities 섹터 중 가스 유틸리티Gas Utilities 산업
에 속해 있다.

12월이 결산월인 사우스웨스트 가스는 2019년 1월부터 12월까지 2019 회계연
도 기준으로 매출이 전년 대비 8.3% 증가한 31억 1천만 달러, 영업이익이 4.0% 증
가한 3억 7천만 달러, 순이익은 17% 이상 증가한 21억 3천만 달러 그리고 EPS는
6.8% 증가한 3.94달러를 기록했다.

사업부문별 매출 비중은 천연가스 공급 부문사우스웨스트 가스 코퍼레이션이 46%, 유틸
리티 인프라 구축 및 서비스 부문센추리 그룹이 54%를 차지하고 있어 균형 잡힌 모습
이며, 사업지역별 매출 비중은 미국이 전체의 93% 그리고 캐나다가 나머지 7%를
차지하고 있다.

최근 분기별 실적을 살펴보면, 매출은 전년동기 대비 8% 이상 증가하고 있고,
EPS는 최근 들어 감소하는 추세를 보이다가 반등하고 있다. 그리고 매출과 EPS

분기별 실적과 전망　12월 결산 및 GAAP EPS 기준, (단위) 매출 : 백만 달러, EPS : 달러

구분	FY18				FY19			
	Q1	Q2	Q3	Q4	Q1	Q2	Q3	Q4
매출	754*	671	668	787	834	713*	725*	848*
EPS	1.63	0.44	0.25	1.36*	1.77	0.41*	0.10*	1.67
전망치	하회	상회	상회	하회	상회	하회	하회	하회

모두 동절기인 4분기와 1분기에 상대적으로 강한 모습이다. 2020 회계연도 1분기 실적은 오는 5월 7일에 발표할 예정이며 시장에서는 매출과 EPS 모두 전년동기 대비 5% 내외의 증가세를 보일 것으로 예상하고 있다.

사우스웨스트 가스의 주가는 2020년 4월 17일 기준으로 77.52달러, 시가총액은 42억 7천만 달러이다. 최근 12개월간 주가는 2.0% 상승했으며 최고가는 90.85달러, 최저가는 52.27달러이다. 그리고 사우스웨스트 가스와 경쟁하고 있는 매스텍 MTZ의 주가는 34.80달러, 시가총액은 26억 1천만 달러이고 최근 12개월간 주가는 59.1% 하락했으며 최고가는 72.82달러, 최저가는 23.36달러이다.

사우스웨스트 가스는 분기 단위로 배당금을 지급하고 있으며, 최근 1년간 배당금은 주당 2.28달러, 배당수익률은 +2.94%이다. 최근 5년간 연평균 배당 성장률은 8.62%이며, 13년째 배당금이 증가하고 있는 "배당성취자" 종목이다. 최근 6개월간 발표된 사우스웨스트 가스에 대한 3건의 월스트리트 투자의견은 "매수"이고, 향후 12개월간 목표주가는 최고 78달러, 최저 72달러 그리고 평균 74.33달러로 현재가 대비 4.12% 낮은 상황이다.

최근 5년간 배당 추이   자료 : Seekingalpha.com 및 Devidend.com

배당금액   전년 대비

뉴지랭크US종목진단 결과

[종합점수]

49

사우스웨스트 가스에 대한 뉴지랭크US의 종목진단 결과, 종합점수는 49점으로 양호하다. 모멘텀 점수는 37점으로 유니버스 그룹 내 종목들에 비해 상대적으로 수급과 거래량이 좋지 않지만, 펀더멘탈 점수는 61점으로 상대적으로 안정적인 재무구조를 보이고 있다.

베타 지수는 0.40으로 시장 변화에 크게 영향을 받지 않고, 시즈널 지수의 경우 연중 최저점이 5월 말, 연중 최고점이 12월 말이며 그 차이가 50을 넘어 연간 주가 상승률이 높은 편이다. 롱텀 지수 상 '무릎'에 위치하고 있는 사우스웨스트 가스의 현재 주가는, 엔벨 지수 상 중심선을 상회하고 있어 단기적으로 추가 상승할 가능성이 있다.

최신 결과 보기
뉴지랭크US

모멘텀점수	펀더멘탈점수	베타	롱텀	엔벨
37	61	0.4	무릎	중심선 상회

PART 4
M&A/IPO ISSUE

새로운 전기를
맞이할
합병·상장
관련 이슈

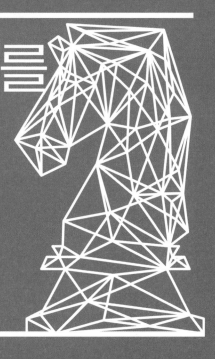

영화팬들의 전폭적인 지지를 받는

라라랜드 영화사

라이온스게이트 엔터테인먼트

Lions Gate Entertainment Corp.
SIMBOL(CODE) LGF.A
NYSE

STOCK DATA

산업	영화 및 엔터테인먼트
섹터	커뮤니케이션
직원수	1,415명
PER	N/A
EPS	-1.33달러
배당	N/A
매출액	36억 8천만 달러
1년간 매출 변화	-10.86%
결산월	3월

출처 WSJ (2020. 4)

라이온스게이트 엔터테인먼트

기업정보 더보기
유캔스톡

사업내용	영화 제작 및 배급, 홈 엔터테인먼트 사업
CEO	존 펠시머
창립	1997년 7월, 밴쿠버
창립자	프랭크 기우스트라
본사	캘리포니아 산타 모니카

COMPANY DATA

━━ 영화 <기생충>이 오스카 4개 부문을 휩쓸면서 한국 영화에 대한 세계의 관심이 뜨겁다. 인간의 희로애락을 다양한 방법으로 풀어내는 2시간 내외의 전통적인 영상 콘텐츠의 매력에 새삼 놀라움을 금치 못한 건 필자뿐만이 아닐 것이다. 필자는 영화를 좋아한다. 공상과학 블록버스터부터 로맨틱 코미디까지 다양한 주제의 영화를 즐긴다. 더불어 필자는 극장에서 영화 보는 것을 좋아해서 한 달에 한 번은 영화관을 찾기에 코로나 19가 잠잠해지기만을 기도하고 있다. 보통 영화 소개 프로그램 등을 통해 영화의 감독과 주연 배우 그리고 내용에 대해 살펴보고 극장에서 볼 영화를 선택한다. 그런데 영화사 이름을 보고 선택하는 경우가 딱 하나 있다. 바로 '라이온스게이트 엔터테인먼트'의 작품인 경우이다. 이 영화사의 이름을 발견하면 대개 큰 고민 없이 영화표를 예매하곤 한다.

밴쿠버에서 시작,
20년 만에 할리우드의 중심에 서다

라이온스게이트 엔터테인먼트LionsGate Entertainment, **LGF.A**, 이하 라이온스게이트는 1997년 프랭크 기우스트라Frank Giustra가 캐나다 밴쿠버에서 설립한 영화사이다. 회사명은 밴쿠버의 명물이자 랜드마크 중 하나로 1938년 건설된 현수교케이블에 의해 지지되는 형식의 다리인 라이온스 게이트 브릿지Lions Gate Bridge를 생각하며 정하지 않았을까 싶다. 현재 본사는 미국 캘리포니아주 산타 모니카에 위치하고 있고, 2019년 박스오피스 수익 기준으로 미국 7대 영화 제작 및 배급 업체로 성장했다.

라이온스게이트는 영화 제작 및 배급 부문, 미디어 네트워크 부문, TV 프로그램 제작 부문 등 3개 사업부문을 영위하고 있다. 그리고 <헝거게임>, <트와일라잇>,

▶ 라이온스게이트 엔터테인먼트 월드

<나우유씨미>, <다이버전트> 등 라이온스게이트가 보유한 프랜차이즈 콘텐츠를 활용한 테마파크 사업을 본격 추진하고 있는데 2019년 7월 마카오에 아시아 최초의 실내 영화 테마파크인 '라이온스게이트 엔터테인먼트 월드'를 개장했고, 2020년 중 우리나라 제주도의 신화월드 복합 리조트 내에 '무비월드 테마파크'를 완공할 예정이라고 한다.

2016년 12월 상장해 <라라랜드>의 세계적인 흥행과 함께 2018년 1월 말 상장 후 최고가인 33달러를 기록한 라이온스게이트의 주가는 이후 하락세를 거듭하면서 2019년 11월에는 상장 후 최저가인 7달러를 기록하기도 했다.

코미디와 호러 그리고 스릴러 중심의 마니아층을 보유

라이온스게이트는 할리우드 주요 영화사들이 제작하는 예산 1억 달러 이상의 블록버스터 급 영화보다는 호러와 스릴러, 로맨틱 코미디, 액션 및 어드벤처, 가족과 음악 등 일정 수준의 마니아층이 존재하고 상대적으로 적은 예산이 소요되는 장르의 영화들을 주로 제작하고 배급한다. 실제로 2016년 12월 개봉한 <라라랜드La La Land>는 3천만 달러의 제작비로 4억 4천5백만 달러의 수익을 기록했으며, 2019년 5월 개봉한 <존 윅 3 : 파라벨룸John Wick: Chapter 3 - Parabellum>의 경우 7천5백만 달러의 제작비로 3억 3천만 달러의 수익을 기록했다. 또한 2019년 11

▶ 라리온스게이트의 대표작들(출처 : 라이온스게이트 홈페이지)

월 개봉한 <나이브스 아웃Knives Out>은 4천만 달러를 들여 제작해 3억 달러에 이르는 흥행 수익을 거뒀다.

라이온스게이트의 주요 프랜차이즈 영화로는 <존 윅John Wick>, <람보Rambo>, <헝거 게임The Hunger Games>을 비롯해 <쏘우Saw>, <트와일라잇The Twilight Saga>, <다이버전트The Divergent> 그리고 <나우유씨미Now You See Me> 등이 있다. 그리고 그 외 대표작으로 <아메리칸 사이코American Psycho>, <라라랜드>, <시카리오Sicario> 등이 있다.

현재 라이온스게이트가 준비하고 있는 작품 중에는 <서울 걸스>, <스파이럴> 그리고 <나이브스 아웃> 속편이 눈에 띈다. 먼저 <서울 걸스Seoul Girls>는 케이팝K-POP을 다룬 코미디 영화로, 한국에서 개최되는 세계 최대 규모의 공개 오디션 프로그램에 참가한 한국계 미국인 여고생과 친구들의 이야기를 담을 예정이라고 한다. 다음으로 <스파이럴Spiral : From The Book of Saw>은 라이온스게이트의 간판 프랜차이즈인 호러 영화 <쏘우>의 9번째 이야기로, 2020년 5월 북미 개봉 예정이었으나 코로나 19로 인해 무기한 연기되었다. 그리고 6번째 제임스 본드로 유명한 다니엘 크레이그Daniel Craig가 이 시대 최후의 탐정 브누아 블랑으로 열연한 <나이브스 아웃>은 흥행에 크게 성공하면서 속편 제작이 확정되었다.

미국 주요 영화사 빅6와
새로운 트렌드를 맞이한 영화 시장의 현재

세계 영화 시장은 할리우드가 좌우한다고 해도 과언이 아닐 것이다. 최근 중국과 인도 영화 산업의 영향력이 날이 갈수록 커지고 있지만 전 세계를 아우르는 콘텐츠 면에서는 여전히 미국을 따라갈 수 없다. 2019년 글로벌 영화 시장 규모는 425억 달러, 이 중 미국 영화 시장 규모는 114억 달러에 이른다. 미국 시장에서 2019년 한 해 동안 개봉한 영화는 총 786편이고, 미국 메이저 스튜디오 6개 사의 시장 점유율은 무려 81.9%에 달한다. 여기에 7위인 라이온스게이트까지 합하면 88.7%에 이른다.

경쟁하고 있는 주요 업체들

패러마운트 픽처스 Paramount Pictures　　　빅6는 1910년 초반부터 이후 10년간 설립되었는데 그중 가장 먼저 생겨난 회사이다. 1912년 미국 최초의 영화사를 설립한 아돌프 주커Adolph Zukor는 1916년에 다른 2개의 영화사를 합병했고, 1935년 파산 후 지금의 이름으로 재기했다. 대표 작품으로 <13일의 금요일>, <오리엔트 특급 살

2019년 미국 주요 영화사 실적 현황   단위 : 억 달러 / 자료 : 데드라인닷컴 인용 정리

구분	영화사	미국 내 수익	미국시장 점유율	해외 수익	해외 시장 점유율	총수익	총시장 점유율
1	월트 디즈니 픽처스	37.65	33.0%	73.54	23.6%	111.20	26.2%
2	워너 브라더스 픽처스	15.82	13.9%	28.41	9.1%	44.23	10.4%
3	유니버설 스튜디오	15.19	13.3%	21.52	6.9%	36.71	8.6%
4	소니 픽처스	13.46	11.8%	20.05	6.4%	33.51	7.9%
5	20세기 폭스	5.64	4.9%	14.69	4.7%	20.33	4.8%
6	패러마운트 픽처스	5.64	4.9%	7.85	2.5%	13.49	3.2%
7	라이온스게이트	7.69	6.7%	5.06	1.6%	12.72	3.0%

인>, <스쿨 오브 락>, <잭 리처>, <포스트맨은 벨을 두 번 울린다>, <대부>, <싸이코>, <벤자민 버튼의 시간은 거꾸로 간다>, <스타트랙> 리부트, <인터스텔라>, <트랜스포머>, <미션 임파서블>, <로마의 휴일> 그리고 <슈렉> 등이 있다. 2005년 드림웍스 픽처스DreamWorks Pictures를 인수했고, 1999년 민영 방송사인 CBS를 인수해 바이아컴 엔터테인먼트 그룹Viacom Entertainment Group을 출범시켰다.

유니버설 스튜디오 Universal Studio   패러마운트 픽처스 다음으로 가장 오래된 영화사이다. 1912년 칼 라밀리가 설립한 유니버설 스튜디오의 주요 작품으로는 <쥬라기 월드>, <죠스>, <포레스트 검프>, <분노의 질주 : 더 세븐>, <그레이의 50가지 그림자>, <쥬라기 공원>, <E.T>, <킹콩> 그리고 <슈퍼배드>, <미니언즈> 등이 있다. 2011년 **컴캐스트**Comcast, CMCSA가 모회사인 **NBC**유니버설을 인수하면서 컴캐스트의 자회사가 되었다.

20세기 폭스20th Century Fox   유니버설 스튜디오 설립으로부터 3년 뒤인 1915년 윌리엄 폭스William Fox가 설립한 폭스 필름Fox Film은 주식 폭락 등으로 어려움을 겪다가 1933년에 설립된 **20세기 스튜디오**20th Century Studios와 1935년에 합병했다. 이때 회사명을 20세기 폭스로 변경했다. 대표 작품으로는 <타이타닉>, <다이하드>, <프레데터>, <테이큰>, <에일리언>, <혹성탈출>, <사운드 오브 뮤직>, <아바타>, <라이프 오브 파이> 그리고 <심슨네 가족들> 등이 있다. 또한 마블 스튜디오가 출범하기 이전에 <판타스틱4>, <데어데블>, <엑스맨> 등의 마블 히어로 영화를 제작하기도 했다. 2019년 3월에 월트 디즈니가 인수했다.

워너 브라더스 픽처스 Warner Brothers Pictures   1918년, 4명의 워너 형제가 워너 브라더스 픽처스를 설립했다. 주요 작품으로는 <해리 포터>, <신비한 동물사전>, <인셉션>, <그래비티>, <엑소시스트>, <반지의 제왕>, <원더우먼>, <맨 오브 스틸>, <컨저링>, <위대한 개츠비>, <재즈 싱어> 등이 있다. 미국 최대 통신 회사인 에이티앤티AT&T, T가 2019년 워너 브라더스의 모회사인 타임 워너Time Warner를 인수 완료했다.

소니 픽처스 Sony Pictures / **콜롬비아 픽처스**   1920년 콘Cohn 형제와 조셉 브랜트 Joseph Brandt가 **CBC 상사**CBC Sales Corporation라는 이름의 영화사를 설립했고, 1924년에 **콜럼비아 픽처스**Columbia Pictures Industries로 회사명을 변경했다. <마지막 황제>, <고스트 버스터즈>, <간디>, <쇼생크 탈출>, <에어포스 원>, <고질라>, <다빈치 코드>, <레옹>, <미저리> 등의 대표 작품을 보유하고 있고, 1989년 소니Sony, SNE가 인수했다. 이후 <해리가 샐리를 만났을 때>, <터미네이터 2>, <맨인 블랙>, <스파이더맨> 등의 작품이 흥행에 성공했다.

월트 디즈니 픽처스 Walt Disney Pictures   빅6의 마지막은 1923년 디즈니 형제가 설립한 애니메이션 스튜디오인 월트 디즈니 픽처스DIS이다. 1928년 개발한 미키 마우스 캐릭터를 활용해 애니메이션 부문에서 큰 성공을 거두면서 실사 영화와 테마 파크 및 리조트 그리고 TV 방송 콘텐츠 제작으로 사업을 확장했다. 그리고 2009년 **마블 엔터테인먼트**Marvel Entertainment 인수를 시작으로 2012년 **루카스필름**Lucasfilm, 2019년 **20세기 폭스**를 차례로 인수했다. 주요 작품으로는 <인사이드 아웃>, <아이언맨>, <겨울왕국>, <토이스토리>, <스타워즈>, <어벤져스>, <인크레더블>, <라푼젤>, <라이온 킹>, <캡틴 아메리카>, <캐리비언의 해적> 등이 있다.

빅6사의 작품이 그 어느 때보다 다양한 화제와 수많은 볼거리를 제공한 덕분에

▶ 미국 영화사 빅6

2019년 한 해 동안 글로벌 영화 시장은 전년 대비 2% 성장했다. 그런데 이와 달리 미국 영화 시장은 전년 대비 4%나 감소했다.

　세계 최대의 소비 시장이자 영화 시장인 미국에서 무슨 일이 벌어진 걸까?

글로벌 미디어 산업의 재편, 새로운 빅6

넷플릭스를 모르는 독자는 이제 거의 없을 것이다. 지난 몇 년간 넷플릭스는 전 세계 미디어 시장을 흔들어 놓았고, 넷플릭스가 제공하는 온라인 스트리밍 서비스로 인해 글로벌 미디어 산업은 망 중심에서 콘텐츠 중심으로 이동했다. 사람들은 영화를 보기 위해 극장을 찾아야 하는 약간의 번거로움 대신 언제 어디서나 본인이 원하는 영상 콘텐츠를 본인이 가지고 있는 스마트폰이나 태블릿 또는 TV 등의 디바이스를 통해 편안하게 볼 수 있는 넷플릭스를 선택하기 시작했다. 이러한 거대한 변화의 흐름으로 인해 기존 미디어 업체는 물론이거니와 통신 회사들도 너나 할 거 없이 영화와 방송 프로그램 등의 콘텐츠를 확보하기 위해 크고 작은 인수합병에 나섰다.

　왜? 생존을 위해서! 미국 영화 시장 규모의 감소는 바로 넷플릭스 발(發) 온라인 스트리밍 시장의 성장과 관계가 있다. 그리고 현재 미국의 미디어 산업은 온라인 스트리밍 시대를 맞아 애플, 아마존, 에이티앤티, 컴캐스트, 월트 디즈니 그리고 넷플릭스의 새로운 빅6로 재편되고 있는 중이다. 그럼 새로운 빅6에 대해 간단히 알아보겠다.

넷플릭스Netflix　　먼저 이 상황의 중심에 있는 넷플릭스NFLX부터 보자. 2008년 서비스를 개시한 넷플릭스는 자체 제작한 오리지널 콘텐츠를 중심으로 5,800여 개

의 콘텐츠를 보유하고 있으며, 2020년 2월 기준으로 190여 개 국에 걸쳐 1억 6천7
백만 명의 유료 구독자를 확보하고 있는 세계 1위 온라
인 스트리밍 서비스 회사이다. 하지만 외부 공급 콘텐
츠 중 디즈니, 워너 미디어, NBC유니버설 3사의 비중이
63%에 달하는 상황에서 인기 프로그램인 <프렌즈>와
<오피스> 등을 소유하고 있는 미디어 업체들까지 자
사의 가입자 이탈Cord Cutting 현상에 대응하기 위해 직
접 온라인 스트리밍 서비스를 제공하는 DTCDirect to
Customer● 전략을 차용하고 있어 콘텐츠 확보와 향후 경
쟁에 취약한 상황이다.

> **● DTC 전략**
>
> Direct to Consumer, 즉 소비자
> 직접 서비스라는 뜻으로 중간자
> 없이 소비자에게 직접 기술이나
> 서비스를 제공하는 것을 말한다.
> 원래는 제약 회사나 생명공학 회
> 사가 의료기관이나 의사를 거치지
> 않고 소비자에게 판매하는 방식을
> 가리키는데, 최근에는 개념을 확
> 장하여 빅데이터와 머신러닝 기술
> 을 활용해 고객 맞춤형 서비스를
> 제공하는 방식으로까지 그 개념이
> 확대되고 있다.

애플Apple   넷플릭스에 이어 온라인 스트리밍 서비스를 제공하고 있는 애플AAPL
은 2019년 11월 애플 TV플러스AppleTV+를 론칭하고 100여 개 국가에 서비스를 제
공하고 있다. 애플은 애플만의 생태계 구축과 원 디바이스 전략에 따라 아이폰, 아
이패드, 애플 TV, 아이팟 터치, 맥 구매자에게 애플 TV플러스 1년 무료 사용권을
지급하고 있으며, 자체 콘텐츠 제작을 위해 10억 달러 이상을 투자할 예정이다. 이
에 따라 향후 손익에 일부 영향을 미칠 가능성이 있다. 참고로 콘텐츠 부족으로 인
해 현재까지 가입자가 그리 많지 않은 것으로 보고되고 있다.

월트 디즈니 The Walt Disney Company   애플과 같은 시기인 2019년 11월 12일 디즈
니 플러스Disney+를 론칭한 월트 디즈니는 넷플릭스의 가장 강력한 경쟁자이다.
기존 보유 콘텐츠와 제작 중인 오리지널 콘텐츠 그리고 타 매체에 공급을 중단한
독점 공급 콘텐츠 등 7,500개의 TV 에피소드와 500개의 영화를 디즈니 플러스,

ESPN 플러스, 홀루Hulu 등 3개의 차별화된 채널을 통해 제공하는 이른바 3색 융단 폭격을 진행중이다. 2020년 1월 누적 가입자가 이미 2,860만 명을 돌파했고, 4월 초 5천만 명을 돌파했다. 그리고 3월 말 유럽에서 서비스를 개시했으며 4월 초에는 인도 시장에도 진출했다.

컴캐스트Camcast   새로운 물결에 가장 큰 타격을 입고 있는 회사 중 하나이자 미국 케이블TV 1위 회사인 컴캐스트CMCSA는 케이블TV 순가입자가 지속 감소함에 따라 자사의 인터넷 서비스 가입자에게 OTT용 셋톱 박스인 익스피니티 플렉스Xfinity Flex를 무료로 제공한다고 발표했다. 그리고 넷플릭스 등과의 경쟁을 위해 온라인 스트리밍 서비스인 피콕Peacock을 준비 중이다. 기존 구독자 대상으로 4월 15일, 전국적으로 7월 15일에 서비스를 개시할 예정이고, 무료를 포함한 2가지 가격 상품4.99달러, 9.99달러을 제공할 예정이다. 컴캐스트는 이를 통해 자사의 케이블TV 이용자 이탈 현상인 코드 커팅을 줄일 수 있을 것으로 예상하고 있다.

에이티앤티AT&T   통신 서비스 업체 중 2015년 인수한 미국 위성방송 2위 업체인 다이렉티비DirecTV와 2019년 인수 완료한 타임 워너를 보유하고 있는 미국 1위 통신 서비스 회사인 에이티앤티는 이동통신 사용자에게 다양한 서비스를 제공함으로써 사업 간 시너지를 창출하기 위한 목적으로 2020년 5월 광고 기반의 온라인 스트리밍 서비스인 HBO 맥스Max를 론칭할 예정이다. 2025년까지 최대 9천만 명의 구독자 확보를 목표로 하고 있다.

아마존닷컴Amazon.com   더불어 아마존닷컴AMZN은 지난 2006년에 론칭한 아마존 프라임 비디오Amazon Prime Video 서비스의 콘텐츠 확대를 위해 <반지의 제왕>

속편 등 오리지널 콘텐츠 제작과 함께 2019~2021년 시즌당 영국 프리미어 리그 20경기 생중계 등 인기 방송 콘텐츠의 독점 공급을 추진하고 있다. 또, 월트 디즈니와의 제휴를 통해 프라임 비디오에서 디즈니 플러스 콘텐츠를 시청할 수 있는 제3자 구독 서비스를 제공하고 있다. 아마존닷컴 역시 애플과

▶ 미국 미디어 산업의 새로운 빅6

마찬가지로 기본적으로 아마존 프라임 회원들을 위해 서비스를 운영한다. 현재 일간 활성 사용자가 4천만 명을 넘어섰으며 최근 서비스 확대를 위해 소니 픽처스 텔레비전Sony Pictures Television의 전 회장인 마이크 홉킨스Mike Hopkins를 영입하기도 했다.

이들 미디어 업체들 간 콘텐츠 전쟁의 제1막, 다시 말해 대형 업체들의 빅딜은 현재 일단락되었다. 하지만 2020년 상반기 이후 다시 전쟁이 시작될 것으로 예상되는데, 콘텐츠 전쟁의 제2막은 바로 중소 미디어 업체를 대상으로 한 인수합병이 될 것이며 특히 코로나 19의 영향으로 생각보다 빨리 진행될 가능성도 있다.

매력적인 콘텐츠 업체를
찾습니다

콘텐츠 확보를 통하여 경쟁력을 강화하기 위한 저마다의 경쟁은 물 밑에서 소리소문 없이 진행되고 있다. 현재 가장 주목받고 있는 회사는 엠지엠MGM이다. 영화 시작 전에 사자 한 마리가 포효하는 영상을 본 적이 있을 것이다. 1924년 마커스 로우Marcus Loew가 3개의 영화사를 인수해 설립한 영화사로, 엠지엠은 3개 영화사의 이름Metro Pictures, Goldwyn Pictures, Louis B. Mayer Pictures을 딴 것이다. 1925년 <벤허>를 시작으로 1940년대까지 최고의 전성기를 구가한 이후 영화 산업의 환경 변화에 적응하지 못하고 주인이 여러 번 바뀐 끝에 파산, 지금은 그저 그런 영화사로 전락했다. 대표 작품으로 <007>, <벤허>, <바람과 함께 사라지다>, <사랑은 비를 타고>, <닥터 지바고>, <나인 하프 위크>, <델마와 루이스>, <한니발>, <록키> 등이 있다. 엠지엠은 현재 앵커리지 캐피탈Anchorage Capital, 하이랜드 캐피탈Highland Capital, 솔러스 얼터너티브 애셋 매니지먼트Solus Alternative Asset Management 등이 지분을 보유하고 있는 비상장 기업이다.

엠지엠은 애플 그리고 넷플릭스와 이미 인수에 대한 사전 대화를 나눈 것으로 알려졌다. 물론 이들 모두 공식적으로는 그러한 사실을 부인하고 있다. 그리고 엠지엠과 함께 매력적인 콘텐츠를 보유하고 있으면서 빅6의 인수 대상으로 물망에 오르는 업체가 바로 라이온스게이트이다. 빅6 외에도 바이아컴CBSViacomCBS, VIAC와 디스커버리Discovery, DSICA가 라이온스게이트를 인수하거나 양사 간 합병 후 라이온스게이트를 추가로 인수할 가능성도 언급되고 있다.

라이온스게이트LGF.A는 커뮤니케이션 서비스Communication Services 섹터 중 영화 및 엔터테인먼트Movies & Entertainment 산업에 속해 있다.

3월이 결산월인 라이온스게이트는 2018년 4월부터 2019년 3월까지 2019 회계연도 기준으로 매출이 전년 대비 11% 가까이 감소한 36억 8천만 달러, 영업이익이 32% 넘게 감소한 2억 3천만 달러, 순이익과 EPS는 적자 전환한 -2억 8천만 달러와 -1.33달러를 기록했다.

사업부문별 매출 비중은 영화 부문이 39%, 미디어 네트워크 부문이 38%, TV 제작 부문이 23%를 차지하고 있고, 지역별 매출 비중은 미국이 전체의 85%, 해외가 15%를 차지하고 있다.

최근 분기별 실적을 살펴보면, 매출은 2018 회계연도 4분기 이후 감소하다가 2020 회계연도 들어 증가하는 모습이고, EPS 역시 최근 들어 반등하는 모양새이다. 오는 2020년 5월 24일에 발표할 예정인 2020 회계연도 4분기 실적에 대해 시장

분기별 실적과 전망 3월 결산 및 Non-GAAP EPS 기준, (단위) 매출 : 백만 달러, EPS : 달러

구분	FY19				FY20			
	Q1	Q2	Q3	Q4	Q1	Q2	Q3	Q4(E)
매출	933	901	933*	914*	964	984	999	943
EPS	0.18	0.22	0.36	0.11*	-0.02*	0.22*	0.14*	0.22
전망치	상회	상회	하회	하회	하회	하회	하회	-

에서는 코로나 19 확산에 따른 영향으로 매출이 전년동기 대비 3.2% 증가한 9억 4천만 달러, EPS가 100% 증가한 0.22달러를 기록할 것으로 예상하고 있다.

라이온스게이트의 주가는 2020년 4월 17일 기준으로 7.10달러, 시가총액은 5억 9천만 달러이다. 최근 12개월간 주가는 55.4% 하락했으며 최고가는 16.03달러, 최저가는 4.65달러이다. 그리고 라이온스게이트와 함께 인수합병 대상으로 물망에 오르고 있는 에이엠씨 네트웍스AMC Networks, **AMCX**의 주가는 24.37달러, 시가총액은 10억 7천만 달러이고, 최근 12개월간 주가는 59.7% 하락했으며 최고가는 60.49달러, 최저가는 20.58달러이다.

라이온스게이트는 현재 배당금을 지급하지 않고 있다.

최근 3개월간 발표된 라이온스게이트에 대한 4건의 월스트리트 투자의견을 종합하면 "강력매수"이고, 향후 12개월간 목표주가는 최고 15달러, 최저 10달러, 평균 12달러로 현재가 대비 69.01%의 상승 여력이 있다.

뉴지랭크US종목진단 결과

[종합점수]

59

라이온스게이트에 대한 뉴지랭크US의 종목진단 결과, 종합점수는 59점으로 양호하다. 모멘텀 점수는 96점으로, 유니버스 그룹 내 종목들에 비해 상대적으로 수급과 거래량이 매우 좋은 상황이지만 펀더멘탈 점수는 22점으로, 상대적으로 부진한 재무구조를 보이고 있다.

베타 지수는 1.43으로 시장 변화에 큰 영향을 받아 상승장에 유리하고, 시즈널 지수의 경우 연중 최저점이 5월 초, 연중 최고점이 1월 말이며 연중 최고점과 최저점의 차이가 70을 넘어 주가 변동성이 매우 큰 편이다. 롱텀 지수가 장기 하락 추세인 라이온스게이트의 현재 주가는, 엔벨 지수 상 중심선을 강하게 상회하고 있어 단기적으로 주가의 조정 가능성이 있다.

최신 결과 보기
뉴지랭크US

모멘텀점수	펀더멘탈점수	베타		롱텀	엔벨
96	22	1.43		장기 하락 추세	중심선 강하게 상회

누군가 탐내고 있을

대표적인 3세대 면역 항암제 업체

인싸이트

Incyte Corp.
SIMBOL(CODE) INCY
Nasdaq

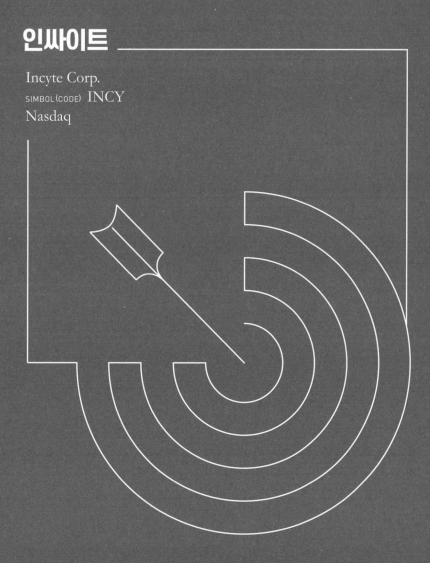

인싸이트

산업	생명공학
섹터	건강관리
직원수	1,456명
PER	42.91
EPS	2.05달러
배당	N/A
매출액	21억 5천만 달러
1년간 매출 변화	14.716%
결산월	12월

출처 WSJ (2020. 4)

기업정보 더보기
유캔스톡

사업내용	의약품 개발 및 생산, 판매
CEO	어베 호페노트
창립	1991년, 캘리포니아 팔로 알토
창립자	랜디 스콧
본사	델라웨어 윌밍턴

COMPANY DATA

━━ 의학 기술의 발전으로 우리는 더 나은 삶을 살고 있다. 많은 부분에서 믿기 어려울 정도로의 진보를 이루었으나 아직 완전히 정복하지 못한 부분이 있으니 바로 암癌, Cancer이다. 1940년대 최초로 치료제가 개발된 이후 현재까지도 정복을 위한 연구가 진행 중인 몇 안 되는 분야이다.

일부 초기 암은 완치에 가까운 치료가 가능하나, 상황에 따라 치료가 불가능한 경우도 아직 많다. 통계청에 따르면 집계를 시작한 1983년부터 2018년 현재까지 우리나라 사망 원인 1위는 여전히 암으로, 특히 2018년도에는 암에 의한 사망자 수가 가장 많았다고 한다. 그리고 같은 해에 발표된 전 세계 암 발병률·사망률 통계에 따르면 암 발병률은 남성 5명 중 1명, 여성 6명 중 1명으로 나타났고, 암 사망률은 남성 8명 중 1명, 여성 11명 중 1명으로 나타났다.

초기의 항암제는 화학 항암제로 암세포와 일반 세포를 구분 없이 무차별 공격하는 탓에 부작용이 컸으며 이를 1세대 항암제라고 부른다. 다음은 2세대 항암제로, 암세포만을 찾아서 선택적으로 공격하는 표적 항암제가 개발되어 다수의 암 치료에 효과를 보이고 있다. 하지만 표적이 제한적이고 내성이 발생할 수 있어 완치를 기대하기 어려운 실정이다. 이러한 표적 항암제에서 더 발전된 3세대 항암제가 있는데 이를 '면역 항암제'라고 한다.

면역 항암제는 체내 면역 세포가 스스로 잘 활동할 수 있도록 도와 면역 세포가 암세포를 죽이도록 유도한다. 약물에 대한 부작용이 거의 없고, 생존 기간 역시 기존 항암제보다 길다고 알려졌다. 폐암 4기인 김한길 전 국회의원의 경우를 보면, 폐암 수술을 받고 일반 항암제를 사용하다 전이가 발견되자 면역 항암제를 사용하면서 효과를 봤다고 한다. 하지만 지금까지 개발된 면역 항암제는 다른 화학 항암제와 함께 사용하여 효과를 보는 경우가 대부분이고, 많은 비용이 발생하는 단점이 있다. 그럼에도 최근 항암제 분야에서 가장 핫한 분야로, 현재 많은 연구가 진행 중

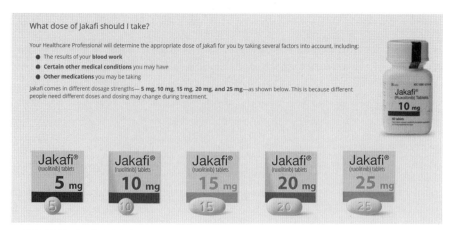

▶ 골수섬유증 치료제인 자카피

에 있다.

　이와 관련해 필자가 관심을 가지고 지켜보는 면역 항암제 업체가 있다. 인싸이트 Incyte, INCY가 그곳이다. '자카피JAKAFI'라는 이름의 골수섬유증 치료제를 개발해 판매하고 있는 회사로, 1991년 설립되어 본사는 델라웨어에 위치하고 있다. 1996 년 유전자 분석 회사인 게놈 시스템즈Genome Systems를 인수하여 인간 DNA 라이브러리 및 맵핑 기능을 사용하여 유전자 분석 분야를 강화하였고, 이를 활용하여 인간 DNA에 대한 완전하고 포괄적인 뷰를 제공하는 데이터베이스인 라이프섹 LifeSeq을 제공하고 있다. 2016년 아리아드 파마슈티컬즈Ariad Phamaceuticals의 유럽 사업부를 인수하면서 유럽에서 만성 골수병과 필라델피아-양성 급성 림프구성 백혈병 환자들을 위한 치료제인 아이클루시그Iclusig 제품을 확보했는데, 이는 향후 인싸이트의 중요 매출원이 될 것으로 보인다.

　최근 발표한 연간 실적 보고서에 따르면 자카피의 매출은 16억 8천4백만 달러, 자카피의 로열티 수입은 2억 2천5백만 달러로 전체 매출의 약 88.5%를 차지하고,

아이클루시그 제품은 8천9백만 달러로 전체 매출의 4% 이상을 차지하고 있는데 이는 인싸이트 전체 매출액의 93%에 달한다.

자카피가 치료 효과를 보이는 골수섬유증이란 혈액을 만들어내는 골수가 딱딱하게 굳으면서 비장 비대 및 다양한 전신 증상 등의 합병증을 동반하는 희귀 혈액암으로, 발병 원인은 아직 밝혀지지 않았다. 다만 백혈병의 진행 중 발병하는 경우가 많고, 결핵이나 매독을 통해서도 발병한다고 한다. 2014년 자카피는 미국 식품의약국FDA으로부터 진성 적혈구 증가증 용도로 승인을 받은 유일한 약물인데, 골수섬유증 환자의 생존 기간 연장에 큰 기여를 하고 있다.

이 외에도 인싸이트는 경쟁자이자 협력업체인 **머크 앤 컴퍼니**Merck & Co, **MRK**와 함께 치료제 개발 연구를 지속하고 있는데, 최근 급성 이식편대숙주질환GvHD 치료제인 '이타시닙Itacitinib' 개발을 위한 임상 3상 시험에는 실패했다. 반면 담관암 치료를 위한 신약 후보 물질인 '페미가티닙Pemigatinib'의 경우 FDA의 우선 심사 대상자로 지정됐고 2020년 4월 17일 승인이 확정됨으로써 세계 최초이자 유일한 담관암 치료제가 되었다. 이처럼 인싸이트는 포트폴리오 다각화를 위해서 노력하고 있다.

추가적으로, 최근 발생한 코로나 바이러스에 대한 치료제로 자사가 보유한 자카피를 활용하여 치료하는 방안에 대해 연구에 돌입했다. 시간이 걸리겠지만 이 부분도 눈여겨 볼만 하다.

여전히 가능성이 열려 있는
전 세계 면역 항암제 시장

의약품 시장 및 데이터 분석 기업인 **아이큐비아 홀딩스**QVIA Holdings, **IQV**에 따르면

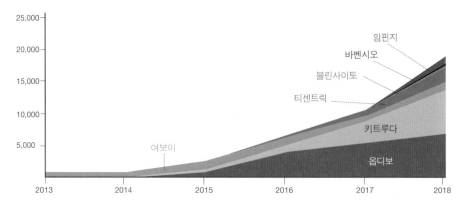

글로벌 면역 항암제 시장 추이 단위 : 백만 달러 / 자료 : 아이큐비아 홀딩스

아이큐비아 홀딩스에 관해서는 《미국주식 투자지도 2021》를 참조 글로벌 면역 항암제 시장은 2013년 8억 8천3백만 달러에서 2018년 193억 2천6백만 달러로 5년 사이 22배 이상 성장했다. 2010년 이후 제약 시장 전반의 M&A 거래가 감소한 것과는 대조적으로 면역 항암제 관련 인수합병은 지속해서 증가하고 있는 것이다. 또한 글로벌 의약품 시장조사 업체인 이벨류에이트파마EvaluatePharma가 발표한 월드 프리뷰 2019World Preview 2019에 따르면 희귀 의약품의 매출 성장세가 두드러지고 있는데 2019년 1천350억 달러에서 2024년 2천390억 달러로 확대될 것으로 예상한다.

대표적인 면역 항암제
옵디보 vs 키트루다

우리 몸의 면역체계는 암세포가 자라면 공격하는 면역반응을 갖고 있다. 공격을 위해서는 암세포를 구분해내야 하는데, 이때 대표적으로 사용되는 것이 면역세포인 T세포이다. T세포는 표면에 특정 수용체PD-1가 방출하는 PD-L1 물질과 결합하여 암세포를 억제한다. 그러나 암세포는 T세포가 자신을 공격하지 못하도록 T세포의 PD-1과 결합하여 감시망에서 벗어난다.

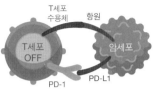

▼ 암세포의 면역회피반응

면역 항암제인 옵디보Opdivo와 키트루다Keytruda는 T세포의 PD-1에 결합하여 암세포가 활동성 T세포의 감시체계를 피하는 경로를 차단함으로써 T세포가 암세포를 공격할 수 있도록 한다.

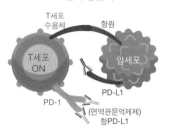

▼ 면역 항암제

브리스톨-마이어스 스큅이 보유 중인 옵디보는 2014년 미국에서 세계 최초로 승인받은 표적 면역 항암제로 주로 폐암, 신장암, 흑색종에 효과를 보이는 것으로 알려져 있다. 머크 앤 컴퍼니가 보유 중인 키트루다도 역시 2014년에 승인을 받았다. 최근 기사에 따르면 옵디보가 비소세포

폐암 임상 3상에서 기존 화학 요법보다 전체 생존 기간을 개선하지 못한 결과로 인해 키트루다와의 주도권 경쟁에서 밀리는 양상을 보이고 있다고 한다. 반면 키트루다는 출시 4년 만에 분기 매출 19억 달러를 달성했고, 폐암 1차 치료제로의 사용이 계속해서 늘어나고 있다. 참고로 옵디보의 매출은 2018년 1분기까지 키트루다를 앞섰지만 2018년 2분기에 키트루다가 역전한 이후부터 매출 격차가 벌어지고 있다.

대형 제약사들의
인싸이트 인수 가능성은?

인싸이트에 대한 대형 제약사들의 인수 이야기는 2012년 즈음부터 계속 흘러나왔다. 먼저 지난 2017년 초에는 길리어드 사이언스Gilead Sciences, **GILD**가 인싸이

트를 인수하는 것이 아니냐는 소문이 돌았으나 인싸이트가 아닌 **카이트 파마**Kite Pharma를 인수하면서 일단락되었다.

이어 2018년 인싸이트 인수에 대한 여러 루머가 전해졌으나 최고재무책임자였던 데이비드 그라이스카David Gryska가 은퇴하면서 다시 잠잠해졌다. 그리고 2019년 들어 제약 부문, 특히 바이오테크 섹터에서 25개가 넘는 인수합병이 성사되면서 또다시 인싸이트에 대한 인수 논의가 본격화되는 것 아니냐는 이야기가 업계 안팎에서 흘러나오고 있다.

이렇듯 인싸이트가 꾸준히 인수합병 대상으로 언급되는 것은 자카피를 통해 꾸준한 수익을 창출하면서 새로운 파이프라인 확보를 위해 여러 후보물질을 연구 및 개발하고 있기 때문일 것이다. 따라서 대형 제약사인 **길리어드 사이언스, 브리스톨-마이어스 스큅**Bristol-Myers Squibb, **BMY**뿐만 아니라 다음과 같은 회사들이 인수를 고려하고 있다길리어드 사이언스는 《미국주식 투자지도 2018》, 브리스톨-마이어스 스큅은 《미국주식 투자지도 2021》 참조.

인수가 유력한 제약 회사

암젠Amgen　　암젠**AMGN**은 생명공학 의약품 개발의 선구자로, 전 세계 100개 국에 진출해 있으며 수백만 명의 환자에게 암, 신장질환, 류머티즘 관절염, 골질환 및 기타 중증 질환 치료제를 개발해 공급하고 있다. 특히 효과적인 치료 대안이 부족하거나 치료 방법이 전무한 희귀질환의 치료제 개발에 매진하고 있다《미국주식 투자지도 2018》 참조. 만약 암젠이 인싸이트를 인수한다면 희귀질환의 치료제 개발에 큰 힘을 얻을 뿐만 아니라 포트폴리오에 다양성을 추가할 수 있을 것으로 기대한다.

머크 앤 컴퍼니 Merck & Co　　머크 앤 컴퍼니MRK는 세계적인 제약 기업으로, 심혈관 질환, 제2형 당뇨병, 천식, 고혈압, 관절염 등 다양한 치료제와 각종 바이러스에 의한 질병을 예방할 수 있는 치료제 및 항생제를 개발하고 생산한다. 더불어 면역 항암제인 키트루다를 보유하고 있는데, 2015년 8월 91세 나이에 뇌종양 수술을 받았던 지미 카터 전 미국 대통령이 이 약을 처방받아 완치되었다고 전해지면서 유명해지기 시작했다≪미국주식 투자지도 2018≫ 참조. 만약 머크 앤 컴퍼니가 인싸이트를 인수한다면 이미 가지고 있는 면역 항암제인 키트루다와 자카피가 쌍두마차가 될 것으로 기대한다.

찰스 리버 래버러토리스 Charles River Laboratories　　찰스 리버 래버러토리스CRL는 1947년에 설립된 기업으로, 동물 임상 실험에 필요한 동물을 제공하는 사업으로 시작하여 신약 개발 단계에 필요한 비임상 개발 및 안전 테스트 서비스를 제공하고 있다. 전 세계 20개 국에 걸쳐 80개 이상의 연구 시설을 운영 중에 있다. 만약 찰스 리버 래버러토리스가 인싸이트를 인수한다면 상당한 수준의 포트폴리오 보강이 이루어질 것으로 기대한다.

인싸이트INCY는 건강관리Health Care 섹터 중 생명공학Biotechnology 산업에 속해 있다.

12월이 결산월인 인싸이트는 2019년 1월부터 12월까지 2019 회계연도 기준으로 매출이 전년 대비 14% 이상 증가한 21억 5천만 달러, 영업이익은 200% 이상 증가한 4억 2천만 달러, 순이익과 EPS도 모두 300% 이상 증가한 4억 4천만 달러와 2.05달러를 기록했다.

사업부문별 매출 비중은 의약품 부문이 82%, 라이선스 부문이 14%, 계약 및 기타 부문이 4%를 차지하고 있고, 사업지역별 매출 비중의 경우 미국이 전체의 96%, 해외가 나머지 4%로 나타나고 있다.

최근 분기별 실적을 살펴보면, 매출과 EPS 모두 전년동기 대비 높은 증가세를 보이고 있다. 매출의 경우 연간 단위로 2분기와 4분기에 강한 모습을 나타내고 있다. 또한 오는 5월 5일에 2020 회계연도 1분기 실적을 발표할 예정인데 시장에서는 매출이 전년동기 대비 10.1% 증가한 5억 4천만 달러, EPS가 42% 감소한 0.36달러

분기별 실적과 전망   12월 결산 및 Non-GAAP EPS 기준, (단위) 매출 : 백만 달러, EPS : 달러

구분	FY18				FY19			
	Q1	Q2	Q3	Q4	Q1	Q2	Q3	Q4
매출	382*	522	450	528	498	530	552	579
EPS	-0.01*	0.26	0.38*	0.4*	0.62	0.75	0.82	0.65
전망치	하회*	상회	하회*	하회*	상회	상회	상회	상회

를 기록할 것으로 예상하고 있다.

인싸이트의 주가는 2020년 4월 17일 기준으로 100.00달러, 시가총액은 216억 7천만 달러이다. 최근 12개월간 주가는 14.5% 상승했으며 최고가는 95.72달러, 최저가는 63.18달러이다. 그리고 인싸이트의 유력한 인수 업체 중 하나인 **암젠** AMGN의 주가는 234.97달러, 시가총액은 1,381억 달러이고, 최근 12개월간 주가는 32.4% 상승했으며 최고가는 241.49달러, 최저가는 162.73달러이다.

인싸이트는 현재 배당금을 지급하지 않고 있다.

최근 3개월간 발표된 인싸이트에 대한 14건의 월스트리트 투자의견을 종합하면 "매수"이고, 향후 12개월간 목표주가는 최고 116달러, 최저 79달러, 평균 88.40달러로 현재가 대비 11.60% 낮은 상황이다.

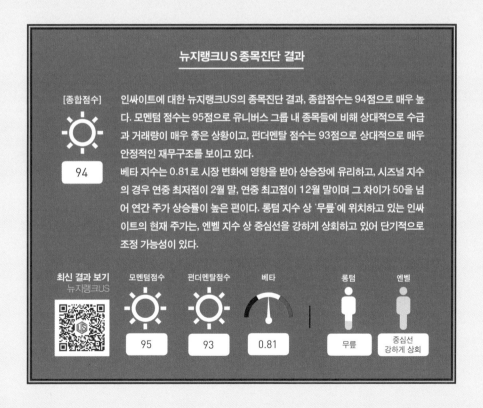

뉴지랭크US 종목진단 결과

[종합점수]

94

인싸이트에 대한 뉴지랭크US의 종목진단 결과, 종합점수는 94점으로 매우 높다. 모멘텀 점수는 95점으로 유니버스 그룹 내 종목들에 비해 상대적으로 수급과 거래량이 매우 좋은 상황이고, 펀더멘탈 점수는 93점으로 상대적으로 매우 안정적인 재무구조를 보이고 있다.
베타 지수는 0.81로 시장 변화에 영향을 받아 상승장에 유리하고, 시즈널 지수의 경우 연중 최저점이 2월 말, 연중 최고점이 12월 말이며 그 차이가 50을 넘어 연간 주가 상승률이 높은 편이다. 롱텀 지수 상 '무릎'에 위치하고 있는 인싸이트의 현재 주가는, 엔벨 지수 상 중심선을 강하게 상회하고 있어 단기적으로 조정 가능성이 있다.

최신 결과 보기
뉴지랭크US

모멘텀점수	펀더멘탈점수	베타	롱텀	엔벨
95	93	0.81	무릎	중심선 강하게 상회

언택트 시대 성장이 기대되는
딜리버리 시장의 라이징 스타들

포스트메이츠 & 도어대시

Postmates & DoorDash

COMPANY DATA

포스트메이츠

사업내용 음식 배달 서비스
CEO 바스티안 레만
창립자 바스티안 레만, 션 플레이스,
샘 스트리트
창립 2011년
본사 캘리포니아 샌프란시스코
직원수 5,341명

사업내용 음식 배달 서비스
CEO 토니 수
창립자 토니 수, 스탠리 탕, 에반 무어,
앤디 팡
창립 2013년, 캘리포니아 팔로 알토
본사 캘리포니아 샌프란시스코
직원수 7,549명

도어대시

COMPANY DATA

최근 코로나 19의 여파로 외부 활동이 제한됨에 따라 음식 배달 서비스 업체들이 더욱 인기이다. 그러나 경제 침체 우려로 금융 시장이 위축되면서 이들의 기업 공개IPO 추진 역시 지연될 것으로 보인다.

참고로 글로벌 회계·컨설팅 기업인 어니스트 앤 영Ernst & Young, EY은 "2020년 1분기, 코로나 19 펜더믹으로 글로벌 IPO 모멘텀 축소COVID-19 pandemic cuts global IPO momentum short in Q1 2020" 보고서에서 3월 IPO가 전년대비 건수는 11%, 규모는 19% 줄어들었다고 발표했다. 지역별로는 아시아 태평양과 미주는 증가했지만, 유럽·중동·인도·아프리카 지역은 감소했다. 어니스트 앤 영은 코로나의 예상치 못한 확산으로 금융 시장이 하방 압력을 받았고 이로 인한 변동성은 IPO 가치 평가에 불확실성을 확대시킨다고 언급했다. 더불어 경제 활동이 부정적인 가운데 2분기 반등은 어려울 것으로 예상했다. 다만, 일반적으로 IPO 비수기인 3분기에 IPO가 다시 늘어날 수 있다고 전망했다.

이 점을 염두하고 상장이 점쳐지고 있는 핫한 기업 두 곳을 살펴보자.

2020년 1분기 글로벌 IPO 현황 및 규모 단위 : 달러 / 자료 : 어니스트 앤 영

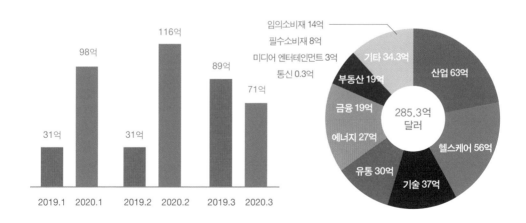

포스트메이츠,
혼자 사는 중고령층에 특화된 배달 서비스

포스트메이츠Postmates는 단순 음식 배달 서비스뿐만 아니라 지역 내 상점에서 파는 가정용품, 개인용품, 문구류, 상비약 등 소비자에게 필요한 물품 배달 서비스를 제공하는 기업이다. 소비자가 요청하면 늦은 저녁이나 새벽에도 24시간 편의점에서 구매할 수 있는 물품들을 사서 배달해준다. 우버 잇츠, 그럽허브와 다른 것은 음식뿐만 아니고 술Alcohol도 배달해준다는 점이다.

배달료는 4.99달러부터 시작하여 거리에 따라 차등 부과된다. 그리고 월간 또는 연간 서비스를 등록하면 월 9.99달러, 연간 99.99달러에 무제한으로 이용할 수 있다. 월간 또는 연간 구독 서비스는 15달러 이상에 대한 무료 배송으로 무조건 무료 배송은 아니다. 하지만 물품 가격을 고려할 때 미국에서 15달러는 쉽게 채울 수 있는 가격이라고 생각된다.

포스트메이츠의 배달 직원은 플리트Fleet라는 정책으로 채용되며, 온라인에서 등록하고 신상검증 등 절차를 밟아 선정되면 자유롭게 활동할 수 있어 미국에서는 새로운 인기 아르바이트로 각광받고 있다. 자동차, 오토바이, 자전거 등 다양한 운송수단을 사용하여 자신이 원하는 시간에 자유롭게 배달 활동이 가능하고 급여는 주 단위로 지급된다.

포스트메이츠는 음식 배달 서비스와 더불어 픽업 주문 서비스도 제공하고 있다. 픽업 주문에 따른 추가 비용은 발생하지 않지만, 주문 시 배달과 픽업을 구분하여 선택해야 한다. 물론 식당에 직접 전화해서 주문할 수도 있을 것이다. 그러나 앱을 이용하면 바로 결제가 가능하여 식당에 도착해 기다릴 필요 없이 픽업만 하면 되기 때문에 사용자가 점점 증가하고 있다.

▶ 주류 배달도 가능한 포스트메이츠의 홈페이지. 배달(딜리버리) 또는 포장(픽업) 주문을 선택할 수 있다. (좌측) 포스트메이츠와 애플의 콜라보 이벤트 : 포스트메이츠 애플페이로 결제 시 5.99달러 영화 쿠폰이 제공된다. (우측)

이 외에도 포스트메이츠는 자율주행 로봇인 서브Serve를 개발하여 로스앤젤레스 지역을 시작으로 서비스를 개시했다. 서브는 카메라 2개와 센서를 탑재하고 장애물을 피하는 반자율주행 배달 로봇으로, 원격제어 센터에서 모니터링하고 문제 발생 시 원격센터에서 해결하는 방식으로 시험 운행 중이다. 터치스크린과 동영상 채팅 기능을 탑재하고 있으며, 필요하면 보행자에게 도움을 요청할 수 있도록 설계되어 있다. 서브는 한 번 충전으로 최대 약 40킬로미터 주행이 가능하며, 약 22킬로그램의 무게를 배달할 수 있다. 고객은 터치스크린을 통해 비밀번호를 입력, 배달받은 물품을 찾으면 된다. 참고로 한국에서도 비슷한 배달 로봇이 대학교 캠퍼스에 등장한 바 있는데, 배달의민족이 선보인 자율주행 배달로봇 '딜리'가 그것이다.

포스트메이츠의 성장 과정
포스트메이츠는 2011년 샌프란시스코에서 바스티안 레만Bastian Lehmann, 션 플레이스Sean Plaice 그리고 샘 스트리트Sam Street에 의해 설립되었다. 2014년 12월에 앱을 첫 론칭했으며, 2015년 6

월 28개 도시에서 250만 건 이상 배달하는 데 성공하며 빠르게 성장했다. 앱의 기능들이 점점 업그레이드되면서 기프트카드와 예상 배달 시간을 제공하기 시작했고, 꾸준한 성장을 위해 미국뿐 아니라 멕시코시티 등 미국 이외의 지역으로도 서비스를 확장했다.

2018년 12월에는 앞서 소개한 자율주행 로봇인 서브를 자체 개발해 발표했는데, 서브에는 원격 조정, 터치스크린과 화상채팅 등으로 고객과 소통할 수 있는 장치도 탑재돼 있다.

도어대시,
미국 1위 음식 배달 서비스

도어대시DoorDash는 포스트메이츠와 더불어 비상장 음식 배달 전문기업으로 한국의 배달의민족, 요기요 등과 비슷한 서비스를 제공한다. 기존에 배달하지 않았던 로컬 맛집과 제휴를 확대하는 등 메뉴의 다양성 확보에 집중한 결과, 현재는 미국 100대 레스토랑 중 90%와 제휴하고 있다. 더불어 2019년 고급 레스토랑의 음식 배달 전문 회사인 캐비아Caviar를 인수, 레스토랑 확대에 긍정적인 역할을 할 것으로 보인다.

도어대시의 성장에는 2018년부터 시행한 월 구독 서비스대시패스 역시 큰 도움이 되었다. 월 구독 서비스는 여타 배달 앱들도 제공하지만, 도어대시는 서비스 제공 후발주자임에도 불구하고 충성도 높은 고객층을 먼저 확보할 수 있었다. 실제로 파일럿 테스트 기간 동안 고객들은 월평균 20달러 정도의 배달 비용을 절약한 것으로 나타났으며, 그로 인해 더 많은 사람들이 서비스에 관심을 보였다.

▶ 오프라인 맛집과의 제휴를 확대하고 있는 도어대시의 홈페이지

이와 더불어 회사는 레스토랑에서 즐기는 맛 그대로 소비자들이 경험하도록 하는 데 투자를 아끼지 않았다. 미 항공우주국NASA에서 개발한 특수 은박지로 요리를 포장한 다음, 보온 가방에 넣어 배달함으로써 보온과 신선도 유지에 많은 신경을 썼다. 그리고 소비자와 대면으로 접촉하는 배달원들에게 복지 혜택을 주고 경험많은 배달원들을 고용함으로써 신속하고 안정적인 배달 서비스를 정착시키려 노력했다. 실제로 배달원들에게 건강보험 혜택을 제공하고 배달 수당도 일한 다음날 바로 지급함으로써 배달원들의 이탈을 방지하고 있다.

도어대시는 2020년 2월 IPO를 위한 첫걸음을 내디뎠다고 발표한 바 있다. 자금조달을 통해 약 130억 달러의 가치를 보유하고 있는 가운데, 음식 배달업 1위 기업이었던 **그럽허브**Grubhub, GRUB를 제치고 2020년 들어 음식 배달 점유율 1위에 올라섰다. 하지만 앞서 언급한 바와 같이 최근 코로나 19로 인한 불확실성이 확대되면서 예정되었던 IPO는 언제 가능할지 모르는 상황으로 변했다.

도어대시의 성장 과정 2013년 스탠퍼드 대학교의 학생이었던 앤디 팡Andy Fang, 토니 수Tony Xu, 스탠리 탕Stanley Tang 및 에반 무어Evan Moore가 샌프란시스코에서 설립했다. 투자자들로부터 자금을 조달받아 2018년 4월부터 월마트 WMT와의 파트너십을 통해 음료 및 식품 배달을 시작했으며, 2018년 12월에는 후발 주자임에도 불구하고 우버 잇츠를 넘어섰고, 2019년 하반기엔 1위 업체인 그럽 허브GRUB를 빠르게 추격했다.

2019년 8월에는 도시 지역 내 고급 레스토랑의 음식 배달 전문 회사인 캐비아를 인수했고, 이어서 자체 운전 및 원격 제어 차량 기술에 중점을 둔 스타트업 회사인 스코티 랩스Scotty Labs를 인수했다. 나아가 전자 상거래 플랫폼인 메르카토Mercato 와 제휴하여 사업을 확장하고 독립적인 식료품점 및 전문점과도 연결하겠다고 발표했다.

글로벌 배달 기업 M&A의 강자 딜리버리 히어로, 그리고 배달 시장의 추이

제조업 강국인 독일에서 뜻밖에도 온라인 배달계의 글로벌 거인이 탄생했다. 이제 우리에게도 제법 익숙한 딜리버리 히어로Delivery Hero, ETR : DHER이다. 독일 베를린 에서 시작한 이 회사는 니클라스 외스트버그Niklas Östberg에 의해 2011년 설립, 단기간에 전 세계 40여 개 국가에 서비스 네트워크를 구축하였고, 그중 35개국에서 1위 기업으로 급성장했다. 그리고 2017년 6월 IPO를 통해 독일 프랑크푸르트 주식 시장에 상장했다.

딜리버리 히어로는 주요 국가의 음식 배달 회사와의 M&A를 통해 꾸준히 성장을 이어오고 있다. 글로벌 최대 규모의 식품 네트워크를 보유한 딜리버리 히어로는 현재 50만 개 이상의 레스토랑을 보유하고 있고, 전 세계 300개 이상의 도시에 자체 배달 서비스를 제공하고 있다.

딜리버리 히어로의 기업 M&A 이력

2011년 헝그리하우스Hungryhouse(영국)

2012년 리퍼헬트Lieferheld(독일), 온라인피자OnlinePizza(스웨덴),
　　　　 피자포탈PizzaPortal(폴란드), 피자-온라인Pizza-Online(핀란드)

2014년 페디도스야PedidosYa, 클릭딜리버리Clickdelivery(라틴 아메리카),
　　　　 피자닷디이Pizza.de(독일), 배달통(한국)

2015년 탈라바트Talabat(중동, 북아프리카), 예멕세페티Yemeksepeti(터키),
　　　　 이-푸드E-food(그리스), 다메이들로Damejidlo(체코)

2016년 푸도라foodpanda

2017년 오트롭Otlob(이집트), 캐리지Carriage(중동, 북아프리카),
　　　　 아페티토24Appetito24(라틴 아메리카), 푸드플라이Foodfly(한국)

2018년 힙메뉴Hipmenu(유럽), 넷코미다스Netcomidas(볼리비아)

2019년 조마토Zomato food delivery business(중동, 북아프리카)

참고로 국내에서는 '요기요'와 '배달통' 등의 최대 주주로 알려져 있는 가운데, 2019년 12월 '배달의민족'을 운영하는 우아한형제들을 40억 달러에 인수한다는 소식이 알려지면서 관심이 더 확대되었다. 공정거래위원회에서 합병심사를 진행하고 있는 상황이며 국내 시장에서의 독과점 우려가 커지고 있다. 공정거래위원회에서 승인이 나오면 우아DH아시아가 아시아 11개국의 총괄을 맡을 예정인 것으로 알려졌다.

한편, 코로나 19 사태로 인하여 글로벌 배달 업체들이 수수료를 인하할 가능성이 언급되고 있다. 매출이 급락한 지역 식당을 돕기 위해 배달 업체들이 수수료 인하를 연이어 발표한 것이다. 업계 1위인 도어대시는 4월 13일부터 5월 말까지 제휴를 맺고 있는 미국, 캐나다, 호주 등 지역 식당에 대한 수수료를 절반으로 인하한다고 발표했다. 포스트메이츠 역시 소규모 업체에 대한 수수료 면제 방침을 밝혔다.

현재 미국에서 이들 포스트메이츠 및 도어대시와 경쟁하고 있는 주요 업체로는 우버 잇츠와 그럽허브가 있다.

경쟁하고 있는 주요 업체들

그럽허브Grubhub   2004년 시카고에서 설립되었으며, 2007년부터 샌프란시스코와 뉴욕으로 확대했다. 인수합병을 통해 미국의 1위 배달 브랜드로 자리 잡았지만, 후발주자들의 저렴한 배달 수수료 정책으로 수세에 몰린 끝에 2019년 하반기 시장 점유율 1위 자리를 도어대시에 빼앗겼다. 본서의 23~34페이지 참고.

우버 잇츠 Uber Eats   2014년 샌프란시스코에서 우버 테크놀로지스UBER가 시작한 음식 배달 앱 서비스로, 미국뿐만 아니라 세계 51개 국에서 서비스를 제공하고 있는 글로벌 서비스이다. 스타벅스도 2019년부터 우버 잇츠를 통한 배달이 가능해졌는데 2020년에는 미국 전역의 스타벅스와 제휴를 맺고 서비스를 확대할 것으로 알려졌다. 한국에서는 2017년 8월에 론칭했다가 치열한 경쟁을 이기지 못하고 2년 만에 철수했다.

코로나 19로 **최대 위기**를 맞은

숙박 공유 업체의 절대 강자

에어비앤비

Airbnb Inc.

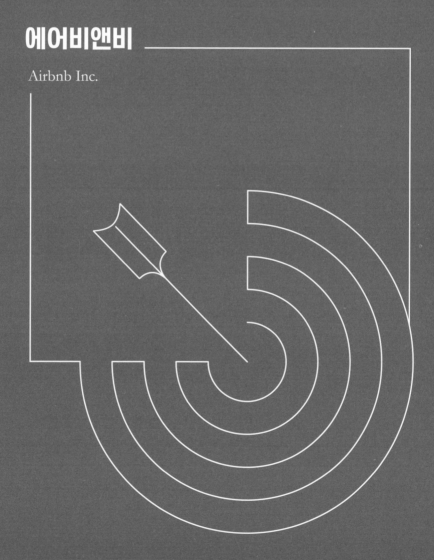

에어비앤비

사업내용 숙박 공유 플랫폼
CEO 브라이언 체스키
창립자 네이선 블레차지크, 브라이언
체스키, 조 게비아
창립 2008년 8월,
캘리포니아 샌프란시스코
직원수 12,736명

COMPANY DATA

━━ "침대를 빌려드리고, 아침을 드리겠습니다." 이 문구는 어느 한 회사의 사업 아이템이었다. 그런데 민박집일까, 침대 렌트회사일까, 그것도 아니면 식당인 걸까? 읽는 이를 의아하게 만드는 이 문구가 바로 우리가 잘 아는 에어비엔비Airbnb의 시작이었다. 숙박 공유 플랫폼 기업으로 잘 알려져 있는 에어비엔비는 현재 62개의 언어, 약 220개 국 이상에서 사업을 진행하고 있다. 그리고 하룻밤 글로벌 이용객 수는 2백만 명에 달하며, 미국에서 가장 큰 규모의 숙박 공유 플랫폼이 되었다.

2019년 9월 IPO 계획을 발표했고, 기업가치는 약 310억 달러로 알려져 있다. 호텔도 아니고, 그렇다고 대형 리조트도 아닌 일개 스타트업이 창업 10년여 만에 IPO 계획을 발표할 만큼 놀라운 성장을 일구기까지, 대체 무슨 일이 있었던 걸까? 과연 어떤 점이 이 회사를 그처럼 빠르게 성장할 수 있게 했을까? 숙박 공유 플랫폼이란 말은 거창하지만, 그 본질을 보면 이미 기존에 존재하는 숙박 중개 웹사이트와 다를 바 없다. 그렇다면 기존에 있던 플랫폼들과의 어떤 차이점이 그들을 색다른 존재로 만들었을까?

지금부터 이런 질문들에 대한 답을 하나씩 찾아보자.

소박한 시작과
급속한 성장

캘리포니아주 샌프란시스코에 거주하던 브라이언 체스키Brian Chesky과 조 게비아Joe Gebbia는 그곳의 높은 월세를 감당하기 힘들었다. 2007년 두 사람은 대형 디자인 콘퍼런스 개최 시기에 호텔을 구하기 힘들다는 점에 주목했고, 월세에 도움이 되고자 자신들이 사는 아파트의 남는 공간인 로프트loft, 다락방를 이용해 침대, 책상, 무선 인터넷, 아침밥 등을 제공하자는 발상을 했다. 그렇게 해서 '에어베드와 아침밥airbedandbreakfast.com'이라는 이름의 웹사이트가 만들어졌다. 그들이 먼저 한 일은 3개의 에어 매트리스를 구입한 것이었다. 첫 3명의 고객들은 하루 숙박요금으로 각각 80불을 지불했는데, 이것을 계기로 그들의 옛 룸메이트였던 네이선 블레차지크Nathan Blecharczyk와 함께 이 아이디어를 사업으로 키울 계획을 세우게 된다.

결과가 좋지 않았던 두 번째 시도를 뒤로 하고, 2008년 사우스 바이 사우스웨스트South by Southwest, SXSW라는 영화 및 음악 페스티벌에서 세 번째 시도를 했으나 결과는 마찬가지. 그리고 같은 해 여름, 공동창업자 3명은 3번의 클릭으로 숙박을 예약할 수 있는 웹사이트airbedandbreakfast.com의 최종 버전을 만들었고, 투자를 받기 위해 엔젤 투자자들을 만났다. 하지만 총 15명의 투자자들로부터 깨끗하게 거절을 당했다.

그럼에도 2008년 12월 콜로라도주 덴버에서 개최된 민주당 전당대회에서 숙박 공유 웹사이트 사업을 다시 시도했고, 호텔이 부족했던 상황으로 인해 마침내 작은 성공을 거두었다. 그렇다고 해서 바로 돈을 벌었던 것은 아니다. 당시 숙박 공유 플랫폼 시스템으로는 충분한 수익을 만들 수 없었기에, 오바마 오즈Obama O's와 캡앤 맥케인즈Cap'n McCains이란 이름의 시리얼을 길거리에서 판매하여 3만 달러의 수익을 얻는 동시에 회사도 홍보했다.

▶ 2008년 민주당 전당대회 시 제작했던 시리얼들

**기업의 면모를
정비하다**

그러던 중 와이씨Y Combinator, YC라고 불리는 스타트업 인큐베이터*의 창업자인 폴 그레이엄 Paul Graham의 눈에 띄게 되고, 와이씨에 들어올 것을 권유받았다. 2009년 초, 약 3개월간 그곳에서 사업을 더 다듬은 것은 회사의 면모를 갖추는 계기가 되었고, 같은 해 3월 사명을 '에어베드와 아침밥'에서 우리에게 친숙한 이름인 '에어비엔비'로 변경했다.

그리고 약 한 달 후인 4월, 세쿼이아 캐피탈 Sequoia capital로부터 60만 달러의 투자 유치

폴 그레이엄의 홈페이지

발신자 : 폴 그레이엄
수신자 : 프레드 윌슨, 에어베드와 아침밥 창립자들
날짜 : 2009년 1월 23일(금요일), 오전 11:42

이제 막 배치batch, 스타트업 인큐베이터가 지원할 스타트업을 선발하는 형태의 하나를 시작한 스타트업 중 하나인 에어베드와 아침밥은 현재 뉴욕 시티에서 사용자들을 만나고 있습니다. (뉴욕 시티는 그들의 가장 큰 시장입니다.) 스케줄이 허락한다면 그들을 만나볼 것을 추천합니다.

위의 내용은 폴 그레이엄의 홈페이지에 공개된 과거 이메일 중 일부이다. 이처럼 폴 그레이엄의 홈페이지 www.paulgraham.com/airbnb.html에서 폴 그레이엄, 프레드 윌슨, 그리고 브라이언 체스키가 주고 받은 창업 초기의 이메일을 볼 수 있다.

를 통해 성장을 지속했고 약 4년 후인 2011년에는 89개 국에서 1백만 명의 이용자가 이용하는 숙박 공유 플랫폼이 되었다. 같은 해 실리콘 밸리의 대형 벤처캐피탈Venture Capital들로부터 1억 1천2백만 달러의 투자를 유치했으며 기업가치 10억 달러 이상의 스타트업으로 유니콘 기업 명단에 이름을 올렸다.

**성장통을 겪으며
세계적 기업으로**

이후 에어비앤비는 순조롭게 투자 유치를 하면서 성장만 했을까? 어느 스타트업이나 넘어야 할 허들은 있기 마련이다. 에어비앤비도 예외가 아니었다. 빌려준 집의 가구 파손, 오물 투척, 파티 흔적 등 공간을 함부로 사용한 이용자들 때문에 호스트들의 불만이 증가하기 시작했던 것이다. 이에 에어비앤비는 호스트 개런티host guarantee라는 일종의 보상 제도를 1백만 달러까지 상향 조정했다.

또한 몇몇 도시의 경우 허가받은 숙박회사가 아니면 돈을 받고 숙박을 하는 것이 불법이라 호스트들에게 벌금이 부과되기도 했다. 이 법적 규제는 지금까지도 에어비앤비가 계속적으로 풀어야 하는 숙제이다. 이에 대해 에어비앤비는 호텔 세금을 투숙객들에게 부과해서 숙박업체가 내야 하는 세금 부담을 줄여주고 있다. 하지만 주거용 아파트나 주택을 비인가 숙박업체로 전락시킨 것이라는 비난은 여전하다.

어느 회사나 성장하다 보면 많은 비난을 받는 일이 생긴다. 에어비앤비 역시 이와 관련한 일화들을 가지고 있다. 우리에게 친숙한 에어비앤비의 벨루Bélo 로고는 2014년에 디자인된 것으로, 그 의도는 친밀함 혹은 유대감belonging을 상징하는 것이었지만 사람의 생식기 같다는 비난을 받기도 했다. 또, 2016년 민주당 엘리자베스 워렌Elizabeth Warren상원 의원은 에어비앤비 같은 숙박 공유 플랫폼들이 주택부족 현상을 악화시킨다고 주장하기도 했다.

새로운 도전과 전략적 인수, 그리고 주요 경쟁사들

에어비앤비는 다양한 시도를 통해 사업을 확장하고, 매너리즘에 빠지지 않기 위한 노력을 기울이고 있다. 지금부터 하나씩 살펴보자.

2016년 : 현지인들이 주최하는 특별함 One-of-a-kind activities hosted by locals   새로운 곳에 여행을 가면 그 지역의 볼거리, 먹거리, 즐길거리 등을 인터넷으로 최대한 알아보지만 그 한계는 존재할 수밖에 없다. 에어비앤비는 이런 점을 활용해서 그 지역의 특산물들을 활용한 요리 교실, 승마 교실, 야외 탐험, 주요 관광지 안내, 공예품 제작 등 숙박 이외의 즐길거리를 제공하는 플랫폼 운영을 시작했다.

2017년 : 럭셔리 리트리트 Luxury Retreats **인수**   에어비앤비와 운영 방식은 같지만 전 세계 유명한 휴양지들에 있는 고급 콘도나 주택을 빌려주는 럭셔리 리트리트를 인수했다.

▶ 에어비앤비의 <현지인들이 주최하는 특별함> 서비스

2017년 : 니도 Niido   현재 플로리다주 올랜도시와 테네시주 네슈빌에서 운영 중인 공유형 아파트로, 미국에 있는 여러 대학교 근처의 기숙사형 아파트와 비슷한 개념으로 보면 될 듯하다.

2018년 : 에어비엔비 플러스 Airbnb Plus   에어비엔비의 직원들에 의해 개발된 것으로 청결, 호스트, 실내, 외관 등 100가지가 넘는 체크리스트를 통과한 집들만 제공하는 차별화된 서비스이다.

2019년 : 호텔투나잇 HotelTonight **인수**   소위 말하는 땡처리 호텔 예약을 해주는 플랫폼이다. 호스트들의 집이 예약으로 가득 차는 경우 작은 규모의 부띠크 호텔이나 대형 체인 호텔들의 남는 방을 에어비엔비를 통해서 예약하게 하는 것이다.

그렇다면 숙박 공유 플랫폼 시장에는 에어비엔비만 존재할까? 당연히 아니다.

경쟁하고 있는 주요 업체들

플립키Flipkey   1명이나 2명 또는 작은 소그룹4명 이상으로 빌릴 수 있는 휴가용 콘도와 별장 위주로 리스팅되어 있다. 모회사가 트립어드바이저TripAdvisor, **TRIP**이다 보니 실제 사용자의 리뷰가 많다는 것이 최대 장점 중 하나이다. 그리고 이용자의 목적에 맞춰서 리뷰를 필터링 검색할 수 있기 때문에 원하는 집을 찾기가 에어비엔비보다 조금 더 수월한 편이다.

턴키Turnkey   호스트들이 제공하는 집과 별장뿐만 아니라 그들이 직접 소유한 렌트용 집들을 제공한다. 특이한 점은 턴키에 집을 리스팅하는 과정에서 출입문 비밀번호 시스템과 소음 감지 장치가 설치된다는 점이다. 따라서 호스트에게 집 열쇠를 직접 받거나 보관함에서 찾을 필요 없이 턴키에서 제공하는 출입문의 비밀번호로 빌린 집을 사용하게 된다. 또한 비밀번호는 앱을 통해서 받는데 그 앱을 통해서 지역 축제, 식당 추천, 볼거리 등을 제공한다. 이것은 에어비엔비가 제공하지 않는 기능이다. 메리어트 인터내셔널Marriot international, **MAR**과의 파트너십으로 메리어트 멤버십 포인트로 턴키를

▶ 턴키를 이용해 출입문 비밀번호를 받는 방법

이용할 수 있기 때문에 이용 고객 수가 어느 정도 확보된 점도 장점이다. 참고로 미국은 출입문 비밀번호 시스템이 대중화되어 있지 않으며 여유가 되는 사람들은 휴가용 콘도나 별장들을 소유하고 있다.

홈어웨이HomeAway 　2015년 익스피디아 그룹Expedia Group, **EXPE**이 인수한 회사이다. 이곳에 리스팅하는 호스트들은 풀타임으로, 즉 직업적으로 집들을 관리하는 경우가 흔해서 등록된 숙소를 보면 에어비엔비보다 세련된 곳이 많다. 가격은 에어비엔비보다 높지만 이용자들은 더 좋은 서비스를 제공받을 수 있으며 익스피디아 그룹의 자회사답게 라스트 미닛 딜last minute deal 같이 땡처리 할인 기능도 있다. 아시아 지역에 특화된 **트래블몹**TravelMob, 휴가용 콘도나 별장들에 특화된 **버보**vacation rental by owner, VRBO 등의 숙박 공유 플랫폼도 운영한다.

부킹닷컴booking.com   우리들에게 익숙한 웹사이트로, 이제는 호텔뿐만 아니라 아파트, 휴가용 콘도나 별장 같이 호스트들이 직접 운영하는 곳들도 예약 가능하다. 아무래도 숙박산업에서 오랫동안 사업을 영위해온 회사이므로 웹사이트가 직관적이고 다른 숙박 공유 플랫폼 대비 원하는 숙박업체를 찾는 과정이 수월하다는 평이 있다.

이밖에도 캠핑카 공유 플랫폼인 **아웃도지**Outdoorsy, 고급 휴가용 콘도나 별장에 특화된 **원파인스테이**onefinestay 등 많은 숙박 공유 플랫폼들이 존재한다.

현재의 수익성보다는 미래 가능성을 가늠해볼 기업

지금까지 에어비앤비의 성장 과정과 최근의 전략을 통해 에어비앤비가 단순히 호스트와 이용객들을 연결해주는 숙박 공유 기능에서 벗어나 사업을 확대하려는 노력 중임을 살펴봤다. 이처럼 에어비앤비는 최근 몇 년간 일반 이용자들뿐만 아니라 호텔들을 연결해주는 플랫폼 기능을 추가하는 모습을 보이고 있다. 또한 여행을 가서 우리들이 늘 하는 고민인 '뭐 할까? 뭐 먹을까? 이 지역만의 특별함은 없을까? 이 지역에 사는 사람들은 어디를 주로 갈까? 어디가 인기가 많을까?'라는 등의 궁금증에 대한 해답을 찾아주는 기능도 제공하고 있다.

우버UBER나 **리프트**LYFT 같은 공유 경제를 기반으로 하는 다른 회사들과 마찬가지로, 투자자의 입장에서 지금의 수익성에 집중하기보다는 에어비앤비를 통해서 과연 우리가 원하는 미래를 그려볼 수 있는지 그 여부를 먼저 고민해봐야 할 것으로 생각한다. 에어비엔비가 지금처럼 여행을 중심으로 하는 사업만 지속할지, 혹은 여행에서 파생되는 다양한 사업들을 추가할지 아무도 알 수 없기 때문이다. 이런 점에서 우리들의 상상력을 발휘할 밑바탕을 제공하는 회사임엔 분명해 보인다고 할 수 있다.

애플AAPL, 마이크로소프트MSFT, 아마존닷컴AMZN 같은 회사들을 떠올려보자. 우리가 꿈을 그려볼 수 있는 회사, 그중에서도 오랜 기간 동안 변화무쌍한 흐름 속에서 살아남을 수 있는 회사를 선택한 투자자들은 그 보답을 받았다. 바로 이 점을 기억할 필요가 있다고 생각한다. 2000년 닷컴버블에서 살아 남고 미국 증시를 이끌고 있는 앞서 언급한 회사들처럼 에어비엔비가 앞으로 언젠가는 다가올 리세션에서 살아남을 수 있을지, 지금 당장 알 수는 없다. 하지만 최후까지 살아남을 수 있는 DNA를 보유한 회사인지 잘 구별할 수 있어야 할 것이다. 참고로 지금의 코로나 19 확산이 그러한 판단을 가능하게 할 수도, 반대로 불가능하게 할 수도 있다.

숙박산업, 과연 괜찮을까?

최근 온라인 소비가 증가하는 대신 오프라인 소비는 감소하고 있는 트렌드이다. 하지만 이 둘의 경계선이 점점 희미해지고 있다는 점 역시 주목할 필요가 있다. 예를 들어 고객들이 마음에 드는 안경 다섯 개를 홈페이지에서 고르면, 고객에게 배송한 후 마음에 들지 않는 제품을 다시 반송하는 시스템으로 미국 안경시장에 혜성처럼 등장한 **와비 파커**Warby Parker는 최근 오프라인 매장을 늘리고 있다. 아무래도 고객들에게 직접 체험할 기회를 제공하기 위해서일 것이다.

에어비엔비는 숙박 공유 플랫폼에서 점점 호텔 같은 숙박업체들을 중개해주는 플랫폼으로 변화하고 있으며, 또 관광 상품, 교육, 야외 체험 등 기존에 존재하던 산

▶ 펜실베이니아주의 킹 오브 프러시아(King of Prussia) 쇼핑몰의 입점한 와비파커 매장(저자 직접 촬영)

업들의 영역으로 비즈니스를 확장하고 있다. 이 점은 에어비엔비가 이미 주류 그 이상이 되었다는 사실을 증명하는 것으로 봐도 좋다. 또 아무리 가상현실virtual reality, VR 시스템이 발전해도 여행이 주는 경험의 가치를 완벽히 대체하리란 불가능하다. 그런 면에서 여행 관련 산업은 인류가 존재하는 한 사라지기 힘든 산업으로 볼 수 있다.

에어비앤비의 재무 현황 비상장 회사라 공식 재무제표는 2020년 IPO를 위해 제공하는 회사의 공식 자료가 나와야만 확인할 수 있을 것이다. 다만 최근까지 보도된 기사 내용을 종합해보면 2019년 실적을 표와 같이 추정할 수 있으며, 마케팅 비용의 증가로 인해 손실을 기록한 것으로 보인다. 310억 달러의

에어비앤비 실적 추정치

구분	FY19 Q1	FY19 Q2	FY19 Q3	FY19 Q4	FY19 합계
매출	10.1억 달러	10.4억 달러	16.5억 달러	11.0억 달러	48.0억 달러
손익	-3.1억 달러	-3.5억 달러	+2.6억 달러	-2.7억 달러	-6.7억 달러

기업가치는 2017년 마지막 펀딩에서 측정된 것이므로, 최근 주식공개상장을 한 우버, 리프트와 같은 길을 가게 될 가능성 또한 존재한다.

부동산 임대 회사인가,

공유 경제의 중심인가

위워크

WeWork

위워크

사업내용 오피스 공유 서비스
CEO 세바스찬 거닝햄,
아티 민슨 주니어
창립자 아담 뉴맨, 미겔 멕켈비,
레베카 뉴만
창립 2010년, 뉴욕시 뉴욕 소호
직원수 15,000명
지점수 625개
회원수 60만 명

COMPANY DATA

━━ **위워크**WeWork는 단순한 부동산 임대 회사인가, 아니면 공유 경제의 중심에 있는 회사인가?

여러분 중 상당수는 지난 해 신문에서 위워크 최고경영자의 도덕적 해이, 이해상충, 주식담보 대출 등의 이유로 주식공개상장이 취소되었다는 기사를 읽은 바 있을 것이다. 이 같은 부정적 이야기들에 더해, 적자가 계속적으로 늘어날 수밖에 없는 구조이기 때문에 위워크를 그냥 우리들의 관심 속에서 지워야 할까, 아니면 미래를 위해 투자를 고려해야 할까? 이에 대한 판단을 돕기 위해 독자들과 함께 위워크란 회사를 알아보고자 한다.

위워크는 어떤 기업인가?

우리들에게 공유 오피스 기업으로 잘 알려져 있는 위워크의 모기업은 위 **컴퍼니**We Company이다. 지금까지 **소프트뱅크**Softbank로부터 약 185억 달러를 투자받은 동시에 한때 기업가치가 470억 달러에 달했던 기업이기도 하다. 소프트뱅크의 자금지원으로 현재 위워크는 33개 국, 127개 도시에서 약 625개의 공유 오피스를 운영 중이고, 약 60만 명의 사용자가 이용하고 있다. 사업 모델은 굉장히 단순한 편이다. 예를 들면 소규모 사업가, 창업자, 프리랜서들이 모여서 아이디어를 공유하고 서로에게 도움을 주는 공간을 만들어서 제공하고 사용료를 받는다. 달리 보면 그간 인류가 유지했던 고정된 장소로만 출퇴근하는 방식에 변화를 주는 것이라고도 생각할 수 있다.

2019년 말 IPO에 대한 기대감이 많았지만, 같은 해 9월 IPO를 연기하고 파산신청을 할 수도 있다는 자극적인 기사들이 쏟아졌다. 그 결과 최근 기업가치는 80억 달러까지 하락했었다.

많은 부정적인 사건들이 발생한 것은 맞다. 그렇다고 해서 미래 가능성 또한 그저 부정적으로만 치부해 버리기엔 찝찝함이 남는다. 위워크는 여러모로 전 세계의 관심을 한몸에 받았던 기업이고, 공유 경제를 대표하는 유니콘 기업 중 하나였던 것 또한 엄연한 사실이다.

한편 4차 산업혁명, 공유 경제 등의 용어에 익숙해졌음에도 그 용어들에 대한 명확한 정의는 아직 내릴 수 없는 시기이다. 그만큼 가까운 혹은 먼 미래에 어떤 사회에서 살아가게 될지 정확히 예측하기가 어렵기 때문이다. 이는 기술의 한계 때문이 아니다. 세계 각국의 규제와 법률 제정에 시간이 많이 소요되다 보니, 기술이 발전하더라도 그에 따른 변화가 당장 1~2년 안에 현실화되지 못할 가능성이 크기 때문이다. 다시 말해 공유 경제나 4차 산업혁명과 관련된 비즈니스에 관해서는 좀 더 장기적 안목을 가질 필요가 있다는 것이다. 이러한 이유로 위워크에 대한 투자를 고려조차 하지 않는 건 어쩌면 너무 성급한 판단일지도 모른다.

창업 8년 만에 세계적인 공유 오피스 회사가 된 위워크의 명과 암

위워크는 2010년 아담 뉴맨Adam Neumann과 미겔 맥켈비Miguel McKelvey가 공동으로 뉴욕주의 뉴욕시에서 창업자들, 프리랜서들, 소규모 사업자들을 위한 첫 번째 공유 사무실을 오픈하면서 시작되었다. 그리고 2016년에는 인도와 중국, 2017년에는 브라질, 멕시코, 콜롬비아, 아르헨티나 등 중남미 지역, 2018년에는 런던, 워싱턴 디씨 등에 공유 사무실을 오픈했다. 2018년 뉴욕시에서 가장 큰 공유 오피스 기업

▶ 전 세계 120여 개 도시에서 사업을 영위 중인 위워크

위워크와 다른 공유 경제 기업의 차이점

위워크와 함께 언급되는 대표적인 공유 경제 회사로는 우버Uber, 리프트LYFT 등이 있다. 이들 회사는 기술을 활용해서 수요자와 공급자를 연결해주는 중개 플랫폼을 구축해 수익을 내는 구조이다. 플랫폼이 어느 정도 확장된 시점에서는 큰 비용 지출 없이 새로운 사업을 시도하는 것이 가능하고, 수요자와 공급자가 증가할수록 수익이 늘어난다.

반면, 위워크는 부동산이란 실물을 근거로 사업을 하기 때문에 앞서 언급된 회사들처럼 플랫폼으로 수익을 내는 구조가 아니다. 무엇보다도 수용할 수 있는 고객의 수가 부동산 규모에 의해 한정된다. 사업을 확장하기 위해서는 부동산의 규모를 늘려야 하는 구조이므로 비용 지출이 필연적으로 증가한다. 그런 이유로 사용 고객의 수가 감소하면 장기간 임대한 부동산은 그 자체가 무거운 짐이 된다.

으로 등극했다.

2019년 1월에는 사업부문을 3개로 분리하면서 단순 공유 오피스 기업에서 공유 경제 기업으로 변화를 시도했다. 첫 번째는 위워크로, 기존 사업부문인 공유 오피스이다. 두 번째는 위라이브WeLive로, 2개의 아파트 빌딩을 통한 공동 거주 사업이다. 세 번째는 위그로우WeGrow로, 뉴욕시에서 시작한 초등학교 운영 사업이다.

이어서 같은 해 7월에는 IPO를 고려한다는 소문이 퍼지면서 월스트리트 투자자들의 기대를 한껏 받았다. 그러던 중 8월 주식공개상장을 위해 미국 증권거래위원회SEC에 제출한 투자설명서를 통해 지난 3년간 발생한 29억 달러의 손실과 2019년 6개월 동안 발생한 6억 9천만 달러의 손실이 공개되면서 위워크의 수익성에 대한 의구심이 생겨나게 되었다. 또, 최고경영자인 아담 뉴맨이 소유한 빌딩들을 위워크가 임대한 사실과 주식공개상장 전 주식 옵션 행사로 7억 달러의 주식 매각 사실도 언론에 보도되었다. 이에 9월 주식기업공개를 통해서 200~300억 달러의 기업가치를 고려 중이라고 했지만, 며칠 후 다시 200억 달러 이하를 언급했다.

급기야는 공동창업자인 아담 뉴맨의 도덕적 해이, 방만한 회사운영 등이 문제가 되며 언론에서 위워크의 기업가치는 100~120억 달러 정도라는 기사들이 등장한다. 이어서 문제가 되었던 최고경영자인 아담 뉴맨이 만든 위We라는 상표에 대한 사용료로 약 6억

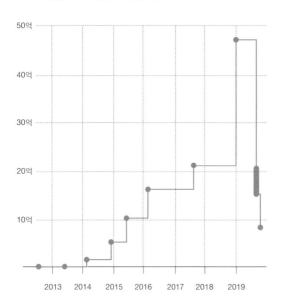

위워크의 기업가치 변화 자료 : 월스트리트저널

2019년 공개된 위워크의 매출과 손실   자료 : 월스트리트저널

매출 (단위 : 억 달러)

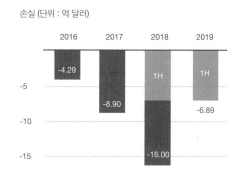

손실 (단위 : 억 달러)

- 2016년의 경우, 최고경영자인 아담 뉴맨에게 7백만 달러 대출, 2017년 상환 완료.
- 2019년 상반기의 경우, 위(We) 브랜드 상표사용료로 받은 금액 상환.

구분	2016년	2017년	2018년	2019년 상반기(1H)
매출	4억 3천만 달러	8억 8천만 달러	18억 달러	15억 달러
손익	-4억 2천만 달러	-8억 9천만 달러	-16억 달러	-6억 8천만 달러

달러를 지불한 사실이 알려지면서 아담 뉴맨의 사퇴를 시작으로, 인사담당 임원 사퇴, IPO 연기, 와이파이 보안 이슈, 발행한 채권들의 가격 폭락, 초등학교 사업부문인 위그로우 정리 등 많은 사건들이 발생하게 된다. 이어서 10월에는 소프트뱅크SFTBY와 제이피모간JPM에게 긴급금융구제를 요청하고, 결국 소프트뱅크가 아담 뉴맨의 의결권을 인수한다. 이 과정에서 약 17억 달러의 현금 지급을 포함해서 총 95억 달러를 위워크에 지원하고 위워크의 지분 약 80%를 인수하게 되면서 위워크의 기업가치는 80억 달러로 감

> ● 위워크 초기인 2012년 1천7백만 달러를 투자한 벤처캐피탈인 벤치마크 캐피탈(Benchmark Capital)과 2014년 1억5천만 달러를 투자한 제이피모간은 각각 약 40배와 4배의 수익을 올리고 있는 몇 안 되는 투자 그룹들이다.

소했다. 불과 1년도 안 되는 기간에 470억 달러의 기업가치가 80억 달러로 주저앉은 것이다.

잡음이 끊이지 않았던 위워크의 미래는?

최근 사건들의 중심에는 창업자이자 최고경영자인 아담 뉴맨이 있었으나, 현재 그는 회사에서 영향력이 없는 존재이다. 그렇기 때문에 단순히 언론에서의 좋지 않은 뉴스만을 근거로 위워크를 투자 고려 대상에서 철저히 삭제해 버릴 이유는 전혀 없어 보인다. 긍정적인 관점으로 바라보면, 여전히 많은 기업들이 자체적으로 건물이나 사무실을 임대하는 대신 위워크의 공유 사무실을 활용하고 있다. 2019년 10월 발표된 자료를 보면, 기업 이용자500명 이상 규모의 기업의 비율이 43%로 상당히 많은 비중을 차지하고 있는데, 이 기업 이용자들은 일정 기간 계약2019년 평균 23개월, 2018년 평균 20개월을 하기 때문에 어느 정도의 수익을 미리 확정할 수 있다. 기업들이 공유 사무실을 이용하는 데는 여러 이유가 있는데, 대도시의 경우 직접 공간을 임대하는 것보다 위워크를 이용하는 것이 더 경제적이기 때문이다. 그리고 건물을 임대할 경우 10년~15년 장기 계약을 해야 하지만, 위워크를 이용하면 유연하게 사무실 위치 변경이 가능하기 때문이다.

현재는 소프트뱅크가 대주주로 있는 상태에서 위워크가 어떤 모습으로 변화하는지가 가장 중요한 포인트이다.

아직 사업 초기이므로 매출이 증가하는 만큼 손실이 발생하고 있다. 하지만 최근 발표된 자료를 보면, 2019년 매출이 154억 달러, 손실은 6억 9천 달러로 언론에서 보도한 만큼의 손실이 발생하지는 않았다. 또한, 부동산을 근거로 하는 사업이므로 초기에 시설 관련 자본 지출이 큰 편이다. 물론 유지 보수 비용은 지출되지만,

책상 1개당 자본지출의 감소 흐름 자료 : 위워크

7만 3천 달러

5만 3천 달러

50% 감소

4만 2천 달러

3만 7천 달러

2014   2015~2016   2017~2018   2019. 1H

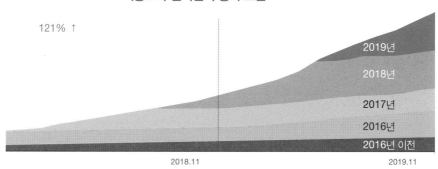

이용고객 멤버십의 증가 흐름 자료 : 위워크

121% ↑

2019년

2018년

2017년

2016년

2016년 이전

2018.11   2019.11

초기와 같은 큰 규모의 자본 지출은 줄어들 수밖에 없다. 한편, 위워크의 매출이 되는 이용자들의 멤버십은 꾸준히 상승하고 있는데, 이는 위워크의 공유 오피스 수요가 증가하고 있음을 증명하는 것으로 보인다. 위의 회사 발표 자료들을 보면 그 점이 확연히 나타난다.

미국의 공유 오피스 시장 현황과
주요 경쟁사들

디지털 노마드족이 늘어난 데 이어 전 세계적인 팬데믹 사태로 인해 업무 형태가 보다 유연화되는 추세이다. 공유 오피스는 반드시 정해진 장소에 출근하지 않아도 자신이 있는 곳 근처의 지점을 멤버십으로 이용할 수 있으며, 재택으로는 충족되지 않는 업무 환경이 제공된다. 그런 면에서 공유 오피스에 대한 수요 전망은 밝다.

이 같은 공유 오피스 시장에는 위워크만 존재할까? 당연히 아니다. 2019년 위워크가 여러가지 구설수에 오른 후 대중들에게 주목을 받았지만, 위워크 설립 이전부터 공유 오피스 사업을 해온 회사들이 있다. 소프트뱅크에서 투자를 받고 유명세를 타면서 위워크를 업계 1위로 알고 있는 경우가 많지만 사실은 그렇지 않다. 또한 위워크에 문제가 있었다 해서 다른 모든 공유 오피스 회사들까지 문제가 있는 것은 아니다. 군이 위워크가 아니더라도 공유 오피스 산업에 대한 투자를 한 번쯤 고려해보는 것도 훗날을 위해서 나쁘지 않은 선택일 것이다.

▶ LA의 리저스 모습

경쟁하고 있는 주요 업체들

리저스Regus 규모 면에서 가장 크고, 업계를 이끌고 있는 회사가 있는데, 리저스가 바로 그곳이다. 1989년 벨기에의 브뤼셀에서 설립되었고, 본사는 룩셈부르크에 있다. 이름이 생소한 독자들도 있겠지만 약 120개 국, 약 900개의 도시에서 3천 개 이상의 공유 오피스를 운영하고 있으며, 약 2억 5천만 명의 이용자를 확보하고 있다. 국내에서도 여의도와 종로 그리고 마포 등에서 영업 중이다. 위워크와 가장 큰 차이점은 계약 기간에 있다. 위워크는 일정 계약 기간을 유지하는 시스템이지만, 리저스는 공간이나 오피스를 하루씩 빌릴 수 있다. 그리고 위워크처럼 대형 회사들 또한 고객사로 확보하고 있으며 가상 오피스Virtual office● 서비스를 제공하고 있다.

● **가상 오피스**

지역적 제한 없이 자유롭게 업무를 보면서 가상의 오피스를 소유하는 개념이다. 이 서비스는 예전에도 존재했던 것이지만, 오늘날은 예전의 주소지만 제공하는 개념에서 보다 발전해 조금 더 체계화된 시스템으로 우편물 관리, 전화 착신전환 및 자동응답, 고객응대 등의 서비스와 같이 간단한 사무업무 서비스를 제공하기도 한다. 또한 새로운 사업장 주소지가 필요한 1인 창업자들의 수요도 많이 존재하기 때문에 이 시장 역시 성장 중이다.

임팩트 허브 Impact Hub 2005년 영국 런던에서 설립된 임팩트 허브의 경우 규모는 살짝 작은 편으로, 약 100개의 공유 오피스를 운영 중이다. 위워크, 리저스와 가장 큰 차이점은 본사에서 일괄적으로 운영하는 시스템이 아닌 각 지역의 공유 오피스들이 본사의 통제 없이 자율적으로 운영된다는 점이다. 따라서 각 지역의 특성들에 따라 지역별 커뮤니티가 만들어져 조금 더 자유스러운 분위기가 형성된다. 예를 들어 미국의 볼티모어, 보스턴, 캐나다의 몬트리올 같은 도시의 공유 오피스들은 유동인구가 많은 특성에 최적화되어 있다. 재미있는 건 이용 멤버십 가격이 지역에 따라 다른 건 물론이고, 코워킹Coworking 플랜에 따라서도 달라진다는 점이다.

▶ 이탈리아 로마에 있는 임팩트 허브 공유 오피스의 모습

컨빈Convene   럭서리한 공유 오피스를 제공하며, 미국과 영국의 6개의 도시에서 30개의 공유 오피스를 제공한다.

그 밖에도 각각의 이용객들에게 맞춤공간을 제공하는 **노텔**Knotel, 캘리포니아주의 샌디에고와 로스앤젤레스에 있는 7개의 공유 오피스를 모두 이용할 수 있는 **유니온 코워크**Union Cowork, 미주리주 세인트루이스에 있는 **더하이브44** TheHive44, 조지아주 애틀란타에 있는 **알카로이드 네트웍스**Alkaloid Networks, 부동산 중개업에 종사하는 사람들을 위한 **리씽크**REth!nk 등 크고 작은 공유 오피스 회사들이 존재한다.

공유 오피스 산업 자체에 대한 우려와 기대

위워크는 주식공개상장이 연기된 상태이고, 부정적인 견해들이 상당히 많이 존재하는 것이 사실이다. 하지만 언론 기사에만 근거해서 투자를 고려하지 않는 것은 필자의 투자 철칙인 '나만의 투자 그림 그리기'에 맞지 않는다. 언론에 보도된 내용들, 밝혀진 사실들, 미래에 대한 나의 생각과 청사진, 회사의 발표자료 등을 바탕으로 스스로의 판단에 바탕해 투자하는 것이 궁극적으로 세렌게티 초원 같은 주식시장에서 오래 살아남을 수 있는 길이기 때문이다. 이런 관점에서 위워크를 바라보면 앞으로 무조건 성공하리라 보장할 수는 없어도, 그렇다고 곧 망할 회사로 보이지도 않는다.

공유 오피스 산업을 전체적으로 바라보면 계속적으로 성장하는 흐름인 것은 분명하다. 주식시장이라는 틀에 갇혀서 공유 오피스를 보게 되면 수익성이라는 점만 눈에 들어와 단순한 오피스 임대 사업으로 바라볼 수도 있다. 하지만 시각을 조금 돌리면 다양한 사람들이 한 곳에 모여서 새로운 창의적인 것들을 만들어내는 장소로 발전할 가능성 또한 존재한다. 아직은 어떤 방향으로 공유 오피스 산업이 나아가게 될지 그 누구도 단정 지을 수 없으므로 열린 생각으로 공유 오피스를 바라봤으면 한다.

미국주식 스몰캡 인사이드 2021

초판 1쇄 발행일 2020년 5월 7일 • 초판 2쇄 발행일 2020년 6월 25일

지은이 안석훈, 김동식, 강범준, 최아원

펴낸곳 도서출판 예문 • 펴낸이 이주현

편집기획 김유진 • 마케팅 김현주

등록번호 제307-2009-48호 • 등록일 1995년 3월 22일 • 전화 02-765-2306

팩스 02-765-9306 • 홈페이지 www.yemun.co.kr

주소 서울시 강북구 솔샘로67길 62(미아동, 코리아나빌딩) 904호

ISBN 978-89-5659-379-1 13320

이 도서의 국립중앙도서관 출판예정도서목록(CIP)은 서지정보유통지원시스템 홈페이지(http://seoji.nl.go.kr)와 국가자료종합목록 구축시스템(http://kolis-net.nl.go.kr)에서 이용하실 수 있습니다.
(CIP제어번호 : CIP2020016611)

미국주식이베스트

해외주식은 투자하고 싶은데
환전비용이 부담이라면?

아래 QR코드를 확인하세요!